高校档案工作可持续发展探索与实践

周　彤◎主　编
姜素兰　谢永宪　王　岩◎副主编

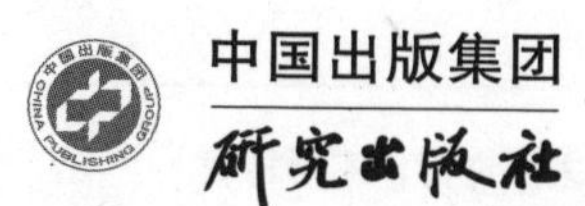

图书在版编目（CIP）数据

高校档案工作可持续发展探索与实践 / 周彤主编 .-- 北京：研究出版社，2021.8

ISBN 978-7-5199-1064-8

Ⅰ . ①高… Ⅱ . ①周… Ⅲ . ①高等学校—档案工作—研究 Ⅳ . ① G647.24

中国版本图书馆 CIP 数据核字（2021）第 178274 号

出 品 人：赵卜慧
责任编辑：张立明

高校档案工作可持续发展探索与实践

作　　者 周　彤
出版发行 研究出版社
地　　址 北京市朝阳区安定门外安华里 504 号 A 座（100011）
电　　话 010-64217619　　64217612（发行中心）
网　　址 www.yanjiuchubanshe.com
经　　销 新华书店
印　　刷 河北赛文印刷有限公司
版　　次 2021 年 8 月第 1 版　2021 年 8 月第 1 次印刷
开　　本 710 毫米 ×1000 毫米　1/16
印　　张 17.75
字　　数 277 千字
书　　号 ISBN 978-7-5199-1064-8
定　　价 59.00 元

编委会

序

从结绳记事到刻契铸鼎，从甲骨金石撰文为录到简牍缣帛纸墨为凭，档案伴随着文字和国家的出现而诞生。它作为人们生活记录的真实凭证和人类文明共有记忆的积累保存，与每个人和每个组织密切相关。习近平总书记指出："经验得以总结，规律得以认识，历史得以延续，各项事业得以发展，都离不开档案。"档案工作是一项记录历史、传承文明、服务社会、造福人民的事业，是党和国家事业发展不可或缺的一项基础性、支撑性工作。

随着中国特色社会主义进入新时代，档案事业发展面临新形势、新任务，档案工作实践产生了一些亟待解决的突出问题。国家档案局于 2007 年启动档案法修订工作，经大量调查研究形成的修订草案，被逐级讨论通过，于 2020 年 6 月第十三届全国人大常委会第十九次会议审议通过。修订后的档案法站位更高，更具时代特色和符合中国国情，对于推动经济社会科学发展，推进国家治理体系和治理能力现代化具有重要意义。

高校档案工作作为全国档案事业的重要组成部分，担负着为高校和经济社会发展提供档案服务的重要任务，是推动全国档案事业科学发展的重要力量。高校档案工作只有同步于全国档案事业的发展，才能始终站在时代发展潮流的前列，不断提高档案对高校和国家经济社会发展的影响力和贡献率。面对新形势和新任务，高校档案工作者们积极转变观念、创新思路，以新档案法为行动指南，进行思考、研究和实践，探索高校档案工作的科学和协调持续发展道路。

本书收录了北京联合大学档案工作者、硕士生导师及其指导的学生和北京市高等教育学会档案研究分会进行探索和实践的阶段性成果，内容涉及数字档案馆和档案信息化建设、档案理论研究和管理工作探讨、档案征集和利用、档案资源挖掘和校史文化传承等多个方面。

这些研究成果是对高校档案工作进行的一些积极探索和实践。期待它能启迪更多的高校档案工作者和其他档案工作者，积极投身于新形势下档案事业可持续发展的研究，使档案工作能更好地服务于国家、服务于社会、服务于人民。

周彤

2021 年 3 月

目录

一　档案工作者探索与实践阶段性成果

二　档案学专业导师指导学生探索与实践阶段性成果

三　北京高教学会档案研究分会 2020 立项课题阶段性成果

档　案

一

档案工作者探索与实践阶段性成果

人物档案建设研究*

周　彤

摘　要：近些年来，随着档案信息化建设的发展，人们对于档案信息的需求日益增长，对于不同类型档案的收集、管理、保存、使用越来越趋于规范化和精细化。为增强社会公众对于本国文化的认同以及文化自信的树立，以收集整理社会各界精英人士为代表的人物档案的征集活动逐渐引起了档案学者的关注。如何对人物档案进行有效的征集与科学的组织管理成为目前人物档案相关研究工作者所面临的迫切问题。

关键词：人物档案；文化自信；档案资源体系建设

一、引言

人物档案建设工作是近些年来档案建设工作的新兴项目，是以“人”为征集对象，对人物档案进行收集、管理、保存、利用。人物档案因其收藏场所的不同，具备档案、文献、文物的多重属性。本文对人物档案相关内容进行分析研究，对人物档案体系建设中存在的问题进行分析解读。

二、人物档案的相关内容

（一）人物档案概念界定

档案是过去和现在的机关、团体、企业事业单位和其他组织以及个人从事经济、政治、文化、社会、生态文明、军事、外事、科技等方面活动直接形成的对国家和社会具有保存价值的各种文字、图表、声像等不同形式的历史记录。人物全宗是社会知名人士（如教育家、科学家、书法家、艺术家、企业家、社会活动家等）在其一生活动过程中所形成的档案有机

---

*　本文为北京市档案局“国家综合档案馆人物档案征集研究”（项目编号：2020−04）阶段性研究成果。

周彤（1968—　），女，江苏常州人，北京联合大学副校长，主要研究方向为教育管理与档案文化。

整体。人物档案是档案体系当中重要的一部分。但时至今日，各方学者对于人物档案依旧没有统一的概念界定。

目前，国内对于人物档案的研究可以分为著名人物档案研究和普通人物档案研究。由于普通人物档案所记录的内容主要是关于普通人的信息（个人出生登记、税收记录、公证契约、照片、日记等），记录范围过于宽泛，于其他人而言可供利用的范围和价值不高，因此，学术界对普通人物档案的关注度和认可度也不高。随着20世纪七八十年代以来微观史学的兴起，普通人物档案才开始逐渐引起部分学者的注意。著名人物档案的研究对象是社会各个层面的精英人士，是政府档案管理部门和高校档案资源当中的重要组成部分，也是目前人物档案研究的重要内容和主流趋势。本篇文章所说的人物档案主要是以著名人物档案为研究对象，对普通人物档案的相关内容在此不做过多描述。

国内的某些省份，例如海南、山东、吉林等，都已先后公布了关于著名人物档案征集管理的试运行规范。在这些管理办法中都认为著名人物是在某一学科、领域、行业做出过重大贡献，产生巨大影响，并得到社会和历史认可的名人。著名人物档案是名人在工作、学习和生活中形成的，真实反映该名人一生的经历和社会贡献的，具有保存、考察价值的各种载体形式的文件材料，这是目前相对来说较为被大家所接受和使用的一个概念界定。

（二）人物档案内容构成

1.建档对象

学者黄体杨和王晋曾利用内容分析法对国内的人物档案相关文献进行分析，发现国内人物档案的建档单位主要是高校档案馆和部分综合档案馆。高校档案馆建档对象主要与高校相关，重点包含了职别高、有代表性的政治人物（含教职工、教授等），高校内部知名专家、各学科带头人，获得各类重要奖项的优秀人士，一些杰出的校友、优秀在校生，等等。

综合档案馆对于人物档案的相关建档工作主要依据中央及地方所公布的相关规范，它所设定的建档对象包含了与本地域相关的政治、经济、文化、军事、宗教、科学技术、体育等各领域的杰出人才。

2.归档范围

综合来说，人物档案的收集是“以个人为基本单位设立的人物档案全宗”，归档文件以“件”为单位进行整理。人物档案的归档范围是其在工作、学习、生活中形成的，真实反映其一生经历和贡献的，具有考察、利用价值的各种文字、声像等形式的文件材料。

因此，人物档案的收录范围主要包含：人才培养情况、自传、回忆录；著作、译著的手稿及样本，文学创作手稿，科研创造手稿、书法手迹、碑刻等；各类笔记、日记、日志、重要来往信件；生平重要活动的照片、音像视频等；所获得的各类证书、重要藏品、家谱以及其他具有保存价值的材料；社会对其的评论、新闻报道；逝世后社会各界对其的纪念文章、追悼会悼词、签名册等。

（三）人物档案研究意义

通过对社会精英人物档案资源的建设与研究，人物档案可以如实地反映在不同的社会历史背景下，不同领域的人物所具有的历史面貌和社会地位，为日后的历史文化研究、发现以及培养人才提供珍贵的经验。通过对人物档案的研究，也可以从人物档案中发现个体与人物之间的差异和不同，能够体会到共性与个性并存的传奇人生，也能成为励志教育活动的最为真实有效的实证教材，十分具有教育价值。

人物档案体系的建设，从实用性的角度考虑，也更能体现档案工作的社会价值，同时也能提高社会各界的档案意识。并且，档案也属于中国文化的一部分，对于先进人物精神的赞扬与继承，十分有助于传承中国特色社会主义文化，提高中华民族的文化自信。

三、人物档案征集方法途径

人物档案的归档范围相对来说较为宽泛，其中很大一部分来自个人，属于私人档案，具有版权性和隐私性，因此人物档案的征集方法相对来说较为复杂。

人物档案中的某些部分可以依法征集，但是更多的需要征集部门通过捐赠、寄存、移交、征购等方式向征集对象或其家属收集。较为常用的是通过日常征集、主动记录、联合相关部门共同征集、依托重大活动重要节点专项征集等方法进行人物档案整理收录。此外还应注意的是人物档案中的某些需要在归档对象逝世之后进行征集的较为敏感的部分，应当获得征集对象家属的同意与支持。

四、人物档案的特点

人物档案是以人为主题的档案收集，受个人所处的时间、空间以及周围具体环境影响，具有社会历史性、个体特色性、来源分散性、内容复杂性、形式多样性、收录复杂性等特点。

1.社会历史性

人物档案以“人”为记录重点，在一定背景下，记录的是一个人的生平事迹，较为直观地反映了这个人生活的经历、做出的成绩以及获得的荣誉。人物档案还蕴含了记录对象所处社会的各种历史背景和社会文化知识，可以看作是这个时代的一个缩影，继承着大量的社会信息，是人物档案社会历史性的体现。

2.个体特色性

一个记录对象就是该人物档案的记录主题。由于个人的成长环境、思想观念、政治立场、工作方向等方面的差异，不同的事，不同人的看法很不相同；同样的事，不同的人的表达也不尽相同。因此不同的记录对象的人物档案都有其独有的特点和特色，所表达的内容具有强烈的个人色彩。

3.来源分散性

人物档案主要来源于征集对象的家庭、单位、社区等，是在社会实践活动中逐渐形成的。由于收集对象成长轨迹以及生活环境的改变，人物档案材料就会分散在不同地区、机构或者个人手中。

4.内容复杂性

人物档案所收集的内容是在收录对象的日常生活、工作阅历变化的过程逐渐形成的，其中不仅有反映日常生活的材料，也有工作活动中的材料，还有社会活动中与外界接触产生的材料等，都是主人公的生活的重要部分，内容比较复杂丰富。

5.形式多样性

人物档案的载体多种多样。除了传统意义上的纸质文件之外，还有新闻报道、照片图片、录音录像、珍藏实物等特殊介质的档案，载体十分丰富，因此人物档案的收录形式也多种多样。

6.收录复杂性

人物档案当中有相当一部分涉及了收录对象的隐私问题，具有私密性。此外还有一些具有很高的文化价值，这些材料甚至具有文物属性，因此这些档案自身便具有经济属性，有很高的纪念、保存价值。对于这一类型的人物档案，它的收录十分复杂，需要多方协调，因此具有收录复杂性。

五、人物档案研究现状中的不足分析

目前我国关于人物档案研究主要集中在政府人物档案和高校人物档案，并且相关人物档案的征集管理办法均处于尝试摸索阶段，距离建立完整体系依旧有很长的路要走，人物档案研究有很大的发展空间。就目前的现实情况看来，人物档案资源体系建设的过程中存在很多问题。

1.人物档案的征集来源较为有限

人物档案的内容必须体现征集对象，因此人物档案的征集大多都来源于征集对象及其家属、工作单位等，与征集对象的生活密切相关。也有少部分来源于社会对该人物的反馈与评价，因此，相对来说，档案征集的来源较为有限。

2.人物档案的材料征集较为困难

从法律意义上来讲，公民具有隐私权和财产权，人物档案属于征集对象的私人财产，征集对象对于这些材料也依法享有继承权。交到档案部门的人物档案资料大多都是通过移交、复制、寄存等方式，也有少部分可以通过征购，但是相对来说，材料所有人能够获得的利益十分有限，因此材料所有人有权选择自己持有材料，人物档案的征集较为困难。

3.人物档案的编研利用力量薄弱

出于保护征集对象的隐私以及保护版权等目的，目前对人物档案的编研开发较为有限，对人物档案的利用也没能达到效果。但是对人物档案的利用又是人物档案征集工作的意义所在，因此对人物档案的编研利用是未来人物档案工作的一项重点，需要重点考虑。

六、人物档案征集过程中应注意的问题

（一）建构合理的人物档案体系架构

人物档案建设的良好的运行需要依靠完善合理的架构来给予保障，合理的架构是开展人物档案体系建设工作的基础保障。学者王雪雁曾提出在人物档案建设工作中，合理的架构主要指工作人员组成和工作制度建设两方面。人员的组成应当根据人物档案工作需要，档案、宣传、电子化、信

息化等方面均需要涉及，人员配备应当合理。工作制度的建设主要是建立完善、可行的人物档案工作制度与条例，需要明确归档范围、收集渠道与收集方式以及后续的人物档案征集的鉴定、修复、著录、数字化、权力保护等方面的问题。制度的建立是人物档案收集工作的保障，有利于工作的高效、有序进行。

（二）有意识地培养工作人员的档案意识

在人物档案体系建设过程中，征集人员应当具有高度的档案收集意识，能够鉴别出具有价值的人物材料。除了收集征集对象的经典事件档案之外，还应从生活的角度出发，重视“小事”“趣事”等相关材料的征集。这些类型的材料有助于从不同角度体现征集对象的个人特色，不仅能使人物的形象更加生动、个性更加鲜明，也能够体现人物档案的特色。

（三）提前与征集对象及其家属协商好相关问题

由于某些人物档案材料所具有的收藏价值和经济属性，征集部门难免会与征集对象及其家属存在权益上的矛盾。因此在人物档案征集工作中，应当提前做好与征集对象及其家属的沟通工作，确认好人物档案材料的所有权问题。征集部门需要尊重征集对象家属的意愿，积极与家属进行协调沟通，尽量不产生权益纠纷。此外档案部门还需要做好材料的筛选、甄别等工作，选取对公众来说最有价值的部分。

（四）要明确人物档案“管为用存”的主旨

人物档案的征集管理以利用为目的，因此要注重对人物档案的开发利用。在尊重征集对象个人隐私权益的前提下，可适当对人物档案进行编研开发，以便于公众对人物档案的利用，并从中有所收获。这是人物档案文化价值的体现，体现了档案的文化教育作用，有利于人物档案价值的提升。

参考文献：

［1］邓振．浅谈以电影的形式对著名人物档案的开发利用——观看《为国而歌》的思考［J］．兰台内外，2020（08）：45-46.

［2］孙逊，于英香，孙安．人物档案多级著录应用研究——以上海交通大学钱学森图书馆特藏“629 袋”为例［J］．档案学研究，2019（04）：66-71.

［3］侯英杰．高校人物档案资源体系建设初探［J］．兰台内外，2019（18）：

65-66.

[4] 葛美玲.新媒体时代人物档案资源构建探微[J].兰台世界，2019（03）：41-45.

[5] 田煜.著名人物档案隐私权保护问题及对策研究[J].黑河学刊，2019（01）：177-179.

[6] 刘晓影.知识图谱在人物档案利用中的应用研究[J].档案天地，2018（08）：39-41.

[7] 朱少华.地震系统人物档案管理研究[J].山东档案，2017（03）：33-35.

[8] 刘忠华.管理学视域下的高校人物档案管理与服务[J].山东档案，2017（03）：38-40.

[9] 许燕梅.中国著名戏曲人物档案构建研究——以中国京剧表演艺术家梅兰芳为例[J].办公室业务，2017（10）：120-121.

[10] 丁宁.基于微观史研究的普通人物档案信息价值分析——兼及对鉴定工作现实的反思[J].档案，2016（08）：5-11.

[11] 黄体杨，王晋.基于内容分析法的人物档案管理规范评述[J].档案学研究，2015（04）：64-69.

[12] 王利伟.关于人物档案基本问题的思考[J].山西档案，2012（03）：65-68.

[13] 王雪雁.浅谈人物档案建设工作[J].兰台世界，2014（26）：65-66.

对信息化背景下高校会计档案管理工作的探讨

鲍 晖

摘 要：在信息化背景下，如何做好高校会计档案管理工作是我们急需考虑的问题，应采取有效的措施，按照信息化建设要求发挥会计档案综合服务职能，实现档案资源共享，切实改进高校会计档案管理工作水平。

关键词：会计档案；信息化；管理制度

一、引言

会计档案是在经济管理活动中接收或形成的，记录和反映单位经济业务事项的，具有保存价值的会计资料，包括会计凭证、会计账簿、会计报表等。对于高等院校而言，会计档案不仅仅是记录和反映经济业务事项的文字和图表等材料，也是单位预算形成和执行、财务收支监管和控制的重要依据。近年来，随着信息化技术在各项工作中广泛应用，特别是随着电子商务、网上支付结算、电子发票等基于互联网技术的新业态的发展，其对高等院校的会计档案管理工作提出了更多新的要求。

二、高校会计档案管理工作现状分析

（一）档案数量增加较快

近年来，教育经费投入的规模增长，对经费规范化、精细化管理要求提高，同时高校科研工作处于快速发展期，科研经费运转活跃，会计档案的数量随着各项工作的发展增加较快。特别是2019年起高校开始执行政府会计制度，为了实现财务信息透明化，要求将收付实现制和权责发生制结合，采用双分录会计核算；为了向各类会计信息使用者提供准确有效的会计报表信息，需要同时披露预算会计和财务会计报告，政府会计制度的管理要求势必造成会计档案数量的进一步增加。

鲍晖（1972— ），女，北京人，北京联合大学讲师，硕士研究生，研究方向为财务管理，E-mail：sftbaohui@buu.edu.com.cn。

（二）工作方式趋于传统

目前，多数高校的会计档案管理仍然采用传统的工作方式。会计档案的留存保管以纸质文件资料形式为主，财务部门在报销、记账过程中进行档案的分散归集和初步整理，以手工方式完成会计档案装订、立卷编目等工作，财务部门和档案管理部门按规定年限进行档案资料保存并定期完成移交入库工作，相互配合按照查阅等需求进行档案利用。这种工作方式沿用了既往的传统档案工作习惯，虽然能够满足不同高校对会计档案的个性化需求，但也势必造成工作效率不高、资料存储占用空间大、保存形式存在缺陷等问题的长期存在。

（三）管理模式需要创新

目前，网络技术以及各种信息管理平台、管理软件在高校各项工作中广泛应用，会计档案管理已经形成信息化发展趋势。一方面非税收入电子发票推广使用、网上审批和无纸化办公的发展等使原有的纸质发票收据、审批单等脱离纸质形式直接生成电子文件；另一方面部分纸质会计档案利用率较低。纸质档案中的原始凭证调取查阅、接受检查等使用需求较多，在会计核算电算化基础上生成的会计账簿包括总账、明细账、日记账以及财务会计报表报告等，在后续的使用中多以调阅电子文件为主，纸质档案实际利用率不高。会计档案的管理模式应该随着档案生成、保管、使用环境的变化进行调整。

三、信息化建设对高校会计档案管理工作的要求

2015年12月11日，财政部、国家档案局正式发布新的《会计档案管理办法》（财政部、国家档案局令第79号），并于2016年1月起正式实施，新的会计档案管理办法专门明确了电子会计档案的管理要求、方法及程序等，为会计档案的管理工作指明了发展方向。

（一）规范化

高校会计档案管理的整体规范性还有待提高。一方面，存在不重视会计档案管理工作的现象，认为会计档案就是简单的归档保存，造成会计档案管理责任不清、工作随意，缺乏内部控制，存在风险隐患。另一方面，存在会计档案管理制度不完善的现象，特别是对相关管理制度缺乏及时的更新和修订，造成制度规定滞后，不符合现行的管理要求。

（二）信息化

传统的管理模式下，纸质会计档案定期移交到档案管理部门，但是在会计活动中形成的大量电子会计数据资料长期保存在财务部门，影响了会计档案的统一管理及合理使用。另外，部分纸质会计档案因为接受各级部门的审计和检查等原因，需要频繁地进行翻阅和复印，加大了档案查询的工作量，还有可能在翻阅和复印过程中造成纸质档案的损坏，影响到档案资料的完整。因此，应大力推进档案资料的网络化、数字化转化，稳妥、合理地保存和使用纸质及电子会计档案。

（三）共享化

政府会计制度的执行，要求高校财务工作向管理会计发展，由传统的报销为主逐步转变为集服务、管理和决策为一身，在财务核算职能基础上加强指导和监督职能，形成财务会计、预算会计、成本会计三维体系，实现基于政府会计制度的全方位管理。在实现这些转变的过程中，管理部门、合作单位、社会监督等更多的外部主体成为会计档案的使用需求者，需要加强会计档案的资源共享，从根本上提高会计档案的利用效率和效果。从单位内部来说，会计档案的生成贯穿在经济管理活动进行的过程中，是各类经济活动发生和发展的记录，各职能部门实际上是会计档案的管理工作的前端环节。按照行政事业单位内部控制建设要求，高校的各业务环节应随着信息化建设的发展实现互联互通，会计档案是实现资料资源共享的重要载体之一，各职能部门应该广泛参与、协同建设。

四、信息化背景下加强高校会计档案管理工作的思路

（一）规范先行，健全管理制度

会计档案管理制度，涉及会计档案管理体制和管理规范。

在管理体制上应该明确，现阶段对高校会计档案须采用双轨制管理体制。一方面，对工作中生成的传统纸质会计档案妥善保存，适时对这部分资源进行分类管理，优先对其中利用率较高的和具有重要价值的档案资料进行数字化、影像化处理，降低查阅工作量同时加强对相关档案资料的保护；另一方面，对信息化环境下产生的各种电子数据，按照新的《会计档案管理办法》关于电子会计档案的要求进行接收、保存和使用。

在管理规范上，应该着手做好以下工作。

第一，管理制度应明确会计档案管理的职责内容和范围，保证会计档案的完整保存、安全保管和有效利用。通过管理制度明确符合管理规范且适合本单位实际情况的会计档案工作操作流程及标准。从业务前端出发，统筹会计档案管理工作全过程，明确各相关部门的权限和职责，有效调动和协调，实现会计档案全流程管理。

第二，各高校现行的管理制度主要服务于传统的纸质档案管理，对信息化背景下产生的大量电子文档、数据文件及相应的电子数据载体等的管理制度有待加强和完善。各高校应该立足本校实际工作审视现有制度，对信息化背景下的会计档案收集、整理、保管、交接、查阅、移交和利用等方面的制度进行全面梳理，及时进行修订和更新。在会计档案管理制度优化过程中，应着重制定电子档案相应的制度规范，明确电子会计档案的概念、归档范围、归档时间、移交时间、利用要求、保管要求等，特别是电子会计档案的归档和调阅程序等管理流程。

第三，应加强和完善会计档案保管及保密制度，采取先进的技术手段和方法保证会计档案的安全和完整。其中，应重点规范电子会计档案查阅和保密等相关制度规定，防止电子档案信息被盗取盗用，降低因人为因素导致的档案受损或随意修改现象，加强电子会计档案的安全保证，提高电子档案的可信度和可靠度，推进会计档案管理理念的根本转变。

（二）合理保障，优化管理环境

高校会计档案管理已经开启了信息化转型的新时代，为了顺利实现转型，必须营建良好的管理环境。

一方面，实现会计档案信息化建设需要完善必备的基础设施。在双轨制管理模式下，纸质资料仍然是会计档案的主要载体形式，必须高度重视，妥善管理。各高校应投入必要的人力和物力，做好会计档案日常管理及库房环境管理，落实安全责任制，采用有效的档案保护技术，防治档案的老化、破损、褪色、霉变和散失；定期检查会计档案资料的保管情况，及时发现隐患并解决发现的问题，保护好原始会计档案，保证档案信息的安全。同时，应该将会计档案的信息化建设与学校档案整体信息化建设工作相结合，在财务信息化建设过程中逐步实现服务网络化、凭证影像化、存储云端化，形成财务数据库和数据处理平台，实现与数字档案管理的无缝对接。

另一方面，高校会计档案管理工作信息化建设离不开管理人员的支持与帮助。学校要加强对会计档案管理人员的业务培训，通过职业道德、业务操作、法律法规等方面的学习，提高业务人员的管理水平和专业素质，为提高会计档案管理工作的效率与质量提供保障。特别是要加强对会计档案管理人员数字化管理意识、数字化知识与技术学习与运用的培养和培训，加强“学习型、服务型、创新型”会计档案队伍建设，管理人员只有具有创新意识，能够熟练完成电子会计档案接收、管理相关的操作程序，具备管理数字文件的素质和技能，才能为会计档案管理优化提供保障。

（三）大力推进，加强信息建设

高校会计档案管理工作信息化建设不是一蹴而就的，应该从单位实际情况出发，以档案利用为突破口，分阶段推进建设。

第一步，充分利用会计管理系统已经形成的相关数据，重点解决纸质会计档案的查阅和检索问题，可以通过影像识别系统对各类原始凭证进行影像化，实现纸质会计档案数字化，通过数字化处理在大数据的基础上构筑财务档案工作数据库，为历史存量纸质实体档案与电子会计档案的对应和相互转化打好基础。

第二步，随着对电子档案管理规定的逐步细化，依托各类票据电子化的推进和推广，会计档案管理工作进入接收和处理版式电子文件阶段，协同办公形成的单位内部凭证和电子票据等外来凭证在财务核算系统直接导入、审核并使用，然后再导入档案管理系统，形成会计档案的电子化管理，重点完善电子会计档案的真实性、完整性、可读性、安全性，为全面开展电子会计档案的接收及使用做好技术和管理准备。

第三步，实现电子会计档案的全面数据化管理，以财务核算系统和财务数据库为基础平台，档案管理系统与之对接接收电子会计档案数据，一方面加强相关数据分析和数据输出功能，将电子会计档案管理系统建设成数据化处理平台，满足会计档案的深层次利用需求。另一方面全面加强系统的安全管理功能，如数据安全备份、预警提示及阻断功能、电子签名管理功能等，确保电子会计档案的准确、完整、可用。在电子会计档案管理的数据化建设过程中，既要立足于会计档案的专业性特点，也要充分考虑各单位管理的内在需求，实现会计档案的管理优化。

（四）努力创新，实现综合共享

在大数据和云计算技术背景下，建立会计档案信息化管理平台，实现云共享模式，是会计档案管理的发展趋势。通过会计档案信息化管理平台，将会计档案的收集、整理、归档、存储以及查询等全面结合起来，实现广度信息聚合、深度数据挖掘、扁平网络传递，最终实现决策科学化、管理精细化。

会计档案信息化管理平台的建立，可以实现档案信息从生成、接收到传递、存储再到利用的一体化，在单位内部实现各业务环节之间数据的传输和共享，在简化档案管理流程、提高工作效率的同时，加强了各业务环节的有效衔接，提高了档案资料的真实性和完整性。同时通过云端实现电子档案的远程访问和管理，便于广大师生使用档案信息，提升档案信息的利用效率，更好地服务于学校的管理决策。

从会计档案信息化管理平台的未来发展来看，可以实现从各单位数据采集出发，通过平台收集存储、统计分析、数据挖掘，全面实现会计大数据电子档案价值，最终建立高校间会计档案数据的共享平台，统一存储数据，统一管理会计档案，满足多口径查询档案和多层面分析数据需求，满足高校会计档案数据多层面沟通共享需求，综合服务于高校管理工作的水平提升。

参考文献：

[1] 黄金玲．高校财务会计档案管理的内控制度建设研究[J]．中国管理信息化，2020（22）：80-81.

[2] 周莹莹．信息化时代高校财务档案管理创新研究[J]．中国管理信息化，2020（22）：69-70.

[3] 马明欣．高校财务会计档案信息化建设及应用分析[J]．纳税，2020（22）：105-106.

[4] 贾颖．高校会计档案管理存在的问题及对策[J]．兰台内外，2019（09）：42-43.

完善高校的政府采购档案管理研究

孔庆来　张　有

摘　要：规范的档案管理是高校作为政府采购主体的职责和义务。做好政府采购档案的管理涉及高校内部诸多部门和环节，高校内部应建立完善的协调机制，采购管理部门主责牵头，主动协同上下游，将服务向前后延展，做好政府采购档案的管理工作。

关键词：档案管理；政府采购；高校

一、引言

档案管理是高校开展政府采购工作中的重要一环，是落实国家政策，依法开展政府采购的基础性工作。完备的政府采购档案可以记录政府采购的全过程，财政部门可以依据档案履行政府采购项目的监督，检查。单位内部可以依据政府采购档案开展巡查、审计等内控工作，这也是党风廉政建设的基本要求。随着国家和地方关于政府采购政策的细化，其对政府采购档案管理提出了新的要求，高校作为政府采购执行单位，必须严格遵守和落实国家和地方政府要求，建立完善的政府采购档案管理机制。

二、政府采购档案管理的政策要求

国家现行法律法规中对政府采购档案管理提出了明确的要求：《中华人民共和国政府采购法（2014修订）》第四十二条规定，采购人、采购代理机构对政府采购项目每项采购活动的采购文件应当妥善保存，不得伪造、变造、隐匿或者销毁。采购文件的保存期限为从采购结束之日起至少保存十五年。《中华人民共和国政府采购法实施条例》第四十六条规定，政府采

孔庆来（1982—　），男，辽宁建平人，北京联合大学国有资产管理处采购科科长，助理研究员；张有（1978—　），男，山东海阳人，北京联合大学国有资产管理处处长，助理研究员。

购档案可以用电子档案方式保存。财政部《政府采购货物和服务招标投标管理办法》第七十六条规定，采购人、采购代理机构应当建立真实完整的招标采购档案，妥善保存每项采购活动的采购文件。

除了依照关于政府采购的国家法律法规以外，还须依照《中国人民共和国档案法》中的规范要求，对政府采购档案严格管理，建立完善的档案收集、管理、利用机制。

三、政府采购档案管理的内容及存在的问题

界定政府采购活动通常分为两种：一是采购特定的商品及服务，即纳入《政府采购集中采购目录》内的商品和服务。以北京市为例，北京市财政局最新公布的北京市2020—2022年集中采购目录中收录了计算机设备及软件、办公设备、车辆、家具用品等货物类以及互联网接入、会议、印刷、物业等服务品目，高校采购上述货物及服务基本都属于政府采购。此类政府采购需委托北京市政府采购中心，依照协议采购方式采购，限额（400万元）以下可以直接采购，不必再采取招投标等复杂采购方式。目前此类政府采购已经实现财政专网办理，因此此类政府采购档案的收集整理简单易行。二是《政府采购集中采购目录》以内，采购限额（400万元）以上或者《政府采购集中采购目录》以外，采购限额（100万元）以上的货物、服务、工程项目采购。此类采购项目以公开招标、竞争性磋商等采购方式为主。以公开招标方式的采购档案最为复杂和完备，本文以公开招标为例。《中华人民共和国政府采购法（2014修订）》第四十二条规定，采购文件包括采购活动记录、采购预算、招标文件、投标文件、评标标准、评估报告、定标文件、合同文本、验收证明、质疑答复、投诉处理决定及其他有关文件、资料。这些文件中规定的采购资料加上各高校内部预算、采购、合同、支付、验收等环节的资料一起构成一套完整的政府采购项目档案。

各高校在政府采购档案管理上基本可以做到符合规范，但在管理机制、运行细节、档案利用、信息化建设等方面存在较大差异，一些问题普遍存在，例如采购档案管理人员不够专业化、资料保存分散、档案收集周期长、归档不及时以及采购档案信息化建设落后等方面，其中根本性问题在管理机制上，高校内部各部门之间协调机制不完善、不通畅。

四、建立协同机制，完善政府采购档案管理

高校中采购档案规范化管理不仅是档案收集归档本身的业务问题，最主要的是政府采购项目运行机制这一顶层设计的问题。各高校通常都设有专门的政府采购管理机构，是政府采购档案的主责部门，但因一个政府采购项目涉及内部很多部门，环节多，流程长，容易存在部门之间运行机制不通畅的问题。采购管理部门应该聚焦在立足职责、创新机制、破解难题方面，以档案管理为线索，梳理政府采购项目运行机制，建立高校内部协调机制，这是完善政府采购档案管理的有效途径。

1.从机制运行角度建立整体化、系统化思维

高校的政府采购项目涉及财务预算部门、教学、科研、后勤保障等采购项目的需求部门以及采购管理部门、合同管理部门、合同执行部门、项目验收部门等过程管理部门。实现规范严谨的政府采购档案管理，要求主责部门建立系统化思维，熟悉各环节规章制度、办事流程，其他涉及部门既要各司其职也要相互联系、相互配合，建立机制协调的基础。

2.主责部门主动协同上下游，将服务向前后延展

以政府采购中的项目采购为例，项目负责人如果想完成这件工作，至少需要经过以下环节：申报预算—项目立项—招标—签署合同—项目执行—项目验收—支付结项。每一个环节都会涉及多个机关职能部门以及项目单位内部众多内控流程。所有环节均会产生与项目采购有关的档案资料，这些环节都涉及政策规定以及风险防控，是必要的也是制度保障，但项目负责人要想收集到各个职能部门的相关档案，基本难以实现。

因此需要采购管理部门能够熟知市场调研、项目论证、采购单位内部决策、申报预算、过程审计、政府采购、招标投标、合同管理、协调项目执行、资产验收、财务支付、项目结项诸多环节的政策法规、办事流程、规律技巧，在本职范围内做好规范管理与服务以外，同时还要清楚项目负责人的需求，为其整个项目全流程的各个环节顺畅执行而谋划，提出专业性的建议，在上游环节出现问题时要帮助其修正，在本环节按制度加以规范，还应理顺符合下游部门业务规范的标准将业务传递下去。这样一来，对办事人员来说，会感觉到职能部门办事门好进、事好办；对采购管理部门来说，可以完整了解和把握政府采购项目各环节的情况，便于收集和整理项目档案。

3.政府采购环节上的职能部门之间要相互学习、纵向支持、横向联动

职能部门之间建立有效协调机制应相互学习，了解相关部门的业务、流程、规范，熟悉相关部门的办事流程、办事人员。一条业务链上的职能部门应该是一个整体，部门之间既各司其职又相互关联。部门之间的协同、协调、协商机制是确保密切配合、协同一致的关键因素。业务联系紧密的部门之间应该建立顺畅的沟通机制、信息传递渠道以及业务会商机制。部门之间要在联系、交往、互动之中互相理解，在解决问题中集体作战，在业务办理上互相配合，在遵守规矩上互相监督。

4.在信息化建设中做好对接

随着信息化建设的深入，针对流程性、规范性业务的系统开发和建设也越来越多，极大地促进了业务规范，提高了办事效率。但通常情况下，这些信息系统建设的目标只局限于解决某个部门或某项业务的问题，不同部门之间应用系统相对封闭，这就造成了应用系统越来越多但对接困难、数据资源利用率低、电子存档困难等问题，各高校内部应致力于信息系统打通，实现系统可对接、数据可推送、流程可延展，既可以增强业务的规范性，也可以便于档案的归集与整理。

综上所述，在顶层设计既定的前提下，如果把制度和体制理解为总体设计之中的“硬件”，那么机制建设就是保障体制落实的“软件”。比较而言，体制设计相对宏观，刚性更强，而运行机制更具体、更灵活，好的运行机制可以使体制运行顺畅高效，更科学、更节约成本。高校中政府采购档案管理不仅是一项单独的业务，应该是一项在内部管理中综合协调的工作，应该在单位内部协调机制中运行，在顶层设计中予以专门考虑。

档案资源挖掘的实践探索*

——基于改革开放初期北京地区大学分校研究

王　岩

摘　要： 本文从档案资源挖掘对象的选择、内容的确定、方案的设计、方案的实施四个方面，梳理和总结了挖掘改革开放初期北京地区为解决人才供需矛盾创办的36所大学分校档案资源的相关经验；提出了档案资源挖掘的对象要有现实意义和典型性；确定挖掘内容须先理清现有资源状况，在收集的基础上进行分析研究和概括提炼；组织实施要遵循不违反有关法律规定和使用档案可查的可靠信息原则；对档案资源挖掘实践的具体设计和组织实施进行了详细论述。

关键词： 档案资源挖掘；改革开放初期；大学分校

一、引言

1978年改革开放初期，中国刚刚结束文化大革命，经济亟待恢复。一方面，发展经济所需的各行各业人才奇缺；另一方面，自1977年底恢复高考以来，仅半年时间内的连续两次高考积压了大量考生，他们因高等教育资源供给严重不足而入学无门。为此，天津、北京、上海、湖北、四川等地相继依靠当地高校办学资源建立分校，有效地扩大了招生规模，加快了人才培养的速度，为地区经济社会发展做出了重大贡献。这一举措开创了高等教育人才培养的新路径，创新了高等教育办学模式。其发展演变以及办学改革有一定规律性，需要被认识、被提升。记录大学分校创办和发展

*　本文系中国高教学会档案工作分会2020年档案科研课题“大学分校的整合发展对校史文化传承的影响研究”、北京高教学会档案研究分会课题“基于改革开放初期北京地区大学分校的档案和史志资料研究”和北京联合大学校级科研课题“校史故事的育人功能和作用研究”的阶段性成果。

王岩（1977—　），女，黑龙江绥化人，北京联合大学档案（校史）馆馆员，副研究馆员。

历程的有关档案资料因建立各分校的主管和协作单位的不同，去向不尽相同，既有委、办、局，又有学校、企业、科研院所等。收集和整理保存于各处的档案信息，将碎片化的信息联结起来，再现其创办和发展历程，探求其内在发展规律，深入剖析其成功办学经验，对当下日益呈现多样化办学的高等教育发展具有一定借鉴意义。

二、挖掘对象的选择

（一）大学分校类型

大学分校又称普通高校分校、高等学校分校、高校分校，检索发现国内大学分校大致有4种办学类型。一类是20世纪90年代以来我国高等教育体制改革迅速推进产生的大学合并潮的产物，是将两个或以上大学进行实质性合并形成的具有统一法人资格、多个校区的多校区大学，如北京医科大学与北京大学的合并；第二类是大学与地方政府合作开办的，有的隶属于本校却基本独立运行，如北京师范大学珠海分校，有的是属于本校的分校区，如山东大学威海分校；第三类是大学与民间资本合作开办、完全独立自主运行的独立学院，独立招生，独立颁发学历、学位证书，具有独立法人资格。第四类是改革开放初期，为适应国家政治经济形势变化、解决高等教育供需矛盾，天津、北京、上海、湖北、四川等地区依托当地高校的办学资源创办的大学分校。

（二）对象选择依据

大学分校是高等教育发展过程中的客观现象，在世界范围内一些国家和地区较普遍地存在。改革开放初期，我国为解决人才供需矛盾而创办的大学分校，是我国高等教育史上的一次伟大创举，是创新高等教育办学模式的一次有益探索。尽管其存在历史相对较短，但对高等教育的发展产生了较为深远的影响。自90年代以来我国出现的几类大学分校，从办学模式到人才培养方式等诸方面或多或少地与其存在相像点。梳理其发展演变历程，探求这一特定历史阶段教育现象的内在发展规律，剖析其发展演变及与区域经济的联系和相互影响，对当下高等教育改革和内涵式发展颇具参考价值。

天津、北京、上海、湖北、四川等地区创办的大学分校中，天津地区为首创，北京地区规模最大。天津地区于1978年7月成立了8所大学分校，第二年调整为10所，其中5所是现天津理工大学的前身。上海地区成立了13所大学分校，其中7所相互合并后被组建为新校，另外的3所回归母体院校、3所停办。北京地区创办的大学分校有36所之众，大部分保留了下来，其中的24所经调整合并后于1985年组建为北京联合大学。该校经近40年发展成为北京市规模最大的高校之一，是北京市重点建设的应用型人才培养基地。

鉴于改革开放初期创办的大学分校对高等教育发展的深远和重要影响，选择这一类型大学分校的档案资源为挖掘对象。因北京地区大学分校的数量多、流向相对集中，较具典型性，确定以北京地区大学分校为切入点。

三、挖掘内容的确定

（一）现有资源状况

国内关于大学分校的资料主要有学术研究成果、史志鉴出版物、个人传记和档案资源等几类。其中学术研究成果有期刊论文、学位论文和学术著作，主要研究20世纪90年代以来，高校大规模合并或功能拓展而出现的多校区分校，包括多校区高校的形成过程、管理体制、文化融合、组织结构、资源整合、管理模式、办学效益、存在问题等方面，较为典型的是关于多校区大学管理影响因素的研究，以及揭示高校融合中产生的矛盾、管理不适的内外因和探讨合并高校实质性融合过程中的多校区管理等问题的研究。记述大学分校相关内容的出版物多为各高校出版的史、志、鉴类，亦有少量自传、回忆类和文选类出版物，其中关于北京地区大学分校的出版物中，北京联合大学的志书记述了作为其前身的部分大学分校的基本情况；《北京高等教育文献资料选编》收录了有关大学分校的部分重要文件；中国人民大学第一分校前任校长李德良出版的个人回忆录记述该分校创办时的工作回忆；北京普通高等教育的志书对大学分校创办时期北京市高等教育的领导体制与机构、高等院校的领导管理体制、北京市创办大学分校的基本情况做了简要记载。北京联合大学建校30周年出版的系列丛书中收录了少量分校时期的创办者和学生的回忆文章；北京联合大学编辑的《谭元堃文集》收录了首任校长在市委教育工作部工作期间起草的关于大学分校的文件。在创办大学分校的各高校史志类书籍中，也有部分高校对创办的大学分校进行了简要记录。保存有大学分校相关档案资料的单位较多，包括政府机构、区县档案馆、科研院所、高等学校、企业等，分别为大学分校的主管部门、创办单位、协办单位、依托单位、并入单位、组建成的新单位等。档案类型主要为行政类纸质档案，以文字档案居多，也有部分声像档案。

（二）资源挖掘的内容

分析关于改革开放初期北京地区创办的36所大学分校的现有信息和资料，发现学术研究和出版物类材料记述以点为主，档案资源分布范围广且分散，缺少对36所大学分校发展历程逐个系统全面的梳理和深层次挖掘的研究。针对现状，确定收集该时期大学分校相关文献和档案资料，从教育学、社会学、历史学等学科多角度地展开研究。通过全面系统梳理，联结档案记录的碎片化信息，从校址的角度和校史的角度，整理出该时期每一所大学分校的创办和发展演变历程、办学地址的历史文化信息及人文精神。通过对整理结果的研究分析，概括出大学分校的历史价值，整理出办学理念、办学定位的形成，总结出校史文化的传承和创新，提炼出大学文化和精神。

四、挖掘方案的设计

（一）方案设计思路

北京地区大学分校有36所之众，主要资料保存单位有30多家，基于保证效率和全面性考虑，成立工作小组，采用小组成员分工的形式开展，与个别保密单位和不支持查档单位寻求合作；大学分校曾使用过的地址有30余处，许多曾经的校址今已不在，将校址变迁作为一条整理线索颇具抢救历史和挖掘价值，挖掘可沿校址和校史两条线索开展，分别以校址和分校为单位整理成篇；校友访谈是对档案资料和文献资料的有效补充，可结合资料收集情况选定、联系一批校友开展访谈，形成口述档案；与业务研究相结合，申报项目争取经费支持；多种形式展示成果，将整理收集的照片等实物用来举办专题展，整理形成文字材料在网络上发布并编辑出版，选择较成熟篇章参加征文和评选活动，研究结果向期刊投稿发表。

（二）资源挖掘的方案

采用四结合的方式进行资源挖掘，即将史料和档案记载有机结合、理论探索和实证分析有机结合、文献研究和校友访谈有机结合、定量研究和定性研究有机结合，分阶段开展。第一阶段是进行前期调研和资料查阅，了解现有资料情况，思考思路、方法、要解决的问题、进度安排等；第二阶段是研究、分析前期查阅的资料，学习相关研究知识，进一步搜集涉及的背景资料；第三阶段是集中收集资料，通过复印、拍照、网上查阅、借阅或购买资料及实地踏勘、访谈等方式，收集反映大学分校建立时间、办学地址、办学条件（占地面积和软硬件设施）、师资力量、办学规模、开设的专业、办学宗旨、办学定位、办学特色、教学理念、取得的重大荣誉（教学、科研）、对社会的贡献（直接服务、毕业生贡献和各行业出色校友）、社会认可度、重大影响事件中师生和人物故事的档案和历史、文献资料；第四阶段是整理和撰写，分类整理收集的资料，每一分校撰写一篇发展历史，每一校址撰写一篇校址变迁历史，按发展历程整理实物，准备成果展示；第五阶段是研究总结阶段，进行分析和提炼，总结大学分校办学取得的主要成绩和经验、办学理念、办学定位的发展演变，分析校址变迁和发展历程体现的大学文化精神及校史文化的传承，撰写论文、报告；第六阶段是分析和总结，总结在大学分校档案资源挖掘实践中获得的经验，分析是否需要改进的事项，实践探索获得哪些启示。

五、挖掘方案的实施

（一）实施原则及方法

档案资源的收集和利用要遵循以下原则：一是档案资源的查阅和利用须遵循档案法文件的有关规定，在不违背国家法律要求的前提下进行档案资源挖掘，不使用不易公开的信息，慎用有公开范围的信息；二是查阅史志鉴、出版物和口述采集的信息时难免出现不一致、不统一的现象，慎用此类信息，必须使用时要有档案记载的支撑。

具体实施方法可借鉴一般科学研究的方法，通过文献检索法大量搜集和获得学术研究成果、出版物，通过查阅、复印获得档案信息；进行实地踏勘，验证已获得的信息并补充现状信息；选定校友进行访谈，提高结果的完整度和可信度；进行个案研究，进行逐个分校和校址整理；在整理的基础上进行数据统计和归纳分析，得出相应结论。

（二）挖掘方案的实施

一般来说，方案的实施过程可按档案资源开发的通用模式分为前期准备、档案查阅和整理提炼三个阶段。

1.前期准备

前期准备主要包括文献查阅、学习和档案保管单位调研三项内容，目的是了解拟挖掘内容的研究动态和资源状况，分析研究价值和意义，确定研究目标，制定研究方案。其中，文献检索可重点通过网络方式获得，访问知网、中文社会科学引文索引、万方数据库、维普网、百度文库等数字资源平台，查阅相关政府、企业、高校和科研单位的官网，各网上购书渠道，图书馆官网，收集相关期刊、论文和著作。在此基础上，要进一步查阅文献，学习相关核心概念，了解涉及的社会文化背景。联系和调研档案涉及单位，确定档案资料查找的方向和类型。

2.档案查阅

根据前期调研结果，确定以北京市档案馆和北京联合大学档案馆为档案资源获取核心单位，遍访国家图书馆、首都图书馆、北京市地方志馆、各区县档案馆和大学本校档案馆，广泛收集档案及史志鉴文献，获取课题研究所需资料和信息。梳理查取的资料，确定实地踏勘地址和访谈校友名单，进行资料补充收集，提高已有资料的完整度和可信度。第三阶段进行资料整理时，可根据需要进一步进行资料的补充收集。

3.整理提炼

以36所大学分校的发展演变为线，逐一梳理发展历程、办学条件和规模、开设的专业、办学宗旨和定位、办学特色和教学理念、重大荣誉和社会贡献、重要人物等。分别以校址名称和分校名称为单位，撰写分校发展历程和校址变迁历史，每一名称整理出一篇文章。将撰写的文章在网上发布，进行意见征集和校史文化宣传。归纳和总结，提炼升华并撰写、发表相关论文。举办徽章校园展和更大范围的展览，应用收集成果进行校史文化的宣传，制作配套画册。系统地梳理研究过程，得出研究结论，并对结论进行分析，针对研究过程提出启示和建议。

六、结语

挖掘和利用档案信息资源是充分发挥档案价值和作用的重要手段，是提高档案工作质量和效率的必要条件，是维护历史真实面貌的一项重要工作。档案工作者唯有主动研究档案信息资源挖掘的路径和方法，进行不断探索、实践和总结，掌握其开发利用的规律，才能实现档案利用主动服务，才能不断提炼和萃取出档案中蕴含的文化资源，挖掘出校史和思政元素，实现档案文化和育人功能，才能卓有实效地支撑立德树人工程，为人才培养提供更好的服务。

参考文献：

[1] 沈红，沈曦．多校区大学管理的理论与实践［M］．华中科技大学出版社，2009.

[2] 姜素兰，徐娟．北京地区利用高校档案推进大学文化建设路径研究［J］．北京档案，2018（04）：36–38.

[3] 扩改革促发展 凭创新求特色——纪念北京联合大学诞生 20 周年［J］．中国高等教育，1998（09）：44–46.

[4] 林乎加．改革开放三十年回顾：大学办分校的前前后后［N］．北京日报.2008–10–10.

[5] 宋传信．36 所大学分校：北京教育战线的一次“突围”——访中共北京市委原第一书记林乎加［J］．北京党史，2010（06）：45–48.

[6] 张楠，梁燕．北京地区大学分校中的改革逻辑——对 1978 年至 1985 年北京地区大学分校的回溯与思考［N］．中国教育报，2014（11）.

[7] 杜正鉴，李壑．大学分校发展方向初探［J］．高教战线，1984（07）：28–30.

精细化档案管理在提升高校研究生培养质量中的探索

陈　锦

摘　要： 随着高校研究生教育规模的扩大，研究生档案管理在研究生培养环节最后一公里的作用显得尤为重要。针对目前存在的档案管理问题，如何通过精细化管理研究生档案来提升研究生培养质量，本文作者以北京联合大学为例提出了几点措施和做法。

关键词： 研究生；档案管理；精细化

一、引言

随着我国教育事业的不断发展，高等学校研究生教育的队伍也在逐年壮大，由此对高校的研究生教育工作提出了更高的要求与挑战。

我们知道研究生教育工作涉及招生、培养、学位、德育等方面，高校在这些方面给予了高度重视，也积极采取了切之有效的改革创新手段，在教学水平、办学理念以及办学水平层面也都取得了质的发展和飞跃。那么在如今高校研究生培养规模不断扩大的情况下，研究生档案精细化管理能否在研究生教育过程中发挥积极作用，是我们面临的亟待认识、探索的问题之一。

二、精细化研究生档案管理的重要性

研究生档案是记录和反映学生个人经历、德才能绩、学习和工作表现的，以学生个人为单位集中保存起来以备查考的文字、表格及其他各种形式的历史记录，是国家和社会选拔聘用人才的重要依据，也是干部（职工）档案形成的基础。高校学生档案管理工作，是检验学校人才培养质量过程中必不可少的环节之一。高校对学生档案的管理是否精细、规范，直接影响学生个人的职业发展，乃至整个社会的繁荣稳定。

陈锦（1979—　）女，江苏盐城人，北京联合大学档案（校史）馆助理研究员。

高校研究生档案管理是高校档案管理中的一项重要工作，也是高校研究生教育管理的重要组成部分。研究生档案是学生的一张闪亮的名片，是学生就业找工作的敲门砖。怎样让这张名片更加闪亮，也是我们档案管理工作者所要思考的问题。研究生档案管理在当今社会是一个不容忽视的问题，它不仅关乎研究生本人的职业发展问题，更关乎我国高等教育人才资源的充分利用。研究生的高质量就业，对社会的发展和科技的进步在高层次领域也能发挥一定的贡献。档案的完整性、档案的真实性、档案的“厚度”和“深度”不够完整完善，就可能与学生所适合的工作或单位失之交臂，就会出现教育资源的闲置，甚至严重影响研究生的心理健康。因此高校研究生档案的规范化管理就变得尤为重要。

三、高校研究生档案管理存在的问题和现象

新时期针对高校学生档案管理方面可参考执行的文件不多，除2008年9月1日起发布实施的《高等学校档案管理办法》外，迄今为止，国家没有发布有关高校学生档案管理方面的法律法规，因此高校研究生档案管理缺乏法律法规进行指导和约束。各高校办学层次不同、办学规模不同，研究生的人数不同，对研究生档案的管理也各不同，这就导致了高校研究生档案会出现混乱无章的局面。就档案管理而言，存在高校学生档案管理制度缺乏或不完善、职权部门不明确、部门间职责不清、高校师生档案管理意识薄弱、管理队伍不专业不稳定等问题。就具体实体档案而言，存在档案内容不统一、不完整、不规范“三不”现象；在档案利用环节，存在利用不及时、监督不到位现象；在毕业生档案管理环节，存在转递不及时影响就业问题、转递不规范档案丢失的现象；等等。

那么对以上研究生档案管理工作中存在的问题和不足进行有效的应对，是目前高校势在必行的管理工作之一，它不仅体现了我国高校的管理水平，还对高等教育事业的发展起着一定的指导作用。

四、为提升研究生培养质量所采取的档案精细化管理对策

如何解决高校研究生档案管理出现的问题和现象，是摆在我们面前急需解决的问题。

首先我们要弄清楚为什么会出现这一系列档案管理问题。总的来说，

还是高校师生对档案管理意识相对薄弱，重视程度不够。学校着重关注研究生教育的培养环节，通过教学教育改革提高学生的研究水平、学习实践能力，这固然很重要；但精心培养过后的有关研究生所取得的建设性成果材料的收集、整理、鉴定与归档管理这一环节，往往没有引起极大的重视。现如今，研究生就业时，一般用人单位都需要对拟录取的学生进行各方面的综合考察，那么研究生档案是部门审查学生各方面表现的最有价值、最有法律效力的重要参考资料。研究生的这张档案名片如何发挥它的价值，取决于高校管理部门的精细化、规范化档案管理的程度。所以只有高校各个部门、各个群体整合目标，形成统一思想，才能真正践行不忘初心、牢记使命的职责，做到以生为本，完成立德树人的根本任务，代表研究生的这张档案名片才能熠熠生辉。

下面，本文作者以北京联合大学为例，就探索精细化档案管理在提升高校研究生培养质量这一问题上，我校根据国家、北京市相关法律法规，结合本校实际，摸索出了几点改革措施，仅供参考。

（一）党政领导高瞻远瞩，重视学生档案建设

常言道，火车跑得快，全靠车头带。高校领导层对档案工作的重视，是做好档案工作的重要一环。我们知道有些高校的学生档案管理工作，没有安排专门的部门、专业人员来进行系统化全面管理，有的是学院辅导员兼管，或是研究生处（院）的行政老师兼管。随着高校培养规模的扩大，学生档案数量也随之增多，试想兼管的老师如何应付量大而又需要精细化管理的档案工作？这样势必会出现材料漏放、不放、档案丢失等现象。而且档案管理人员的素质，如档案管理人员的思想道德素养、法制观念和保密观念、档案管理专业知识掌握、信息化服务水平等因素，在一定程度上也决定着研究生档案管理工作的质量。

我校党政领导十分重视学生培养的最后一公里环节，为进一步规范我校学生档案工作，提高学生档案管理科学化、制度化水平，有效保护和利用学生档案，学校领导实地调研，进行顶层设计，根据学生档案工作的性质特点进行优化资源配置，提供合理的经费支持。

我们制定了学生档案管理工作统一领导、分级管理原则。由学校统一领导，档案（校史）馆、党委学生工作处（部）、党委研究生工作处（部）、各学院共同负责管理。学校档案（校史）馆负责统筹全校学生档案工作。

参照我校干部人事档案管理工作经验，档案（校史）馆选调既具有研究生教育工作经历又具备干部人事档案管理经验的档案工作者来主要负责研究生档案管理工作的开展。

（二）科学管理制度的健全与完善

“工欲善其事，必先利其器。”精细化管理是建立在规范管理的基础上的，健全科学的管理制度是避免部门间工作推诿扯皮现象，有力推进研究生档案管理的法宝。

我校借鉴干部人事档案管理经验，在学校支持下，在各部门配合下，根据《中华人民共和国档案法》《高等学校档案管理办法》《干部人事档案工作条例》《干部人事档案材料收集归档规定》等相关法律法规，结合我校学生档案工作实际，参照《北京联合大学档案管理办法》《北京联合大学干部人事档案管理办法》等要求，首先制定了《北京联合大学学生档案管理办法》。学生档案管理办法的制定，集中统一了思想，坚定了共同目标，切实有效、及时地保证了在以后的学生档案工作中，做到有章可循，有法可依，彻底解决了职责不明、监督不力、程序混乱、档案乱象的问题。可以说，制度就是档案管理者的尚方宝剑。

（三）加强部门沟通，增强服务意识，形成长效机制

研究生档案的管理工作涉及学校的多个部门的协同合作，所以加强部门之间的沟通交流合作，建立部门间的融洽关系，显得尤为重要。沟通交流不仅体现在部门间的业务工作中，还体现在人员上以及上下级单位对口业务部门之间，通过有效且及时的沟通、合作，把共同的工作做专、做细、做深、做到位。

我校在研究生档案管理方面，已在制度建设中体现了部门之间的分工与协作，整合了各部门目标，形成了统一的思想，避免各个部门之间产生“多一事不如少一事”的想法，从而形成了管理的长效机制。

（四）加强宣传力度，增强档案意识

我们知道档案管理存在档案材料漏放、不放或者档案材料不规范的现象，是师生对档案管理意识淡薄的体现。譬如负责归档的老师不及时归档，或者负责研究生培养环节的老师对形成档案材料的不规范操作等；再譬如研究生入学登记表或毕业登记表，学生意识不到档案材料的重要性，不认真对待，以致出生日期、学习经历或工作经历等写错，给用人单位、组织

全面审查造成档案现存材料信息不一致。这些现象的存在都是师生档案管理意识淡薄造成的，是对研究生档案的重要性认识不够引起的。

所以要想顺利把我们培养的研究生输送到社会的各行各业，首先就很有必要增强各级领导及员工的档案管理意识，加强档案工作的宣传力度；其次要加强研究生档案管理人员的档案意识，增强责任心，强化服务意识，协助完成研究生的教学、培养工作，建立与各部门畅通的信息网络，及时完成档案文件材料的收集归档。

我校每年度开学初组织召开全校档案管理人员工作交流大会；毕业季时，研究生处院组织召开毕业环节研究生档案管理各部门碰头会；新生入学阶段，研究生处院组织有关学生档案管理的宣讲会；等等。通过这些措施来加强档案管理重要性的宣传，增强档案意识，强化服务意识，共同促进研究生档案精细化管理，助力研究生培养质量的提升。

（五）我校研究生档案按新生档案、在校生档案、毕业生档案进行分阶段管理

首先我校明确了管理机构、各部门管理职责，实行学校归口管理、学院和相关职能部门密切配合、上下点面联动管理制度。

1.新生档案管理

新生档案接收环节，由档案（校史）馆统一负责接收入库保管。学校原则上不接收个人携带的档案，学生档案已被拆封的，有权不予接收，并通知学生将档案返回原档案管理单位审查无误、密封完整后，按照学生档案指定寄送方式寄至我校有关招生部门审查。

对于新生的档案材料，由各学院、党委研究生工作处（部）学生档案管理人员负责收集、保管，并以系（专业、年级）为单位，以学号为顺序的方式进行整理、审查。各学院档案管理员负责审核本单位新生档案是否完整，督促本单位符合档案调入条件但未调入档案的新生及时办理档案转入手续。对于必须归档而又缺失的材料，各学院档案管理员应做好记录并及时书面通知原单位或由其本人催要。

对于在国（境）外获得本科、硕士、博士学位，又到我校继续深造的新生，须提供国（境）外的课程学习成绩单、学历学位证书复印件、学历学位认证等材料给学生所在学院或党委研究生工作处（部）审查，审查无误后方可归档。

2.在校生档案管理

在校生档案管理主要涉及两方面：一是档案利用；二是在校期间形成材料的归档。

在归档方面，我们在制度中明确了归档内容、范围与归档要求，各相关部门依照明确的要求执行。

在档案利用方面，我们制定了在校生档案的查（借）阅制度。查阅人须按照制度严格履行审批手续，按规定完成书面登记工作。

3.毕业生档案管理

毕业生档案管理主要涉及的是学生的装档和转递工作。

每年毕业季，我校就毕业生档案工作召开部门协调会，明确装档和转递要求。为了增强对学生负责的态度，我们在毕业生转递档案袋上明确了必备装档材料明细，装档人员审核材料的完整性并在明细栏备注，以确保学生档案的完整性。

在转递环节，档案（校史）馆负责转递，研究生工作处（部）、各培养单位配合完成。在具体工作方面，我校要求各培养单位分管领导负责制，做实做细档案转递信息工作，以免造成档案的丢失现象，档案（校史）馆建立学生档案妥投数据，以便核实。

五、结束语

“以铜为镜，可以正衣冠；以史为镜，可以知兴替；以人为镜，可以明得失；以法为镜，可以断曲直。”研究生档案管理工作需要我们师生共同努力，在不断进取中去完善，在原有研究生档案管理的基础上，结合实际工作开拓创新，建立完整的精细化、规范化制度是此项工作的必由之路。研究生档案是学生成长发展的身份证明，伴随其一生。如何为学生的顺利发展保驾护航，为高校的研究生教育事业添砖加瓦，都离不开研究生档案的精细化、规范化管理。

参考文献：

[1] 谭洋洋.高校研究生档案管理的问题及策略浅析[J].商讯，2020（14）：168-170.

[2] 汤伟.研究生档案管理的必要性[J].兰台世界，2019（06）：76-78.

高校档案信息化建设的思考

——以北京联合大学旅游学院为例

田　夏

摘　要：本文基于北京联合大学旅游学院在新冠肺炎疫情期间档案管理工作的实践，对高校档案信息化建设进行了深入思考；采用调查、文献研究等方法，构想设计了学院档案信息化建设内容，对学院档案信息化分步分级建设实施、档案信息化管理进行研究与探索。

关键词：新冠肺炎疫情；高校；档案管理；信息化建设

一、引言

在信息技术高速发展的时代，传统的档案管理模式和单机版档案管理信息系统已不能满足高校发展新形势和新任务的需要。档案工作环境正向类型更加多样、管理手段更加综合、服务更加便捷、安全更加可靠的方向变化，因此，高校档案信息化建设显得尤为重要：利用现代信息技术手段和方法，建立网络环境、软硬件基础设施、档案数据库、档案管理系统等网络信息生态环境，支持档案人员高效率、高质量开展现代档案业务。

二、疫情期间档案管理工作的实践与思考

2020年初，新冠肺炎疫情突如其来。旅游学院根据国家档案局发布的《关于做好新型冠状病毒感染肺炎疫情防控期间档案工作的通知》（档函〔2020〕10号）安排，遵照北京联合大学档案（校史）馆的统一部署，在档案利用服务、专题档案收集归档、档案管理人员培训工作方面做了相关工作。为校内人员提供电话解答为主，线下查档为辅的档案服务；为校外人

田夏（1988—　），女，北京人，北京联合大学档案（校史）馆助理馆员，硕士，E-mail：lyttianxia@buu.edu.cn。

员提供电话咨询和电子邮件预约的档案服务。指派专人，统筹做好收集整理新冠肺炎疫情防控期间已经形成并将继续形成大量反映新冠肺炎疫情防控工作情况的文件材料，确保疫情防控档案在第一时间得到有效收集和安全保管。提供线上线下学习平台，定期进行专项培训。定期宣传档案管理人员疫情期间参加社区防疫工作事迹，在档案管理团队中传递正能量，增强团队服务意识，提升团队凝聚力。

全国各高校根据新冠肺炎疫情防控形势，结合各自学校疫情防控规定，制定并实施了档案管理服务的新办法、新举措。有的通过网站或微信公众号平台发布了闭馆通知；有的暂停了对外查档服务；有的采取了网上申请、快递收件的方式进行档案业务办理；有的则通过档案信息管理平台提供档案查询服务。

我们可以看到新冠肺炎疫情的爆发，对高校档案管理模式产生了一定的冲击。我们应该如何更加安全、高效、快捷地做好档案管理？如何为广大师生提供线上、线下融合的档案利用？如何规划“信息+”档案？如何设计“云+”档案？如何实现“数字+”档案？

三、旅游学院档案信息化建设构想与规划

随着向后疫情时期的逐步过渡，学院在档案利用方面的需求也会日益增加。传统的档案管理工作多以人工管理为主，面对复杂多样的问题时，容易受场地、人员、流程、时间等问题的影响，应对方法有限且缺少有效的保障机制。为此，学院对未来档案信息化建设做出了总体规划。

（一）促进档案信息化建设部署

把档案信息化建设作为重点工作进行统筹与规划，加强高校档案信息化建设顶层设计，分步推进档案信息化建设的各项措施；加大档案信息化建设方面人、财、物的支持和保障力度；加强档案信息化专门人才的培养与团队建设。

（二）加强原始档案资料保护

高校纸质档案在保管过程中，易受到温度、湿度、光照的影响；在利用过程中，可能出现纸张断裂、磨损等情况。利用高速专业扫描设备，通过光盘刻录、数据库等信息技术，形成多种档案资料数字备份方式，有效保护原始档案。

（三）提高档案利用效率

学院档案的查询利用，主要通过案卷目录进行手工查找，尤其是遇到查档高峰，同时接待多人查档时，难以迅速有效的开展相关工作，人工检索时间长，工作效率低，满意度不高。通过制定档案编码规则，形成数字档案；搭建档案信息资料数据库，进行分类、模糊、组合检索查询，实现精准定位，提高档案利用率。

（四）提升档案安全管理水平

通过档案信息化系统的建设，设定档案室分级分层进入权限、设置档案信息平台用户访问权限、部署网络安全机制等，提升档案安全管理水平。

四、旅游学院档案信息化建设探索与设计

面对档案管理工作的新需求，学院档案管理人员积极思考与探索，深化档案资料收集、整理、鉴定、利用等工作内涵。立足档案管理本职工作，依托北京联合大学档案信息化建设大环境，构想设计旅游学院档案信息化建设内容。其主要包含以下几方面。

（一）规划档案信息化建设内涵

由院领导、档案管理主管领导、档案管理员组成档案信息化建设小组，提出指导意见和建设目标；制定档案管理信息化制度；明确档案类别、保密级别、利用权限等规则；计划档案信息化分步分级的方案和预算；制定档案信息化专门人才培训提升计划等。

（二）制定数字档案工作流程

纸质档案是形成数字档案的重要依据，数字档案的形成由筛选资料类别、选择扫描方式、制定编码规则、选择数字文件格式、电子文档审核与鉴定五个步骤组成。

1.筛选资料类别

学院文书档案分为永久、三十年、十年档案。此类档案原件与数字档案具有同等效力，可进行资料的数字化录入。

2.选择扫描方式

学院文书档案可以采用两种扫描方式完成：高速扫描仪，快速连续进纸扫描，适合单页来装订的档案或者拆册档案；非接触式扫描仪，手动单页翻页扫描，适合已装订成册的档案或是刊物书籍等资料。

3.制定编码规则

在资料数字化录入前期，可分级、分层设计学院数字档案编号标准。如：0305，代表北京联合大学旅游学院卷宗号；WS，代表文书类档案；DMT代表录音、录像、视频等多媒体档案；字母1、2、3…代表部门，如“1”代表党政办公室、“2”代表组织宣传部等。举例：旅游学院2019年党政办公室合同卷：0305-2019-WS1-HT-001。根据需求可增加字符，如有效期、页数等。制定严谨的记录编码规则，形成编码规范说明书。

4.选择数字文件格式

纸质档案数字化扫描多保存为图片和PDF格式。图片格式大致有TIFF、JPEG、GIF等，不同格式的图像文件由于压缩不同，会有色彩、分辨率、大小的差异。结合学院档案特点，参考《纸质档案数字化技术规范》《干部人事档案数字化技术规范》等，选出JPEG、TIFF、PDF三种格式作为档案数字化初期的录入格式。其中，JPEG格式为有损压缩，设置200DPI格式扫描学院一般性文件如公告、通知、表彰、奖励等较为合适，同时由于文件的色彩、大小控制得较好，也适合网上发布浏览、共享传输等；TIFF格式可以支持无损压缩，设置300DPI格式扫描老旧照片、发黄文件等，色彩还原真实，清晰度高，文件大，在本地使用较为合适；PDF格式压缩比在以上两种图片格式之间，即可保留文件原版原式，无须改变格式直接打印，又可方便地添加电子标签，还可以把多个文件扫描在一个PDF文档内，形成文件整册，适合扫描学院会议纪要、红头文件、决策、学生成绩单等包含公章、签名的文件文档，在本地和网络使用上会更加有效与便捷。

5.电子文档审核与鉴定

在少量资料扫描后形成数字档案的同期，由专业档案管理员进行初步检验，检验数字文档编码是否规范、号码是否连续、格式是否符合要求等；在超量资料扫描时期，应与有保密资质的专业公司合作，进行资料录入。

（三）建立数字档案安全管理模式

安全是档案管理的重点工作。档案安全管理是指立档单位、档案馆（室）对馆（室）藏档案实体和信息内容采取有效保护措施，避免受到自然灾害或人为侵害，并使其处于安全状态的管理工作。学院档案安全管理模式主要包含以下内容。

1.纸质档案安全管理

学院现有一间档案室存放文书档案，配备了灭火器、防盗门等设备，钥匙由专人保管。在档案信息化建设阶段，可考虑引入人脸识别、指纹认证、电子锁等方式，实现入门认证；在室内升级安装智能摄像头，自动识别烟雾、移动物等，并通过系统远程报警，提示管理员室内的安全隐患；在已经归档入柜的档案卷册上，粘贴RFID（无线射频识别）标签，自动记录档案进出档案室的编号、数量、时间等具体信息。

2.数字档案安全管理

档案实行信息化管理具有快捷、优质、高效的特点，也会存在网络攻击、病毒木马等安全隐患。对于数字档案的安全管理，可以考虑本地服务与网络服务共用的办法。本地服务的设备放在档案室内，配置自动备份系统，系统不联校园内网，禁用USB等接口，查询利用只能打印输出，并由系统记录打印页数。档案资料共享服务器可放置在学校网络中心机房内统一管理，按需配置访问级别。

3.人员培训与职责

首先，要提高档案管理人员的安全防范意识，了解档案缺失、泄密后果以及要承担的相应责任。档案管理人员要学习、培训信息化设备系统的相关知识，定期对系统进行检修维护，对数字档案进行查验。其次，对在网络共享发布的数字档案要有多重审核机制，保证发布的内容既正确又有效。最后，信息化档案系统的建设能在出现档案损坏、丢失等问题时，通过查询使用权限、数据、记录，有依据地进行追责与整改。

（四）搭建档案资源共享利用平台

现代信息网络同每个人生活、工作、学习息息相关。在大众创业、万众创新的形势下，档案管理应改造升级传统管理方式，不断发现并利用新的发展机遇，助力智慧城市、智慧生活的全面建设。

新修订的档案法第五章第三十六条规定：机关、团体、企业事业单位和其他组织应当积极推进电子档案管理信息系统建设，与办公自动化系统、业务系统等相互衔接。因此，高校档案馆（室）应主动适应大趋势，不断探索创新，在持续推进档案信息化、数字化工作的同时，将档案工作与互联网有机结合，利用网络平台、新媒体平台，提升公共档案的服务与利用，让档案信息“传递”起来，促进档案数字资源跨部门、跨院校、跨区域共享利用。

五、结语

高校档案信息化建设是一项长期复杂的建设工程，高校档案管理部门应结合档案实际工作情况，厘清思路，找好定位，确立目标，扎实、稳步地推进档案信息化建设。同时，档案管理人员都应积极面对新格局、新形势下的档案信息化建设，保存学校发展记忆、传承校园文化、服务社会，共同推动高校档案信息化建设的跨越式发展。

参考文献：

［1］吴紫建，黄月华．从“非典”和新冠肺炎疫情看如何做好疫情防控档案管理［J］．北京档案，2020（05）：23–25.

［2］钱毅．全面保障档案信息化工作，助推社会数字转型——新修订《档案法》信息化条款述评［J］．北京档案，2020（10）：4–7.

［3］宋慧．高校档案管理信息化建设研究［J］．兰台世界，2019（04）：73–76.

［4］郑新兴．高校档案信息化建设策略刍议［J］．办公室业务，2019（4）：65–66.

［5］李彩娟．高校档案管理信息化建设路径研究［J］．吕梁教育学院学报，2019（04）：81–82.

［6］李冬梅．高校学籍档案管理数字化探讨［J］．山西档案，2019（02）：119–120+96.

［7］杨琼娃．高校档案信息化管理工作改革与创新发展思路［J］．办公室业务，2018（14）：72–76.

对高校数字档案馆建设的思考*

龚文婷

摘　要：本文明确了高校数字档案馆的发展现状，从数字档案馆的建设的目标、必备条件及应注意的问题等三个方面对高校数字档案馆的建设进行探讨，归纳了建设目标的“六化”、三个必要条件以及四点应注意的问题。

关键词：高校；数字档案馆；档案资源

一、引言

国家档案局2010年6月发布的《数字档案馆建设指南》作为数字档案馆建设的纲领性文件，从数字档案馆建设的总体要求、管理系统功能要求、应用系统开发和服务构建、数字档案馆资源建设以及保障体系建设五个方面提出了数字档案馆建设的具体要求。2014年11月国家档案局办公室又印发了《数字档案馆系统测试办法》进一步细化了数字档案馆的测试标准。然而，目前高校数字档案馆建设的现状不尽如人意。在大数据时代，在信息技术高速发展的今天，高校档案馆如何能够突破传统的档案管理模式，更方便、更快捷、更全面地利用档案，充分发挥档案的作用，为高校教育事业服务，成为高校档案工作者要解决的迫在眉睫的问题。

二、高校数字档案馆发展现状

受地域差异和办学规模不同的影响，我国高校数字档案馆发展不均衡。东南部沿海地区的高校数字档案馆发展走在了前列。诸如建成全国高校第一个数字档案馆的上海交通大学，又如通过“南大之星”档案管理软件搭建数字化平台以整合档案信息资源并广泛应用于各大高校的南京大学档案

---

* 本文为教育部人文社会科学研究青年基金项目“大数据时代高校数字档案馆信息服务模式研究”（18YJC870010）阶段性研究成果。

龚文婷（1984- ），女，北京西城人，北京联合大学档案（校史）馆馆员。

馆，还有东南大学档案馆、浙江大学档案馆等。然而大多数高校由于经费、场地等原因，档案馆数字化建设还处于初级阶段，还有少部分高校还在采用原始纸质档案的复印利用模式。由此可见，建设高校数字档案馆是当务之急，也是未来高校档案事业发展的必经之路。

三、高校数字档案馆的建设目标

《数字档案馆建设指南》中提出数字档案馆的建设目标为：紧紧依靠国家和当地信息化基础设施建设环境，充分利用各种政务网的平台、公众网平台以及各类网络资源，以先进的信息技术为手段，集成建设适应本部门本单位一定时期内数字档案管理需要的网络平台，开发应用符合功能要求的管理系统，推动馆藏档案资源数字化、增量档案电子化，逐步实现对数字档案信息资源的网络化管理以及分层次多渠道提供档案信息资源利用和社会共享服务。笔者进一步概括为“六化”，即：馆藏档案资源数字化、增量档案电子化、档案归档网络化、档案利用全文化、档案服务实时化、档案管理标准化。

（一）馆藏档案资源数字化

馆藏档案数字化是把纸质载体档案经过处理转换成数字形式保存在计算机中存储的过程。这种过程主要通过扫描仪扫描来完成，对于存储量较大的高校可以采取档案数字化外包的形式，提高档案数字化效率。至于条件有限的高校可以采取分期分批的方式，先对利用率较高或者年代久远需要减少对原件利用的档案进行扫描，逐步实现馆藏资源数字化。

（二）增量档案电子化

增量档案电子化是指对即将归档进馆的档案，档案在收集前就要求立卷归档部门在进行纸质材料归档的同时，将电子版本的文件一同归档，避免档案馆再次进行数字化，但是归档的电子版必须符合相关规定。

（三）档案归档网络化

档案归档网络化是指通过档案管理系统，使立卷归档部门在网络化的情况下进行电子文件的归档，将文件上传到档案馆的服务器中，实现纸质档案、电子档案“双轨制”管理。这就对档案管理系统提出了一定的要求。

（四）档案利用全文化

档案利用全文化，也就是我们通常说的全文检索，是指在利用档案时通过对档案全文进行检索的方式查找所需要的信息。这需要高校档案馆建立强大、全面的全文数据库，也必须是在做好馆藏资源数字化和增量档案电子化的基础上才能完成的。

（五）档案服务实时化

档案服务的实时化是指在数字档案馆环境前提下，利用者采用自主、自助、24小时全天候的利用方式，通过计算机网络实现实时检索、实时满足自身需求的情况。尤其高校档案馆的服务对象大多是毕业生，如何更好地满足毕业生的个性需求，提高档案的利用效率，也是建设数字档案馆所要达到的目标之一。

（六）档案管理标准化

具有标准规范的体系是数字档案馆建设的根本保证。应该建立一整套包括计算机和网络及信息平台的处理、档案信息的处理、网络配置平台标准、网络数据库格式标准、著录标准、数据交换标准等在内的数字档案馆标准体系，用标准来规范指导高校数字档案馆的建设。

四、高校数字档案馆建设的必备条件

（一）充足的资金保障

与传统档案馆建设相比，高校建设数字档案馆所需要的资金数额巨大，主要包括硬件支出和软件支出两部分。硬件支出是指用于建设库房馆舍和数字化环境以及购置各种数字化设备所需的资金。具体来说，可以包括信息转换系统计算机、扫描仪等，电子文件保管系统如防磁、防尘专用设备，数字信息传输系统如网络传输的通讯线路等各种基础设备、设施的购置等。软件支出主要是指用于保障高校数字档案馆正常运行的技术开支和人力支出，包括购置或者研发档案管理软件，对现有高校档案管理人员进行专业培训，系统维护和数据库转换，档案数字化外包服务，等等。

（二）丰富的资源保障

丰富的数字化档案资源的馆藏是最基本的保障。这就要求高校档案馆要有足以支撑数字档案馆正常运行的馆藏数字资源，这样才不会造成信息停滞和利用需求的阻断，以满足各种档案利用需求。所以前面提到的馆藏档案资源数字化和增量档案电子化才显得尤为重要，也是需要高校下大力气去完成的。

（三）过硬的人才保障

高效数字档案馆的建设对人员结构和知识结构提出了更高的要求。尤其大数据时代，各种技术如计算机、网络等及各种应用管理软件不断更新换代，需要具有相关专业知识、技术过硬的人力资源来管理馆藏数字化档案信息，做好数字化资源服务。高校档案馆的工作人员不仅要懂档案知识，更要精通计算机的专业知识，熟悉信息化、网络化领域的相关知识。懂管理，懂专业，懂法律，这样的复合型人才在高校数字档案馆建设中必不可少。

五、数字档案馆建设应该注意的问题

（一）数字档案资源及其获取问题

档案数字化资源包括前面说的馆藏档案资源数字化和增量档案电子化两个方面。馆藏档案资源数字化尤其要注重对利用率高、原件年代久远、体现高校特色的纸质档案优先进行数字化，对于有条件的高校建议采取外包的方式进行，但是档案馆工作人员一定要进行验收，对数字化后的档案进行检查核对，确保无误。增量档案电子化，特别想提到的一点是，在大数据时代，高校也进入了数字化校园，很多高校都应用了OA，对接了大量的管理系统，例如教务信息系统、科研管理信息系统、人事管理系统等，各个系统中储存了大量的数据，这些数据库会生成大量的电子文件，还有校园网上发布的正式电子公文以及对学校各项重大活动进行的跟踪拍摄和宣传报道，包括学校微信公众号推送的信息等，这些都属于数字资源。这些数字资源内容非常丰富，必须做好收集整理工作，充分利用档案管理系统，实现便捷的检索和利用，才能最大限度地发挥这些数字档案资源的作用。

（二）数字档案资源存储技术问题

有了大量的数字档案资源，如何更好地存储从而保证正常的利用就成为一个非常重要的问题。随着数据量的不断增加，存储系统的重要性显得越来越突出。存储器作为数字档案资源的存储地，在整个网络系统中占有至关重要的地位，它不仅仅解决了数字档案资源的存放问题，对这些资源的使用（如怎样提供更快速的访问等）都具有非常重要的作用。如何选择存储系统，成为每个高校建设数字档案馆中的一个重要课题。因此，高校在购买网络存储设备时应该多与学校信息网络技术部门沟通，同时结合本馆的数字资源总量，充分考虑日后数字档案资源的增量，按照最佳的性能和最合理的价格来进行选择。

（三）数字档案资源管理系统问题

随着高校档案馆业务由传统档案馆向数字档案馆的发展，档案数字资源管理系统逐渐浮出水面，成为建设数字档案馆必不可少的重要组成部分。一个好的数字档案资源管理系统必须具备以下功能：数字档案资源发布功能，数字档案资源整合检索功能，网络资源收集加工功能，跨库检索功能，即时信息发布管理功能，个性化服务功能。尤其高校应结合自身工作特点，通过数字档案资源管理系统呈现特色馆藏，同时通过这个系统为查档者提供方便快捷的服务，充分发挥档案的作用，也发挥好高校档案部门的育人服务功能。

（四）数字档案资源的安全问题

大数据时代，数字档案的安全性尤为重要。这里包括两层意思：一方面是档案自身的是否涉密。对于涉密的数字档案，一定要按照国家有关保密工作的相关文件的要求来进行，注意涉密信息不上网，涉密的档案资源不放在对外公开的网络中，涉密信息需要单独计算机单独保存。另一方面是数字档案资源自身的安全性问题。尤其大多数高校的数字档案馆会借助“云”技术来实现，档案数据更容易受到威胁和攻击，所以必须建立完备的安全防护体系，防止档案数据被恶意篡改，确保档案数字资源的安全。同时，一定要做好备份工作，抵御各种突发的自然灾害，防止给数字档案馆带来不良影响。

总之，数字档案馆建设是高校工作中的一项重大工程。在未来，数字档案馆将影响到政治、法律、经济、教育等各个领域的发展，并影响到现代社会教育的质量。高校档案管理人员要抓住机遇，迎接挑战，更新观念，创新管理，多方论证，踏踏实实地做好技术储备和调研工作，迎接实体档案馆向数字档案馆转移的新格局。

参考文献：

[1] 国家档案局.数字档案馆建设指南[S].2010.

[2] 胡凤华，袁继军.高校数字档案馆信息资源整合交换的策略及应

用［J］. 档案学研究，2011（01）：43-46.

［3］张正军，付玲. 高校数字档案馆建设探讨［J］. 兰台世界，2014（05）：33-34.

［4］余子丹. 大数据时代高校数字档案馆建设思路［J］. 兰台世界，2018（12）：50-53.

［5］肖永红. 我国高校数字档案馆建设存在的问题与对策［J］. 资源信息与工程，2019（01）：201-202.

［6］顾伟. 高校数字档案馆建设实践研究［J］. 黑龙江档案，2020（01）：84-85.

从某高校职工健康人群体重指数与血压、血脂、血糖相关性分析教职工的健康档案管理

苗　莉

摘　要：回顾性分析 2016—2018 年北京联合大学职工约 13302 例的体检资料，对体重指数、血压、血糖、血脂进行统计学分析。13302 名体检者中体重指数增高检出 4720 例（35.48%），体检人群中体重指数增高发生率性别差异明显，男性分布明显高于女性。体重指数增高组中高血压、高血脂、高血糖发生率均高于体重指数正常组。≥ 60 岁年龄组高血糖、高血脂和高血压的发生率明显高于 41¯59 岁年龄组及≤ 40 岁年龄组；41¯59 岁年龄组的体重指数增高发生率及高脂血症发生率最高。体重指数增高是多种慢性病发生发展的危险因子。健康人群 40 岁以后甚至更早应定期体检，通过开展系统的健康干预，发现问题及时干预，从而有效预防和延缓高血压、高脂血症、高血糖等慢性病的发生发展。

关键词：体重指数；高血压；高血脂；高血糖；健康档案

一、引言

近年来，由于经济的快速发展和生活水平的不断提高，生活节奏不断加快，人们的膳食结构和生活方式发生了巨大的改变，由此导致的一些营养相关性疾病（如肥胖、高血压、高血脂、糖耐量异常等慢性病）的发病率逐年上升，并已成为不可忽视的全球性问题。

随着高等教育的不断发展，高校职工担负的教学及科研任务越来越重，社会责任也越来越大，高校职工的身心健康亦越来越受到学校的高度重视。本研究通过对北京联合大学职工约13302例的体检调查，分析本校职工体重指数增高发生率与血压、血糖、血脂检测值的关系，为掌握本校职工健康

苗莉（1963—　），女，辽宁大连人，北京联合大学校医院临床医学影像及放射治疗专业主治医师，主要研究方向为健康档案管理及医学影像。

状况和好发疾病制订相关健康管理方案提供科学依据。

二、对象与方法

（一）调查对象

收集我校2016年1月至2018年12月参加健康体检的13302例体检资料进行分析，年龄28~87岁，平均（45.72 ± 13.17）岁。

（二）检查方法

测量受检者的身高、体重、腰围，身高、体重用身高体重计测量，测量光脚净身高。受检者采集清晨空腹静脉血，测定血糖、血脂；血压测量用电子血压计，受检者测量前保持安静状态10分钟，测量时取坐位，测量右上臂肱动脉血压；体检均由工作经验丰富的医务人员进行操作。全部体检结果确保准确并详细记录。

（三）诊断标准

参照《中国成人超重和肥胖症预防控制指南》判定是否为超重肥胖：体重指数（BMI）=体重/身高^2（kg/m^2），BMI在18.5 –23.9 kg/m^{2}为正常，BMI在24.0–27.9 kg/m^{2}间判定为超重，BMI≥28 kg/m^{2}判定为肥胖。参照《中国高血压防治指南》判定是否为高血压：收缩压>140mmHg和（或）舒张压>90mmHg或既往有长期高血压病史者。参照 WHO 标准诊断是否为糖尿病：空腹血糖（FBS）为6.1–7.0mmol/l 判定为空腹血糖受损（IFG），>7.0mmol/l判定为糖尿病，既往有糖尿病病史兼并以上两者之一者统称为空腹血糖异常；根据我校检验科检验标准：空腹甘油三酯>1.7mmol/l 和（或）总胆固醇>6.2mmol/l 为高脂血症。

（四）统计学方法

采用 SPSS13.0 软件对数据进行统计学处理，计量资料用$x \pm s$ 表示，组间均数的比较用t检验；以$P<0.05$ 差异具有统计学意义。

三、结果

（一）体重指数与血压、血脂、血糖的相关性比较

本高校2016—2018年共13302名职工体检，体重指数增高者检出4720例（35.48%），其中男性3117人，占23.43%，女性1603人，占12.05%。本校体检人群中体重指数增高发生率性别差异明显（$P<0.05$），男性分布明显高

于女性。而且体重指数增高组中高血压、高血脂、高血糖发生率均高于体重指数正常组（$P<0.05$，见表1）。

表1　体重指数与血压、血脂、血糖的相关性

分组	收缩压（mmHg）	甘油三酯（mmol/l）	胆固醇（mmol/l）	血糖（mmol/l）
BMI指数增高组	145.1 ± 10.72	59.4 ± 13.57	87.3 ± 8.55	6.72 ± 8.39
BMI指数正常组	106.6 ± 5.66	1.1 ± 8.21	5.0 ± 5.45	4.1 ± 6.57
P	0.007<0.05	0<0.05	0<0.05	0.014<0.05

（二）不同年龄组与体重指数增高、高血压、高血脂、高血糖发生率的比较

本研究中≥60岁年龄组高血糖、高血脂和高血压的发生率明显高于41~59 岁年龄组及≤40岁年龄组（$P<0.05$）；41~59岁年龄组的肥胖发生率最高（$P<0.05$，见表2）。

表2　不同年龄组体重指数增高、高血压、高血脂、高血糖的发生率（$\times 10^{-2}$）

年龄（岁）	体重指数增高		高血压		高血脂		高血糖	
	例数	比率（%）	例数	比率（%）	例数	比率（%）	例数	比率（%）
≤40	873	27.20	514	15.90	725	22.43	339	10.49
41–59	2329	40.65	2465	43.27	2761	48.19	664	11.59
≥60	1518	34.96	2987	68.79	2982	68.68	870	20.37

四、讨论

通过分析我校近3年的体检数据发现，职工体重指数增高、血压升高、血脂异常等疾病患病率都高于正常人群，本研究中体重指数增高者检出4720例（35.48%），其中男性3117人，占23.43%，女性1603人，占12.05%。我校体检人群中体重指数增高发生率性别差异明显，男性分布明显高于女性。41~59岁年龄组的体重指数增高发生率最高。故中年男性是体重指数增高的易发人群，综合文献分析此现象可能与雌激素分泌有关。因雌激素能直接作用于脂肪组织，因而男性和绝经后女性比年轻女性有着更加大的肥胖风险。并且由于男性饮食结构多以肉食为主，并抽烟饮酒者占多数，脂肪组织的消耗较少，再加上缺乏雌性激素，因而体重指数增高发生率较高。

本研究中体重指数增高组中血压、血脂、血糖发生率均高于体重指数正常组，与文献报道相符，体重指数增高是导致高血压、糖尿病、冠心病等多种慢性疾病的重要危险因素。它被世界卫生组织认定为影响健康的第五大危险因素。有研究表明，超重肥胖是一种可逆的危险因素，因此，控制体重对慢性病的预防具有重要意义。本研究中≥60岁年龄组高血糖、高血脂和高血压的发生率明显高于41–59 岁年龄组及≤40岁年龄组，此结论与文献结论相一致。有研究表明，大多数慢性病的发生率随年龄的增长而增加，提示年龄是导致健康体检结果异常率增加的重要危险因素。随着年龄增长，身体各项功能逐渐衰退，体内激素水平失调导致抗病能力下降，故比其他年龄段更容易患慢性疾病。

五、做好教职工健康档案管理

（一）从近几年我校教职工的健康体检结果分析来看，健康状况不容乐观，其中三高问题——“高血压、高血脂、高血糖”尤为突出，是我校教职工存在的主要健康问题

以上疾病高发与教职工的工作性质和不良的生活习惯有着密切的联系，如以脑力劳动为主、电脑办公、静态工作形式、说话多、抽烟、酗酒、不健康的饮食习惯、缺少运动等。要改善教职工的健康状况，需要采取教职工乐于接受、行之有效的健康管理措施。现代医学研究表明，不少疾病病因主要不是生物因素引起，而是由不良的生活方式、心理因素、环境因素等引起，这种新的医学观念被称为“生物、心理、社会医学模式”。个体从健康到疾病要经历一个发展过程，一般来说，是从处于低危险状态发展到高危险状态，发生早期病变，出现临床症状，形成疾病。这个过程可以很长，往往需要几年甚至十几年乃至几十年的时间，期间的变化多数不被轻易地察觉，各阶段之间也无截然的界线。因此，在形成疾病以前进行有针对性的预防干预，可成功地阻断、延缓甚至逆转疾病的发生和发展进程，从而实现维护健康的目的。教职工健康档案管理就是运用信息化和医疗技术，在健康保健、医疗的科学基础上，建立的一套完善、周密和个性化的服务程序，其目的在于通过维护健康、促进健康等方式帮助健康人群及亚健康人群建立有序健康的生活方式，降低风险状态，远离疾病，而一旦出现临床症状，则通过就医服务的安排，尽快地恢复健康。健康档案管理不

仅是一套方法，更是一套完善、周密的程序。通过健康档案管理能达到以下目的：一学，学会一套自我管理和日常保健的方法；二改，改变不合理的饮食习惯和不良的生活方式；三减，减少用药量、住院费、医疗费；四降，降血脂、降血糖、降血压、降体重，即降低慢性病发生的风险因素。具体而言，健康档案管理可以了解您的身体年龄，判断患病倾向，由医生向您提供健康生活处方及行动计划。它能长期跟踪您的健康，最大限度减少重大疾病的发生，同时，及时指导就医，降低个人医疗花费，提高您的保健效率，最终达到提高个人生命质量的目的。

（二）健康教育是重中之重，教师健康是教育质量的保障和基础条件之一，也是更好落实《健康中国行动（2019—2030年）》及《健康中国行动组织实施和考核方案》在高校的具体体现

针对高校教师人群对“三高”疾病的认识及健康管理执行力度的问题，要将教师健康档案管理列入学校重要议事日程，健康教育形式多样，根据不同的人群采取不同的方式，相关部门应定期开展各项医学服务宣教，借助5G、微信等现代传媒工具和渠道，大力宣传包括“三高”在内的科学健康知识，加强健康教育和健康管理，通过工会、校医院等多种渠道加大预防、保健和健康档案管理资源的投入，真正做到有病早治疗、无病早预防，降低大病的发生率，防范心脑血管意外事件的发生。

（三）实现个体化的健康指导

加强校内医疗机构健康咨询门诊的力量，医务人员上门服务，聘请专家或统筹全校高职称医师走进校区、学院为教师进行健康咨询服务，分析体检结果，制定个体化的健康饮食运动计划等，帮助教职工使其学会自我健康管理的方式方法。

（四）重视慢性疾病人群的管理

对于患有三高等慢性疾病的人群，应进行重点健康管理，为他们提供具有针对性和个性化的管理方案，制订健康饮食、运动计划，同时要跟踪随访，做到定期监测血压、血糖，血脂，进行超声波检查等，完善个人健康档案，并根据情况督促就医治疗，达到延长生命、稳定病情、预防并发症、提高生活质量的目的。

（五）特殊人群重点管理

教授是学校的栋梁，他们肩负着教学、科研的重任，因工作忙，压力

大，没时间参加运动，从而他们的健康问题更为严重，应作为重点人群予以管理，包括饮食营养、生活起居、运动保健、心理减压等方面，均应予以关注，给予个性化、有针对性的指导和调理。督促其定期检查身体，指导就医治疗，有健康问题及时得到改善，使他们感到健康问题有依托，以更加充沛的精力投入工作。同时要进一步加强对中青年在教职工及退休高龄职工的健康保健工作，做好定期体检的同时，进一步加强健康指导工作，改变服务理念，从而达到主动管理健康、治未病的目的。

参考文献：

[1] 王增武，郝光，王馨．我国中年人群超重/肥胖现况及心血管病危险因素聚集分析[J]．中华流行病学杂志，2014，35（4）：354–358.

[2] KRISTI R，DONGFENG G，PAUL K W，et al. Prevalance and Risk Factors of Overweight and Obesity in China [J]. Obesity，2007，15（1）：10–17.

[3] LI Z，DENG M L，TSENG C H，et al. Hypertriglyceridemia is a Practical Biomarker of Metabolic Syndrome in Individuals with Abdominal Obesity [J]. Metab Syndr Relat Disord，2013，11（2）：87–91.

[4] SUBRAMANIAN S，CHAIT A. Hypertriglyceridemia Secondary to Obesity and Diabetes [J]. Biochim Biophys Acta，2012，182（5）：819–825.

[5] 刘静，周平，杨小姣，等．基于互联网互动反馈机制的体重管理模式研究[J]．中华全科医学，2011，9（6）：973–975.

[6] 杨正雄，王卉呈，冯雅靖，等．社区超重与肥胖人群体重管理效果的研究[J]．中华健康管理学杂志，2010，4（3）：149–152.

[7] 苏虹，孙洪丽，蔡金凤．健康孕妇体成分与体重管理探讨[J]．昆明医科大学学报，2013（5）：128–130.

[8] 潘运霞，欧阳庆，冯小萍．健康管理对纠正体检人群不良生活方式的效果评价[J]．当代护士（专科版），2010（02）：112–114.

[9] 许文，凌晓娟．两种教育方式对超重孕妇的体重管理的影响[J]．

齐齐哈尔医学院学报，2012，33（08）：1090–1091.
[10] 张媛媛，张日华，薛一，等.肥胖与雌激素的相互关系及其对子宫的作用研究[J].南京医科大学学报（自然科学版），2013，33（08）：1060–1065.
[11] 吉洪标，叶锋.某“三甲”医院员工健康体检结果分析[J].解放军医院管理杂志，2017，24（06）：542–545.

浅谈高校档案信息化管理*

王　佳

摘　要：电子档案技术的发展为提升档案管理质量、规范档案管理制度、提升档案数据应用提供了重要的路径选择，档案电子文件以其方便、快捷等优势已逐步成为档案信息传递的主要载体，高校档案信息化成为提升高校档案管理水平的有效途径、目标和方向。

关键词：高校档案；信息化；电子档案

一、引言

随着信息时代的到来，电子文件以其方便、快捷等优势已逐步成为高校信息传递的主要载体，实现档案材料数字化和信息化管理意义重大。档案的信息化管理，减少了查阅、抄录、档案形成和运用的时间，提升了档案网上归档、查档和档案使用的效率，同时也对纸质档案进行了更好的保护。档案管理充分吸收现代信息技术为高校档案所用，把档案信息化与档案信息服务、资源共享进行有机结合，实现传统模式向信息化管理模式转变，适应了新形势下高校档案工作的发展需求。

二、高校档案管理信息化现状

高校档案部门既是服务学校党务、行政、教学、科研的行政型部门，同时也是服务全校师生及社会公众的社会型部门，并关系到学校的发展及社会的发展。随着网络技术和自媒体技术的飞速发展，社会信息量与日俱增，人们越来越追求更便捷的信息交流方式和档案使用方式，档案利用者也把对移动网络的依赖迁移到对档案信息服务与档案共享的需求上。同时，高校档案多元化的职能导致档案利用工作任务繁重。档案管理手段的智能

---

* 本文为教育部人文社会科学研究青年基金项目“大数据时代高校数字档案馆信息服务模式研究”（18YJC870010）阶段性研究成果。

王佳（1979—　），女，北京联合大学档案（校史）馆助理实验师。

化、档案服务的自动化以及档案信息的远程传输、远程阅览，这种不受时间和地域限制的方式为利用者提供了档案服务甚至提供档案共享的便捷渠道，加快了办事节奏，提高了工作效率，是高校档案事业新的推动剂，也是当前高校档案工作迫切所需的。

在当下的高校档案管理工作中，一些高校在档案管理工作中仍旧采用传统的档案管理方式，没有对档案的电子化管理给予足够的重视，对互联网背景下电子化档案管理的认知也不够明确，从而严重地延缓了档案管理工作的发展。即使有一些高校认识到了档案电子化管理的重要性，但是档案电子化管理方式不是很正规，对档案管理人员的培训力度不够，导致这些档案管理人员不能很好地进行科学、高效的档案管理，且管理效率较低。

三、高校档案管理信息化建设路径探索

在档案信息化建设中，档案数字化是核心。档案数字化是指通过扫描、数码照相、胶片转换等技术，将纸质、实物、缩微胶片等形式负载的档案信息转换成电子图像的数据，从而达到满足计算机管理要求的过程，也就是说，要将所有馆藏档案扫描、拍照、分类输入电脑，数字化使得档案储存量大大增加，数字化档案材料的应用使得档案利用方式更多元化。充分吸收现代信息技术为高校档案所用，也进一步满足了新形势下高校档案工作发展的需求。

（一）加强高校档案信息化建设，需要重新认识档案管理的新原则与新理论，正确理解档案信息化建设的科学内涵是做好高校档案信息化建设工作的基本前提

高校档案信息化建设就是指运用信息技术开发高校档案信息资源，做好档案管理，保护档案原始资料，加强档案利用率和利用方式。

（1）在高校档案信息化建设过程中，由于现代信息技术在档案管理中的运用，新的档案管理理论、方法和原则等不断涌现，这也就对高校档案管理人员提出了一系列档案学管理理论和从未遇到过的新问题，档案管理人员必须从高校信息使用的角度重新思考现代高校档案管理的原则、理论和方法。

（2）信息化建设的目标是在构建良好信息基础的前提下，实现信息公开与使用的社会服务。档案信息化建设是伴随着信息技术水平和应用的提

升而不断调整阶段性目标的，在这一过程中，档案管理理论所面临的创新与发展要求也会表现出一定差异性。因此，在档案信息化建设中必须认识长远并立足当前，认真梳理和解决各类问题，把提高档案信息管理和服务的水平作为高校档案信息化建设的最终目标。

（3）正确认识和准确把握高校档案信息化建设的基本框架与基本方法。电子档案管理有新的工作程序与工作方法；电子档案的管理对象、管理原则、管理方法和服务形式等都会区别于传统档案，并形成新型档案管理与服务的基本框架。档案工作的现代化一般分为两个阶段：计算机辅助档案管理阶段和电子档案管理阶段。计算机辅助档案管理阶段主要是对已归档的传统档案采用计算机模拟传统手工工作方式进行管理，目的是开发信息资源，保护档案原件。电子档案管理阶段标志着档案管理进入一个新的阶段，并在新的理论与方法的指导下，完成了电子文件的归档及电子档案管理，同时改变了对电子档案的理解，有着自身特有的概念与特征。当前档案信息化建设的阶段性目标应该是提高档案工作的现代化水平和确立档案管理与服务的基本框架。

（二）档案信息资源开发逐步成为高校档案信息化建设的重要环节，高校档案部门应认真分析、研究和探索档案电子信息资源利用的规律，寻求科学开发档案信息资源的有效手段，积极地开发档案信息资源，使档案信息资源开发形成科学、完备的理论体系，为学校和社会提供全方位、多层次的优质服务

（1）电子档案的征集与接收是整个档案工作的基础。所谓基础工作的良性循环就是从档案的合理征集与接收进馆再到档案的科学整理与保管，更好地做好电子档案信息资源的开发利用，为实现档案管理工作良性循环奠定基础。对征集和接收进馆的电子档案进行科学的管理和安全的保管，能更加高效地开发档案信息资源，所以研究电子档案的开发利用工作就要抓住档案管理的各个环节，始终保持电子档案管理的良性循环，确保及时、准确、完整地提供数字化的档案资料。

（2）档案信息资源库建设要坚持近期效益和长期效益相结合的原则。高校档案信息资源的开发主要是为高校人才培养、教育教学、人事管理等核心业务的长远发展服务，开发档案信息资源一定要坚持近期效益与长期效益相结合的原则。近期效益，就是从当前高校对档案的需求着眼，积极

主动地开发档案信息资源，以满足高校当前改革和发展对档案的需求；长期效益，就是从长远的、发展的观点出发，用历史的观点、联系的观点看待档案的价值。因此，要扎扎实实地做好档案基础工作，基础工作做不好，谈开发利用只是一句空话。

（3）开发档案信息资源的方向和手段。对档案资源的开发利用就是使保存的档案最大限度地被利用，从而充分发挥档案的历史作用和统计作用，为学校发展提供有效支撑。建立科学的现代化档案信息检索系统，运用现代化档案信息管理手段，做到及时、准确地为利用者提供优质的服务和数据化的资源整理，可以有效促进高校历史数据的整合、汇总，指导高校精神文明建设，为推动学校“立德树人”工作提供新的支撑。首先，应深层次地开发档案信息资源。过去，高校档案利用主要采取被动的服务方式，因而档案信息没有很好地得到系统的、深层次的开发。社会的发展要求每个档案管理工作者都要针对高校所关注的热点问题进行档案资源开发。其次，深度开发档案信息资源。全方位、多层次地开发档案信息资源，就必须实现服务目标、服务形式的多样性与服务手段的灵活性相结合。再次，要从加强对档案工作的宣传入手，让大家了解档案的作用，了解档案的相关内容。

四、加快高校档案信息化建设的具体对策

（一）加强档案网站设备、资料库等的建设

第一，要在扩大上网档案资料的数量上下功夫。第二，在提高上网档案资料的质量上下功夫。第三，在网络技术、特色服务、数字档案资源开发、建设数字档案馆等方面实实在在地下功夫。第四，要建立高校档案信息网络建设协调机制，制定一系列有实际约束力的规范和标准，建立统一的全国高校档案网络，真正实现高校档案信息资源共享，尤其要注意加强标准化建设，通过制定共同遵守的各项标准，如网络通信及数据库方面的标准、计算机软硬件系统的标准、网络传输的标准等，建立标准化的数据库。第五，要充分利用高校资源优势，开发馆藏资源，加强数据库建设，建设数字档案馆，全面实现资源共享，为高校及社会提供丰富的信息资源和高效、优质的服务。

（二）加强档案信息化的基础性建设

档案信息化建设需要用现代信息科学的观念、技术、设备、方法对档

案工作业务流程、管理模式等进行重新整合和定位，这就要求高校档案管理部门采取有力措施，抓好技术开发、网络应用和人才队伍建设。第一，加强技术开发利用，要尽量采用现代化的技术开发，加强档案现代技术的应用推广，比如：运用数据挖掘技术，搭建一站式检索平台，实现档案资源一站式查询和利用，使广大用户能够不受时空的限制，方便、快捷地获取所需的资料。第二，加强校园网建设，确保电子文件随时归档，运用数据共享和交换技术，实现档案信息资源的共享，不仅节省了时间，也有效减少了对档案原件的损坏，同时进一步确保了档案的安全。第三，加强人才培养，通过建设数字档案馆，培养一批档案资源加工与管理、系统开发与维护、知识产权使用与保护、数字档案经营与管理等方面的专业人才，为高校档案数字化建设提供最专业的人才支持。

（三）加快馆藏档案资源的数字化建设

数字档案信息的主要来源是对馆藏传统纸质档案中的档案信息进行数字化处理。理想的数字化技术应转化速度快、准确率高、转化成的数字化文献存储空间小并能通过网络快速传送，既能实现全文检索，又能显示原有格式，同时能够降低成本。目前，数字化技术有键盘录入和光学字符扫描输入这两种主要方式，其中光学字符扫描输入方式目前采用得较多，具有速度快、可供全文检索、节省存储空间、便于网络传送等优点。

（四）档案信息化过程中要高度重视数据安全，加强安全防护工作

做好档案信息的数据安全与防护工作应加强以下工作：（1）做好局域网的安全防护，设置防火墙，防止黑客的入侵、计算机病毒的攻击，利用实时病毒监控等技术以增强安全性。（2）对用户实行电子身份认证制度，注意数据加密及加密传输，对用户访问档案信息资源的权限进行严格的认证和控制，禁止非法来访者登录。（3）具有保密价值的、尚未公开的档案不存放在网络服务器上，以确保保密信息的安全性。（4）加强信息备份和恢复，定期进行数据备份。一旦信息丢失，只要启动该系统的还原功能，就能更快、更准确地恢复系统原貌，同时降低网络信息的不安全性。（5）档案管理人员必须提高警惕，强化主动防护意识，通过安装防火墙、杀毒软件等防止电脑中毒，以预防档案信息的丢失。一些“黑客”借助某些先进技术可以在一定的距离之外通过设备扫描电脑中的文件和信息，所以部分

涉密部门要在电脑周边安装电磁防干扰、防窃密设备，以保证档案数据信息的安全。

信息时代的到来为高校档案工作的深度提升建设带来了一种很好的发展契机和思路。随着计算机及网络技术的发展和深入，档案管理信息化必将成为档案事业发展的大趋势。目前重要的是，高校档案管理部门务必要高度重视档案信息化建设，切实按照信息时代对高校档案信息化建设的要求，将信息时代的理念很好地融入到高校档案信息化建设的各个层面和各个环节中去，力求构建适应信息时代发展需要的高校档案信息化建设机制，不断提升高校档案信息化的功能和价值。

参考文献：

［1］毕建新，吴佩华．数字档案馆的信息资源建设［J］．北京档案，2002（08）：28-29.

［2］唐艳芳．数字档案馆档案利用咨询服务初探［J］．档案，2002（06）：20-22.

［3］毕建新．数字档案馆的信息服务［J］．中国档案，2003（03）：20-21.

［4］熊广田．科学促进新常态下档案事业发展［N］．中国档案报，2015-08-03（003）.

［5］郎志英．高校档案信息化管理工作改革与创新发展［J］．信息化建设，2016（01）：168.

高校档案管理现代化及其实现路径探讨

苑焕乔

摘　要： 学习2020年6月20日第十三届全国人民代表大会常务委员会第十九次会议修订的《中华人民共和国档案法》，将其贯穿于高校档案管理，有助于解决当前高校档案管理现存问题，促进高校档案管理现代化发展需要，完成高校档案工作“记录历史、传承文明、服务社会、造福人民”的历史使命。

关键词： 档案法；高校档案管理；现代化

一、引言

2020年6月20日，《中华人民共和国档案法》（2020修订）由中华人民共和国第十三届全国人民代表大会常务委员会第十九次会议修订通过，自2021年1月1日起施行。新修订的档案法，从原来的6章27条修改为8章53条，增设“档案信息化建设”和“监督检查”两章，富有远见地提出了档案工作的发展趋势，将加强档案依法管理及其信息化建设、推进档案的开放和利用，即档案管理的“三个走向”——“走向依法管理、走向开放、走向现代化”，成为新修订档案法的亮点。

高等学校档案（以下简称“高校档案”），是指高等学校从事招生、教学、科研、管理等活动直接形成的对学生、学校和社会有保存价值的各种文字、图表、声像等不同形式、载体的历史记录。因此，高校档案具有见证高校历史、启迪未来发展和资政育人的重要作用，新修订档案法为我国高等学校档案管理指明了方向，对指导高等学校档案管理具有很强的现实意义和指导意义。

二、新修订档案法贯穿高校档案管理

高校档案，围绕高等学校工作大局，为教学、科研和管理提供全面、

苑焕乔（1971—　），女，河北唐县人，北京联合大学档案（校史）馆助理研究员。

及时、有效的档案服务，在高校的人才培养和科学研究等领域发挥着基础性作用。在新形势下，新修订档案法的“三个走向”为高校档案管理指明了发展重点和未来走向。

（一）高校档案依法管理

档案管理是我国高校的重要基础性工作，也是衡量高校管理水平的重要标志。随着教育改革的深入发展，在高校档案管理中贯穿新修订档案法的“三个走向”，使高校档案依法管理，将档案管理工作纳入规范化、制度化、科学化发展轨道，以维护档案信息资源的完整与安全，便于社会各方面利用，这是指导中国高校档案事业的重要原则。为此，高校贯彻执行国家有关档案工作的法律法规和方针政策，综合规划各自学校档案工作，做到“应归尽归、应交尽交、应收尽收”。

高校档案管理，是为高校教学、科研和管理工作服务的基础和前提，任何时候都不能忽视或放松依法管理。按照新修订档案法的要求，切实做好到期档案的移交进馆工作，确保该移交的档案按期移交和接收进馆，入馆档案必须保证质量。同时，要建立和完善档案征集工作机制，向社会征集有保存、传承意义的档案，把更多有价值的档案征集进馆，丰富馆藏。因此，高校档案部门要以维护高校档案资源的完整与安全、促进档案资源的科学有效利用为目标，依据国家相关法律和指导政策，不断提高档案管理人员的专业素质，全面深化档案业务建设，为高校教学、科研和管理等工作做好服务。

（二）高校档案面向社会开放服务

“立足档案，面向社会，服务公众”，是我国档案工作的方针。新修订档案法贯穿高校档案管理，以《中华人民共和国档案法（2020修订）》施行为契机，做好档案面向社会、服务公众的工作，提升高校档案管理水平，适应新形势下档案工作“保存历史、传承文明”的现实需要。

新修订《档案法》，使高校牢记档案事业“记录历史、传承文明、服务社会、造福人民”的历史使命，本着对历史负责、为现实服务、替大众着想的原则，认真贯彻落实新修订档案法，以改革创新的精神，积极探索新形势下高校档案服务发展的新思路、新途径，推动高校档案开放服务事业的发展。

（三）高校档案管理手段现代化

随着计算机和网络技术发展，实现档案管理手段的信息化是当前我国高校档案建设的必然途径，也是提高高校档案管理水平的重要手段。

实现档案资源信息化就是运用计算机和网络技术，将收集、保管的档案资源，按照一定门类进行数字化，将过去由不同载体承载的信息全部实现数字化管理，并将数字化的档案信息，通过计算机网络终端开展利用工作，在此基础上实现高校档案资源的优化目标，实现档案管理的信息化和现代化。

三、我国高校档案管理现存问题

档案管理，作为高校工作的重要部分，其管理质量直接决定了高校的发展水平。但当前一些高校档案管理法律观念淡薄、信息化滞后和开放服务不够等，严重影响高校档案管理质量。

（一）高校档案管理，仍需加强法律意识

当今，档案管理对高校教学、科研、管理及校友工作生活等方面的作用日益突出；随着2008年《高等学校档案管理办法》的颁布，人们对高校档案的重要性已经有所认识，但仍有不少高校没有做到依法管理。

首先，一些高校领导并未将档案管理工作摆到应有位置，常把档案管理看成软任务，更有一些高校档案没有做到“应收尽收，应存尽存”，对我国档案法和档案法实施办法所规定的责任和义务置若罔闻。

其次，高校档案管理工作者，依法管理档案意识淡薄。目前，尚有一些档案管理人员，岗位更换频繁，不熟悉档案法律、制度和工作原则要求，甚至存在不按规定擅自为他人提供档案等现象。

因此，加强高校领导和档案管理工作队伍对新修订档案法的学习，提高依法管理高校档案的意识，已成高校档案事业的当务之急。

（二）高校档案信息化滞后

随着我国现代网络技术和“无纸化”办公的发展，许多高校现行的档案管理手段明显滞后，直接影响高校档案管理质量和水平。因此，要确保高校档案管理现代化，则需要运用现有的数字化与网络化技术，不断地对高校档案管理的手段进行改进和完善，确保高校档案管理手段现代化、信息化。

然而，一些高校由于档案专业人员缺乏和信息化所需资金的约束，其档案信息化程度薄弱、管理手段陈旧，长期未对档案管理手段进行改进和创新，从而影响到高校档案管理的质量，更不利于高校管理水平的提高。

（三）开放服务不够

我国《高等学校信息公开办法》自2010年9月1日起颁布施行，规定“在不得危及国家安全、公共安全、经济安全、社会稳定和学校安全稳定”的前提下，高等学校公开信息。

尽管国家出台《高等学校信息公开办法》已经过去了10年，但我国高校档案利用对象仍较为单一，多是本校教职工和学生；而公众利用其档案信息远不像到公共档案馆那样普遍。另外，高校档案既有与公共档案馆一样的一般查阅性档案，也有具有较高经济价值和教学科研价值的并被称为特有资源的档案。在高校档案信息开放过程中，一般查阅性档案利用相当容易，开放相对安全，而被认为具有经济价值和社会价值的特色档案开放尤为谨慎。

四、新修订档案法，贯穿高校档案管理实现路径

档案工作，在我国是党性、政治性很强的工作。因此，我国高等学校档案管理，必须坚持党的基本路线原则精神，以国家新修订的档案法为依据，突出高校教学、科研档案在高校档案的中心地位，党政管理档案统领全局，力求新时期高等档案管理坚持“三个走向”，反映高校职能活动的新情况、新特点。

（一）增强高校档案法制观念

首先，加强新修订档案法宣传，增强高校档案管理法律意识。在高校，争取校领导重视，将新修订档案法纳入学校普法工作。高校既可以通过档案部门工作宣传，还可以通过学校内部网络宣传，甚至通过研讨会、座谈会以及举办展览等形式，使广大教职员工真正了解和自觉遵守新修订档案法；也可通过对违法案例的宣讲，增强高校教职工的档案管理意识和法制观念，为依法管理高校档案奠定基础。

其次，依据新修订档案法，健全和完善高校档案收集、保存和利用管理制度。我国高校在扎实做好档案资料的收集、移交和整理、保管过程中，高校领导及相关档案主管部门应积极完善高校各类档案的时限、规格、质量等方面的管理制度，做到统筹兼顾、协调合作，提高档案管理效率，充分利用高校档案信息，满足学校、教职工、校友和社会发展的需求。

（二）实现档案信息化管理

高校档案信息化建设，是高校档案管理的一项长期任务。高校档案信息化具有广泛的内容，包括档案信息的有序整理、档案数据库的建设、档案资源的利用、档案信息化人才队伍建设，以及档案信息资源开发利用法规等，可以说是一项复杂的系统工程，它的施行将是对档案管理现有理念及其传统工作模式的一次变革。

当前，很多高校正在进行"数字校园"建设，它以信息资源为基础，以计算机系统及网络为依托，实现教学、科研、管理、办公等校园信息的整合，从而使高校教学和科研等资源得到充分利用。因此，高校档案部门利用这个有利条件，使档案管理软件介入到高校电子校务系统，将起到事半功倍的效果，节省软件开发和硬件维护费用。

因此，运用现代数字化与网络化技术，建立规范化、标准化的信息资源库，实现高校档案管理的现代化。信息资源库建成后，其功能不单单是用来存储，也可对已数字化的档案信息进行分类、加工与组合，便于查找利用，实现信息资源共享。

（三）做好高校档案开放服务工作

首先，树立主动开放和危机管理意识。高校档案管理部门，结合自身工作实践，学习贯彻新修订档案法精神，树立主动开放意识和正确危机管理意识，联系高校的中心工作、社会热点问题，主动搞好学校档案信息资源的对外开放，实现档案价值的广泛利用。

其次，档案资源由独享走向共享，积极向社会开放。长期以来，由于传统保密思想影响，高校档案部门重收藏、轻利用，重保密、轻开放，重对内开放、轻对外开放等问题突出。就高校档案科学文化属性而言，开放高校档案为社会公众所用是一项份内事情，为此，高校档案部门有责任把档案工作重心，从封闭、保密转移到公开、开放，从对内服务本单位教职工和学生转到服务社会公众。如果限于人力、财力和物力，可主动开放公众需求量大的、极具时效性的档案信息资源，在不危及国家、社会和学校等的安全稳定的前提下，逐步实现档案的社会开放。

综上所述，在高校快速发展过程中，档案管理工作将成为高校发展的关键，而且，高校档案各方面的信息，为高校的可持续发展提供了重要依据。以学习贯彻新修订档案法为契机，通过对高校档案管理存在的问题及实现路径的分析，高校必须将档案管理工作重视起来，不断地引用现代化信息技术，以实现档案的管理信息化，从而将高校档案的作用充分地发挥出来，促进高校长远发展。

参考文献：

[1] 李兴祥 . 以“三个走向”为遵循积极作为 [N]. 中国档案报，2016-01-28，总第 2868 期第一版。

[2] 参考教育部和国家档案局制定并于 2008 年 9 月 1 日执行的《高等学校档案管理办法》第二条。

[3] 参考教育部《高等学校信息公开办法》，2010 年 9 月 1 日，https：//www.eol.cn/ceici/。

浅谈高校学生档案信息化管理的思考

姜　南

摘　要：随着信息化技术的发展和大数据时代的到来，人们的日常办公越来越多地应用电子文件。作为高等人才的培养基地，高校学生档案的信息化管理势在必行。本文将从高校学生档案管理的现状、信息化管理的必要性等方面进行阐述和分析，希望能引发相关从业者的一些思考，树立"大档案"观念，共同推动高校学生档案管理信息化的进程。

关键词：高校学生档案；信息化管理；电子档案

一、引言

高校学生档案是人事档案的前身，由学生进入高校时形成包含高中时期的档案材料，在学生毕业之际与大学期间的学业成绩单、奖惩情况证明、党团材料、入学登记表、毕业登记表及体检表等重要材料，共同形成档案转递到学生的工作单位或学校。尤其是大学时期的档案材料作为第一学历档案在学生今后的职业发展过程中至关重要。人事档案关系着每个人的就业、升学、入党、报考公务员、出国留学、职称评审、社会保险、工作调动、办理退休手续以及各种公正材料的办理，每一份档案材料都是不可复制的原始资料，一旦遗失很可能会给当事人造成无法弥补的损失。

随着信息技术的不断进步和发展，大数据时代带来的高效、便捷正在改变着人们的生活。高等学校的各项管理工作也该顺应时代发展进行改革，充分运用现代化技术手段提高服务效率。对于关乎每一位学生切身利益的档案管理工作，更应加快信息化管理建设的步伐，弥补纸质档案管理存在的不足，为学生和用人单位提供更为便捷、高效的服务。

姜南（1975—　）女，辽宁人，北京联合大学档案（校史）馆助理研究员。

二、当前高校学生档案管理的现状

（一）学生档案管理工作在高校中得不到足够的重视

与高校的日常教学管理工作相比，学生档案管理工作是一项非常烦琐、细致而又平凡的工作，不容易体现出学校教学科研管理方面取得的成果。但此项工作与每位学生今后的就业、学习、生活息息相关，对管理者的责任心和领导的重视程度要求更高。每一位从事高校学生档案管理的人员都要投入极大的责任心才能做好这份工作，以优质的档案服务为高校的发展保驾护航。

（二）缺乏专业管理，人员流动性大

由于各高校的管理体制不同，学生档案管理的归属部门也不一样。有的学校由校级档案馆或职能处室设专门机构管理，有的高校则由各学院乃至自行管理。集中管理的学生档案工作由专人负责，工作内容相对单一，操作流程比较规范，管理效果较好；分散管理的多数都是由教学秘书或办公室行政人员监管，所花费的时间精力有限，操作流程和管理效果有待提高。加之事业单位人员聘岗制度的实行，每到新的聘期，都会带来人员大范围流转，致使新上岗人员要花时间逐渐适应工作和提高思想重视程度，这对细致、烦琐的学生档案管理工作非常不利。

（三）高校学生档案管理标准和操作流程不够完善

我国的人事档案材料按10大类别进行规范存储，人员转入、调出都具有明确的操作流程。而作为人事档案前身的高校学生档案却没有明确的标准和操作流程进行规范管理，主要依靠管理人员对档案工作的理解和经验进行具体操作，待档案流转到学生就业单位转化为人事档案时，再按照10大门类进行规范化整理。随着目前学生毕业去向的选择多样化，有些学生的档案不会及时转递到用人单位，待后期进行人事档案归类时可能会出现材料遗失无法弥补的情况。

（四）高校学生档案纸质存储介质有待改进

目前大多数高校的学生档案管理工作仅仅局限于学生入学初期收集高中时期档案，学生毕业时将大学期间产生的档案合并流转到下一个单位，工作内容单一，服务模式固化，全过程档案材料皆为纸质版，容易丢失或缺页、纸张泛黄和脆化，不利于长期保存。而且纸质的记录容易被更改信息，对高校学生档案的真实性造成影响，不利于高校学生档案管理工作开展。相较于各高校先进的教学管理系统和智慧校园的广泛应用，高校学生

档案的信息化管理势在必行。

三、推进高校学生档案信息化管理的必要性

（一）顺应时代发展的需要，为师生和用人单位提供更优质、便捷的服务

伴随信息技术的飞速发展和大数据时代的到来，单纯依靠纸质档案的存储已经无法满足学生和用人单位的需求。纸质档案的查阅过程复杂，利用模式单一，而且查阅次数频繁易对档案原件造成损坏。只有依托先进的数字化管理技术，建立学生档案数据库，才能突破这一瓶颈，拓展更加多样化的利用模式，为师生和用人单位提供更优质、便捷的服务。

（二）便于建立规范化管理操作流程，有效提升工作效率

纸质档案的管理利用模式比较简单，更多地要依赖于管理人员工作态度和工作经验。这种管理模式对人员要求较高，现实中很难建立起一支既专业又高度负责而且相对稳定的学生档案管理队伍。因此建立高校学生档案管理系统、规范化操作流程势在必行。高校学生档案信息化管理系统的建立，不仅能够从容面对毕业季的大批量学生档案的查阅、转递工作，同时也能让新人上岗管理人员从容面对，减少出错概率。

（三）电子档案可以进行备份，为珍贵的原始资料提供了数据保障

纸质档案在长期存储过程中由于纸张质地的不同容易出现破损，或因环境因素出现字迹模糊难以辨认的现象。而电子档案可以避免此类情况的发生，只要定期进行数据备份，可以极大程度地为原始档案资料提供可靠的数据保障，同时也减少因翻阅次数过多对纸质档案造成的损坏。

（四）大力推动高校学生档案信息化管理，为人事档案信息化工作的深入开展打下坚实的数据基础

高校学生档案是人事档案的前身，将学生档案参照人事档案10大类别进行整理存储，既规范了纸质档案的内容从而方便查阅，同时也为推动人事档案信息化管理打下数据基础，加快树立“大档案”理念。

四、关于高校学生档案信息化管理工作的思考

（一）提高思想认识，设置专门机构管理高校学生档案

由于高校学生档案关系着每个学生的未来发展，而且每年随着学生入

学和毕业，流转的档案数目可观，所以高校应该设立专门机构进行管理。对于高校毕业生而言，学生档案是学校服务的“最后一公里”，维系着校友和母校之间的情感。档案管理人员应不断提高思想认识，以高度的责任心为广大师生校友提供优质的服务。

（二）培养具有专业素养的管理人员，完善规章制度和操作流程

由于当前学生就业形势的多样化，高校毕业生档案的利用和转递也随之变得复杂。这就要求管理人员要紧跟时代需求，不断提高专业素养，制定完善的规章制度和操作流程，让高校学生档案利用和转递工作更加规范有序，面对入学季和毕业季，能够做到忙而不乱，紧张有序。

（三）充分利用信息化技术建立高校学生档案管理系统和学生档案资料数据库，更高效、安全地提高工作效率

近年来紧跟信息化发展的脚步，档案信息化管理以其高效、安全、便捷的优势，已经得到了广泛的应用和认可。建立高校学生档案管理系统和学生档案资料数据库，可以极大程度地提高学生档案的利用率，通过学号进行检索查阅学生个人档案资料，随时根据需要进行各种数据分析统计并生成报表。

（四）树立“大档案”理念，依托“互联网＋”和移动终端技术，推进智慧高校学生档案管理的进程

面对大数据时代的到来，“互联网+”概念和移动终端技术的出现正在改变着人们的生活，越来越多的业务可以随时随地通过移动终端App进行处理。高校学生档案信息化管理也应依托当前先进的新媒体技术，在保证数据安全的前提下创新服务模式，早日实现智慧高校学生档案管理。作为高校档案工作中的一个重要分支，要充分认识到学生档案管理工作的重要性，树立“大档案”的理念，为人事档案信息化管理打下坚实的基础。

五、结语

高校学生档案信息化管理是高校为学生提供的一项基础性服务工作，直接体现着高校的信息化管理水平。作为高校档案工作者应充分运用好新形势、新技术，力争服务中求创新，在保证数据安全的基础上，提高档案的利用价值，让此项关系到每一位学生未来发展的工作变得更加有意义。

参考文献：

［1］赵海燕，孙宇辰，向红．高等学校学生档案管理工作路径探究［J］．兰台内外，2020（35）：22-24.

［2］王磊．高校学生学籍档案的数字化管理模式研究［J］．山西档案，2019（06）：74-78.

会计档案整理的相关性问题研究

张树蕊

摘　要：会计档案是记录和反映单位经济业务事项的，具有保存价值的文字、图表等各种形式的会计资料，是单位在进行会计核算等过程中接收或形成的，是单位发展过程中经济业务往来的真实记录，是档案管理的重要组成部分。相对于其他档案资料来说，会计档案具有查询使用率高、作为实物凭证多的特点。会计档案不仅在单位的发展中起到追溯举证的作用，还为单位管理人员提供决策规划的参考依据——会计档案的真实、准确、完整成为单位发展与决策的有力保证。

关键词：会计档案；整理；编目

一、引言

作为一类专门档案，每个应当依法建账的单位不管其是否具备设立档案机构或配备档案工作人员，都会形成会计档案，都必须按照《会计档案管理办法》（中华人民共和国财政部、国家档案局令第79号）做好收集、整理、保管、利用、鉴定销毁工作。会计档案是记录和反映单位经济业务事项的，具有保存价值的文字、图表等各种形式的会计资料，是单位在进行会计核算等过程中接收或形成的，是单位发展过程中经济业务往来的真实记录，是档案管理的重要组成部分。相对于其他档案资料来说，会计档案具有查询使用率高、作为实物凭证多的特点。会计档案不仅在单位的发展中起到追溯举证的作用，还为单位管理人员提供决策规划的参考依据——会计档案的真实、准确、完整成为单位发展与决策的有力保证。根据《会计档案管理办法》的规定，它包括下列应当进行归档的会计资料：（1）会计凭证，包括原始凭证、记账凭证；（2）会计账簿，包括总账、明细账、日记账、固定资产卡片及其他辅助性账簿；（3）财务会计报告，包括月度、季度、半年度、年度财务会计报告；（4）其他会计资料，包括银行存款余

张树蕊（1981—　），女，汉族，河北肃宁人，北京联合大学档案（校史）馆档案馆员。

额调节表、银行对账单、纳税申报表、会计档案移交清册、会计档案保管清册、会计档案销毁清册、会计档案鉴定意见书及其他具有保存价值的会计资料。

二、会计档案的特点

与文书档案、科技档案相比较，会计档案有它自身的特点，主要表现为档案类别稳定、外在形式多样、档案内容严密等。

（一）档案类别稳定

社会上存在种类繁多的会计工作，但是会计核算的方法、工作程序和形成的会计核算材料的成分是一致的，即会计凭证、会计账簿、财务报告等。会计档案内容成分的稳定和共性便于整理分类，有利于制定管理制度和规范、统一实际操作等。

（二）外在形式多样

会计档案形式的多样化是由会计专业的性质决定的。会计账簿分为订本式账、活页式账、卡片式账等。财务报告有文字、表格、数据等，纸张规格有16开或8开以及计算机打印报表等。会计凭证在不同行业中的外形更是大小各异、参差不齐。会计档案的这个外形多样的特点，要求在其整理和保管方面做到从实际出发，不能照抄照搬其他门类档案管理的方法。

（三）档案内容严密

严密的法规和规章制度是会计工作的有力保障，会计档案与会计核算中的每项具体工作息息相关。从其内容和程序来看，是先有会计凭证，然后依据会计凭证，填写会计账簿，最后根据会计账簿编制会计报表，一环扣一环，联系紧密，具有连续性。原始支付凭证必须与账簿相符，报表中报出的数据也必须与账簿相符。普通档案远远达不到这种内容与程序的严密性。

三、会计档案整理归档

会计档案整理是会计档案管理的重要内容，是有利保存、充分利用会计档案的前提。做好会计档案整理和会计档案的管理，是财务部门和档案部门的重要工作之一。

（一）遵循会计档案整理工作的原则

在会计档案整理过程中应该遵循以下原则：一是保持原有多样化的外

形特点。二是保持会计档案的完整性，立卷、排列、编目严格遵守会计档案的时间顺序，不要轻易打乱秩序。三是便于会计档案的保管和利用。把保管和利用有机结合起来，从单位实际出发来整理会计档案，从而达到利用简单、便捷的目的。

（二）结合实际做好会计档案的分类

会计档案的每次分类的标准应当一致，分类标准要准确，类目体系应当严整、合乎逻辑。《会计档案管理办法》中规定“会计档案主要是会计凭证、会计账簿和财务会计报告”，除此之外还有工资册、各种收据、合同等。为了能妥善管理，方便利用，我们把除了三大类以外的会计档案材料，按照以往归档习惯规定其排序，按年按时整理归档。

（三）进行会计档案整理和编目

会计档案的具体整理方法比较简单、分类清晰，主要是会计凭证、会计账簿和会计报表三大类，还有就是工资册、票据等其他类。这其中会计凭证的生成量最大，它是记账的依据，所以需要单独整理。

会计凭证需要按照时间顺序整理。会计凭证一般按月立卷，按时间和原始凭证号顺序组卷，且分别列出每月有多少凭证，组合成多卷或者一卷。在同一卷中不能组合各个月形成的凭证。一本为一卷，装订前要剔除金属物，装订做到整齐、结实、美观。组卷的顺序一是检查（原始凭证的真假、记账凭证编号的次序）；二是破损修补；三是装订；四是包角盖章；五是填写好凭证封面和脊背（注明单位名称、年度、月份、起止日期、凭证种类、起止凭证号码，会计主管、经办人）；六是装盒，填写清楚档案盒的封面和脊背。

会计账簿按年度立卷。在每个会计年度终了时进行整理立卷。账簿一般都有固定的格式和明确分类，立卷要按账簿的种类组卷，一本账簿为一卷，需要规范和完整地填写账户目录，以及加盖相关人员的签章。订本式账簿需要保持原样，不可以拆空白页，需要在记账页的最后一行画上一斜线，并且要将空白账页与使用账页的数目写在卷末备考表里面；活页账簿应撤出空白账页，编写页码，装订成册。每本账簿要加贴封面，完整地填写案卷号内容、保管期限、年度等信息。对于出现跨年的固定资产账，划归到最后一年进行立卷，且要在封面标注清楚起止年度。

会计报表按年度立卷。立卷时，要区分不同保管期限。年度报表、季度、月份报表分别组卷；下属单位报表与本单位报表分别组卷；不同保管期限和年度的报表分别组卷。与文书档案装订相似，每卷应编写页码、抄写卷内目录、写备考表、填写案卷标题、要加装封面。

其他材料立卷，职工工资按时间顺序，按月组卷，一月一卷，在职职工和临时工分开立卷。对于银行对账单和银行存款余额表这两种比较异样的会计核算材料，可根据保管期限和内容进行组卷，对一系列的文字材料可以根据保管期限分开组卷，其装订同会计报表相同。

会计档案的编号应当与有关行业标准的要求保持一致，不要过多的增项，保证会计档案号的长度不要过长。中华人民共和国行业标准《档案工作基本术语》（DA/T 1—2000）规定：档号即以字符形式赋予档案实体的用以固定和反映档案排列顺序的一组代码。会计档案档号编制：会计档案档号=年度号+机构代码+会计档案分类号+案卷号，其中年度号采用会计档案文件材料形成年度。

会计档案分类、排序、编号之后就可以进行案卷目录录入了，称之为会计档案编目。会计档案目录的编制一般是由会计部门完成的。编制目录是根据分类按年代先后顺序分别对会计凭证、会计账簿、会计报表和其他会计资料精细编制目录。

（四）会计档案鉴定和销毁

鉴定工作是会计档案管理工作中的重要环节之一。《会计档案管理办法》第十六条规定：“单位应当定期对已到保管期限的会计档案进行鉴定，并形成会计档案鉴定意见书。经鉴定，仍需继续保存的会计档案，应当重新划定保管期限；对保管期满，确无保存价值的会计档案，可以销毁。”到底哪些期满会计凭证在鉴定时应当抽出继续保存，不能销毁，这就需要鉴定工作人员全面考虑期满会计档案对本单位和社会的现实作用与历史作用，剔除出无保存价值的档案予以销毁，保留住有保存价值的档案继续发挥作用，从而达到优化会计档案资源的目的。

四、会计档案整理过程中应注意的相关问题

（一）会计材料收集齐全完整

在会计档案系统整理归档前，要保证会计材料收集的齐全、完整性。要把本单位所经办的一切会计材料收集齐全，做到不隔年、不漏月、不短件，再对会计材料进行分类，同时排出会计人员名单相互对应，在清理过

程中发现会计档案材料短少，可找相关人员询问查找，最后集中统一整理。为保证会计材料的齐全完整，防止遗漏、丢失，凡是会计人员更换或者调动时，必须让会计档案的移交同会计人员出具的更换或调动手续移交一起进行，严格认真办理移交手续。

（二）会计档案的整理既要保持文件间的联系又要有所区别

会计档案整理过程中，既要保持文件之间的联系又要有所区别，例如：账簿与单据之间虽然有着密切的联系，但是却不能整理在一卷内，只能进行有系统的排列，使某项费用的报表、账簿、凭证集中在一起，这样更方便查找和利用。

（三）准确划定会计档案保管期限

按照会计档案管理办法规定和标准，将会计档案的保管期限分为永久、定期两类。定期保管期限一般分为10年和30年。会计档案的保管期限，从会计年终了后第一天算起。

永久保存的主要包括部门财务报告、部门决算、会计档案保管清册、会计档案销毁清册、会计档案鉴定意见书。

30年保存的主要包括原始凭证、记账凭证、拨款凭证、其他会计凭证、传票汇总表、日记账、总账、明细分类、分户账或登记簿、会计档案移交清册。

10年保存的主要包括月、季度报表、银行存款余额调节表。

固定资产报废清理后保管5年。

准确划定会计档案保管期限，由档案部门集中保管，到期需要销毁的会计档案应按有关规定执行，编造销毁清册，按照规定手续报批。

（四）纸质会计档案易损、易碎，应加强信息化建设

目前，会计档案最主要的保存形式还是纸质形式。纸质资料最大的弱点是脆弱易损、易碎，受周围环境影响很大。在日常的整理和查阅过程中，因为一些客观环境和人文因素的影响，会计纸质档案极有可能沾上油渍、水渍、铁锈渍等，导致字迹模糊看不清楚，情况严重的会出现破损、腐烂，导致会计纸质档案失去价值。现在上级部门经常对基建项目、科研项目、财政拨款项目进行经济审计、结题审查、专项检查，还有各种经济责任审计，都需要大量地查阅会计凭证和项目明细账，复印相关资料。现在财务档案的查询利用都是先通过查账，找凭单号，然后人工去翻查、复印纸质

凭证，这个过程对纸质资料的磨损很大。《会计档案管理办法》中第七条规定：单位可以利用计算机、网络通信等信息技术手段管理会计档案。计算机技术的高速发展，带动各单位信息化平台建设的极大发展，目前市场上已开发出凭证影像系统、财务档案管理系统等财务信息化软件，这些系统可以将纸质凭证转换成电子影像文件。这样既可以保持凭证原貌，实现会计凭证高效使用、快速调阅，又能降低档案管理成本，减少人工翻阅纸质凭证的次数，也能使纸质档案得到更好、更完整长久的保存。

会计档案是会计工作中的关键史料，属于国家档案的一个主要组成部分，也属于各单位的一个重要档案。会计档案整理事项的强化是对各单位经济管理事项精细考核的一个关键方面。各单位必须按照《会计档案管理办法》等的各项规定，切实做好会计档案的各项工作。

参考文献：

［1］赵驿梅，侯刚．会计档案的整理研究［J］．经济研究导刊，2017（27）：89-90+98.

［2］卜萍．高校会计档案整理过程分析［J］．中国乡镇企业会计，2018（12）：293-294.

［3］赵兴敏．会计档案管理问题及对策探讨［J］．现代商业，2019（30）：136-137.

基于大学生志愿服务的校史文化传承路径初探*

徐　娟

摘　要：校史文化是校园文化的重要载体和组成部分，是校园文化建设的重要内容，加强大学生校史文化教育是大学生爱校、荣校教育的重要途径。将校史文化传承与大学生志愿服务相结合，通过创新志愿服务项目、深耕校史文化、优化志愿服务管理模式等形式，实现以大学生志愿服务为抓手的校史文化传承路径探索，既丰富大学生志愿服务精神内涵，也为校史文化传承打下良好的基础。

关键词：大学生志愿服务；校史文化；传承路径

一、引言

校史是对一所学校发展轨迹的真实记录，是学校创建、变迁、发展的缩影。大学校史是大学传统的积淀、大学精神的传承、大学文化的映照，校史本身也是一种文化现象和文化存在，即“校史文化”。高校校史文化具有文化育人和思政工作的双重内核。高校校史文化是校园文化的重要组成部分，加强校史文化的教育和传承，既是大学生爱校、荣校教育的重要途径，也能够丰富大学生思想政治教育的内涵。

志愿服务是培育和践行社会主义核心价值观的重要途径，是新时代大学生思想政治教育的有效载体。高校在深化学生思想政治教育工作中，可以以校史文化传承为立足点，探索一条以志愿服务为抓手的校史文化传承新路径，推进以校史文化为内核的志愿服务体系建设。让志愿服务活动立足新时代的新要求，坚定文化自信，在践行社会主义核心价值观中树立爱校荣校的热情。

---

*　本文系中国高教学会档案工作分会 2020 年档案科研课题“大学分校的整合发展对校史文化传承的影响研究”、北京高教学会档案研究分会课题“基于改革开放初期北京地区大学分校的档案和史志资料研究”和北京联合大学校级科研课题“校史故事的育人功能和作用研究”的阶段性成果。

徐娟（1983—　），女，江苏淮安人，北京联合大学讲师。

二、大学生志愿服务的可持续性

大学生作为用于创新的新时代人才，参与的志愿服务活动渗透到国家经济、政治、文化等各个领域，起到显著的示范作用。例如，2019年国庆阅兵，大学生志愿者组成方阵，经过艰苦的训练，走过天安门，在获得上级嘉奖的同时，也在广大师生中起到良好的示范引领作用。同时，大学生在志愿服务活动的过程中，自身的思想道德素质、协作组织能力、人际交往能力等方面得到锻炼，培养了吃苦耐劳、甘于奉献的优秀品质，社会经验和社会适应能力不断增强，对自身素质的提升和未来的就业都有良好的助力作用。

然而，在组织大学生开展志愿服务的过程中，常出现学生参与的积极性不高、志愿服务项目的创新性不足、服务效果不明显、服务保障机制不够健全等问题。由于志愿服务活动是以志愿为前提，注重奉献精神，参与的门槛较低，在实际工作中，我们发现，低年级学生参与志愿服务工作的积极性远高于高年级。此外，由于大学生参与志愿服务需要利用课余时间，加上学业压力等方面的影响，导致志愿服务队持续性不强，部分项目浅尝辄止。然而，稳定的、可持续的志愿服务项目能够起到很好的传帮带作用，能够为学生提供深入的学习和锻炼的机会。因此，本文尝试以校史文化传承为立足点，与大学生志愿服务相结合，探索切实可行的志愿服务模式，既能够为校史文化传承探索新的路径，也是对优化志愿服务管理的有益尝试。

三、高校校史文化传承的价值与意义

校史是高校发展历史的真实记录。校史文化是在校史形成过程中沉淀的、反映高校独特文化价值的核心层次的标签。高校校史文化是校园文化中独具鲜明特色和魅力的组成部分，是校园文化不可或缺的文化基因。高校校史文化在育人实践中具有其独特的功能与意义，主要体现在价值引领、传承创新和情感陶冶等方面。

（一）价值引领

高校校史文化反映的是共同的理想诉求与价值观念，是高校师生普遍认可的、符合学校特征的文化符号，例如校训、校歌等。通过回顾校史校情，师生能够更加客观、正确地了解办学治校过程的重要时间节点、重要事件以及具有影响力的人物等，在润物无声的过程中，对广大师生起到积极的示范和引领作用。

（二）传承创新

在学校发展历程中取得的突出成就以及校友师长的求知经历、治学精神、科研探索精神等可以通过故事性的讲解，让学生能够感受学校的办学历程与成绩，使历史教育更加贴近学生，增加感染力和吸引力的同时，提升学生的情感认同和归属感。这既是对校史文化的传承和创新，也是提升文化自信的重要途径。

（三）情感陶冶

高校的历史文化底蕴来源于学校的档案和校史，这是高校的记忆库。越来越多的高校通过打造文化场所、发掘模范人物、开展特色活动、讲好校史故事等形式多样的途径，加强对广大师生的情感陶冶。如天津大学的“海棠节”、南开大学的“杰出南开人”、浙江大学的“重走西迁路”、清华大学的《马兰花开》话剧、北京联合大学的原创舞台剧《玉汝于成》等，情感的共鸣，将校史文化潜移默化地嵌入广大师生的心灵之中。

笔者尝试结合学生工作及档案校史工作的实践，探索以广大学生普遍参与的大学生志愿服务活动为抓手，以校史文化传承为立足点，探索基于大学生志愿服务的校史文化传承路径的探索与创新，仅以此抛砖引玉。

四、基于大学生志愿服务的校史文化传承路径探索

大学生参与志愿服务的热情高、可塑性强，校史文化的传承具有重要的价值和意义，笔者尝试将两者相结合，通过创新志愿服务项目、深耕校史文化内涵、优化志愿服务管理模式等途径，探索以大学生志愿服务为抓手的校史文化传承。

（一）创新志愿服务项目，为在大学生志愿服务中做好校史文化传承打下基础

为做好校史文化传承，档案、校史工作部门与高校团委的学生志愿服务部门联合打造长期有效的“校史文化传承—志愿服务项目”，与第二课堂的校史教育相结合。以笔者所在高校为例，学校将校史教育融入学校人才培养方案，成为所有在校学生的必修课程，校史讲堂及校史馆参观是所有在校大学生的必修课程。为提升对大学生校史教育的实效性，尝试引入大

学生志愿服务项目，实现大学生的自我教育和自我管理的模式。

大学生志愿者的主要职责是熟悉校史教育的主要环节、进行校史馆参观讲解、解答参观者遇到的常见问题。为了胜任和完成志愿者的工作要求，档案校史管理部门前期对志愿者进行选拔和培训，通过开展“校史我主讲”演讲比赛等形式，进行校史讲解能力的训练和培养，经过培养选拔的学生成为“校史文化传承—志愿服务项目”志愿者库的成员。学生参与志愿服务项目的全过程均可计入志愿服务学时，既能够锻炼与培养学生的综合素质和能力，也实现了对学生加强校史教育的目的。大学生志愿者通过为广大学生进行校史志愿讲解活动，既实现了讲解者对校史的温习巩固、内化和提升，也影响了一批批听众，通过他们将校史文化的传承和影响辐射得更广、更远。

（二）深耕校史文化内涵，为大学生在志愿服务中实现文化传承提供保障

做好校史文化的挖掘、呈现是做好校史文化传承的基础。校史真实地记录了学校办学历程，凝聚了学校的办学初心，既指明了校园文化精神的来处，也指向了学校办学的去处。校史文化蕴含了一代代师生艰苦奋斗的建设史，是校园文化的精神源头。深耕校史文化内涵，既要充分理解校史文化中包含的一代代师生办学、求学的艰辛探索与实践，也要充分挖掘校史文化的呈现形式，以当代大学生喜闻乐见的形式，潜移默化地融入对大学生的教育中去。

以北京联合大学为例，其前身是北京大学、清华大学等25所高校建立的36所大学分校。1978年恢复高考，为满足广大考生上大学的愿望和满足国家培养紧缺的建设人才的需要，北京市推动在京大学创办大学分校，以中小学、工厂厂房等为校址，实行走读走教。高校成立后，根据发展的需要，也经历多次调整、整合，为首都的建设培养了大量人才。档案、校史工作部门深耕校史文化内涵，挖掘校史文化的呈现形式，包括校史馆、多媒体云屏、校史机器人、宣传展板与宣传册、互动平台、校史编研书籍、视频等多种形式。校史讲解志愿者在熟悉校史文化的基础上，充分运用各种展示手段，有效提升校史文化宣传推广的效果，为大学生在志愿服务中传承校史文化提供基础和保障。

（三）优化志愿服务管理模式，保障大学生志愿服务中校史文化传承的可持续性

为解决大学生志愿服务活动中常见的积极性不够高、长效性不强等问题，创新志愿服务项目管理模式。将选拔、培养的学生志愿者以项目团队形式进行分组，根据分工不同，分为讲解组、宣传组和管理组，三个小组相互促进，共同提升。

讲解组主要负责校史馆讲解、校史文化的宣传推广；宣传组主要配合教师参与校史文化的宣传挖掘，提供更加丰富多样、符合当代大学生需求的文化宣传形式，为提升讲解组的工作效果助力；管理组主要负责团队的选拔、管理、团队内部事务的协调。项目团队整体由档案、校史部门和学生部门共同管理，给予充分的经费支持、素质拓展学分保障，选树优秀团队和优秀志愿者，保障大学生志愿者的基本权益，增强其志愿服务的内源性驱动力，激发其参与服务的荣誉感。

通过优化志愿服务管理模式，保障了志愿者服务团队的可持续性和相对稳定性，从而确保以志愿服务为抓手，推动校史文化传承这一路径的可持续性。

总之，推进大学生志愿服务与校史文化传承的融合，是搭建校园文化教育、校史文化教育和爱校荣校教育多元格局的重要途径，既有利于大学生群体在实践中感受校史文化、传播校史文化，培养学生爱校荣校的情怀，也有助于学生通过自身力量，在不断挖掘、利用、宣传校史文化的同时，以自身的行动作为校史发展的一部分，丰富校史文化的内涵。

参考文献：

［1］金雁．以高校校史文化推进校园文化建设的路径研究［D］．西安交通大学硕士论文，2009.

［2］刘星安，郑宇钧．高校校史文化思想政治育人功能及实现路径探析［J］．理论经纬，2018（09）：282－293.

［3］葛崇勋．大学生志愿服务工作的困境与对策［J］．太原城市职业技术学院学报，2016（08）：60－61.

［4］王明磊．基于红色文化传承的大学生志愿服务创新研究［J］．传播力研究，2019（05）：20.

［5］刘凡瑀，张璐璐，高雪梅．基于红色文化传承的大学生志愿服务体系研究［J］．现代交际，2020（23）：135-137.
［6］王俊玲．大学生志愿服务行为及其可持续研究［D］．湖南大学硕士论文，2017.

浅谈俄罗斯高校校园文化*

何思琪

摘　要：2013年中国提出“一带一路”合作倡议，积极发展与沿线国家的经济合作伙伴关系，共同打造政治、经济、文化互信互容的利益共同体。俄罗斯是中国“一带一路”沿线最重要的合作伙伴之一。中俄关系已经走过70余年不平凡的历程，中国与俄罗斯这两个携手走向复兴的大国，站在新的历史起点上，迎来了两国关系更高水平、更大发展的新时代。

关键词：俄罗斯；高校；校园文化

一、引言

随着两国关系的升温，中俄两国在高等教育领域交流频繁，合作办学也初具规模。两国高校具有不同的发展历史，也形成了各自的校园文化。通过对俄罗斯高校校园文化的分析，在寻找差异性的过程中探寻中俄校园文化融合的契合点和可能性，以兼收并蓄的态度汲取俄罗斯高校校园文化的养分，为我国高校相关专业的人才培养、国际教育合作提供参考，促进办学模式、办学机制的优化与创新，助力办学质量的提高。

二、校园文化的含义和作用

（一）校园文化的含义

校园文化是文化现象的一种，校园中的师生是校园文化的主体。人们通常将校园文化分为广义和狭义两种。广义的校园文化包含校园文化中的物质文化、制度文化、精神文化、行为文化等内容，而狭义的校园文化是在校园文化氛围的依托下所反映出的校园思想精神特征。

---

* 本文为“校史文化借鉴与融合——以中俄合作办学专业为例（项目编号：ELSYJ 202002）”阶段性研究成果。

何思琪（1991—　），女，辽宁人，北京联合大学助教。

（二）校园文化的特点

校园文化具有差异性。不同国家、不同地域、不同阶段的学校在校园内部的教育、学习和生活过程中形成了独特的校园文化。作为作用于校园文化的主体，学校师生因国别、年龄、所学专业等方面的不同，进而形成了或开放或内敛、或重研究或重实践等具有不同精神内涵的校园文化。

校园文化具有渗透性。在形式多样、丰富多彩的校园文化活动中，校园文化的精神内涵与特质润物无声般渗透到每一位师生的课堂学习、校园生活、言行举止和精神风貌中，更是对师生的教学科研活动、职业理想树立与社会价值实现产生着深远影响。

校园文化具有继承性。我们常听说百年校训，校园文化的形成不是一蹴而就的，也不是一朝一夕形成的，而是几代人十年甚至百年的代代相传。而校园文化一经形成，便不会因时代的更迭、社会制度的转换而消失，虽然有所折损，但是其精神内涵将会一直传承下去。

（三）校园文化的作用

校园文化是提升师生素质的有力保障。校园师生的科学文化素质与思想道德素质的提升，不单单依赖于课堂内的教学活动，更来自课堂外的各项校园文化活动。社会实践活动、公益奉献活动、文娱体育活动等的举行，既营造了积极向上的校园氛围，更促进了师生综合素质的全面提升。

校园文化是实现育人功能的重要途径。《中共中央国务院关于进一步加强和改进大学生思想政治教育的意见》中指出："校园文化具有重要的育人功能，要建设体现社会主义特点、时代特征和学校特色的校园文化，形成优良的校风、教风和学风。"校园文化与学生紧密相连，与学生的成长成才密不可分，校园文化在综合教育功能、能力培养功能和心灵陶冶功能中发挥了重要的育人作用。

三、浅谈俄罗斯高校校园文化

（一）俄罗斯高校的艺术与体育文化

《天鹅湖》《胡桃夹子》《在伏尔加河上》、柴可夫斯基、列宾，这些名冠世界的艺术作品与艺术家皆来自俄罗斯，可以说在歌剧、绘画、芭蕾、交响乐等艺术领域，俄罗斯贡献了世界级的文化珍宝。俄罗斯高校的校园文化中艺术欣赏与审美培养是浓墨重彩的一笔，学校通过向学生免费发放或折扣销售当地剧院票的形式，组织学生观看经典艺术节目；通过举办歌剧艺术节、交响音乐会、大师绘画展览等推动艺术活动走进校园；在校园建设装饰中采用名家名画、经典雕塑、艺术品陈列等形式，潜移默化地培养师生的审美情趣与艺术修养。

俄罗斯是世界体育强国之一，其人民热爱体育运动与尚武意识的社会氛围也对高校校园文化有着深刻影响。走在俄罗斯高校校园，会发现单双杠等体育设施的周围总是人头攒动，暗自比拼与较量每天都在上演；非体育专业院校也会开设健身、网球、游泳、橄榄球等体育课程，通过体育课的设立较为专业、系统地提高学生身体素质与运动竞技水平；高校定期举办各类大型体育赛事活动、校园竞走比赛、校园马拉松比赛等，营造热爱运动、崇尚体育精神的校园氛围。

（二）俄罗斯高校的城市与校史文化

“你来自哪个城市？”“你的城市多少岁了？”这是俄罗斯教师十分喜欢对学生提出的问题。俄罗斯高校文化的形成与当地城市的历史发展和文化繁荣紧密相连，在俄罗斯的“城市日”活动中，部分高校师生会通过大型的徒步游行、文化演出应援等形式，高举高校与城市徽标、旗帜进行庆祝，城市的精神品格已经与高校文化血脉相连。

俄罗斯高校普遍设立校史馆让校内师生与校外人员参观研习，同时校史文化也会在教师的课堂上讲授，在校史文化活动中展开；部分高校通过设立校史文化雕塑、长廊展览、栽种友谊树等形式，将校史文化浸润到校园生活之中，成为俄罗斯高校校园文化不可或缺的一部分。

（三）俄罗斯高校的民族与爱国文化

俄罗斯是一个多民族国家，有190余个民族。各民族学生有着不同的民族特质与民族文化，既独特又和谐地融合在高校大环境之中，在校园文化中显现出鲜明的民族特色。

爱国主义精神深深根植于俄罗斯大地，这也是其民族精神的具体体现。爱国主义教育在俄罗斯历史上有着悠久的传统，在保持原有教育特色的基础上，普京时代爱国主义教育按照俄罗斯政府提出的整体规划，遵循每五年颁布一部《俄罗斯联邦公民爱国主义教育国家纲要》的统一部署，以“体系”搭建的战略思维强势推进，确保爱国主义教育目标指向明确、阶段任务清晰、实践措施精准。俄罗斯高校纷纷开展“爱国主义教育”主题系列校园活动，以便在纷繁复杂的国际形势下维护稳定社会，提高大学生的国家荣誉感与爱国情怀。

四、俄罗斯高校校园文化的思考与启示

（一）提升校园艺体文化培养氛围与比重

中华五千年文化诞生了无数的艺术瑰宝，建议加强与当地艺术团、剧院、博物馆、学生体育赛事组织等机构的交流与合作，通过“引进来与走出去”的方式，着力提升校园的艺体文化氛围，培养学生审美志趣，打造体魄强健、灵魂丰满的高校师生形象。

（二）加强浸润式城市与校史文化宣传手段

在校园建筑、基础设施以及装饰设计等硬环境建设方面，将当地城市文化与校史文化有机融入到师生学习、生活与教学活动的方方面面，以不经意的“细小”浸润到校园文化的大熔炉中，促进高校精神品格的凝聚与综合实力的提升。

（三）着力打造爱国主义教育的校园环境

培养学生的爱国主义思想，在聚焦高校思想政治理论课主要阵地的基础上，创新教育方式方法，以师生喜闻乐见的爱国文化活动，多角度、多层次地将经典历史、民族传统、时代精神有机融合，打造为国立志、爱国求真的校园文化环境。

参考文献：

[1] 冯俊扬，邱夏，陈汀. 新时代 新典范 新航程——写在中俄建交70周年之际[J]. 中亚信息，2019（10）：20-25.

[2] 韩娇娇. 新时代大学校园文化育人现状与对策研究[D]. 华中师范大学硕士，2019.

[3] 中共中央国务院发出《关于进一步加强和改进大学生思想政治教育的意见》[J]. 中国高等教育，2004（20）：5-7.

[4] 王海平. 浅析大学校园文化的育人功能[J]. 农家参谋，2020（09）：223+252.

[5] 雷蕾. 普京时代俄罗斯公民爱国主义教育二十年回顾[J]. 比较教育研究，2020，42（11）：53-59.

档　案

二

档案学专业导师指导学生探索与实践阶段性成果

综合档案馆人物档案征集研究*

徐莹钰　程建华　姜素兰

摘　要：人物档案建设工作是近两年来档案建设工作的新兴项目，是以“人”为征集对象建设人物档案特色体系。目前关于人物档案的征集对象大都为社会各界的著名人物，以他们工作、生活中产生的各种特色资料为研究对象。本文主要采用了文献分析法、调查法、个案研究法等方法对综合档案馆人物档案的征集工作进行研究。

关键词：人物档案；综合档案馆；档案征集

一、综合档案馆人物档案征集现状及征集意义

（一）综合档案馆人物档案征集工作现状研究

通过围绕“人物档案征集”“人物档案收集”“名人档案征集”“名人档案收集”等检索词进行主题检索，与之相关的论文仅有百余篇。在这些文章中，从征集主体来区分，可分为高校或高校档案馆、国家综合性档案馆和其他机构。其中“以高校或高校档案馆为征集主体开展人物档案征集工作”作为研究对象的研究相对来说最为系统，主要阐述了高校或高校档案馆人物档案征集的特点，探讨了人物征集的范围、对象、内容、方法、开发利用和保障机制以及征集工作的规范化程序等，并未形成规范化工作指南。而明确以国家综合性档案馆开展人物档案的征集工作为研究对象的文章较少，甚至可以说几乎没有。

从综合统计中得出，虽然人物档案征集工作研究的文章数目较多，但

*　本文为北京市档案局“国家综合档案馆人物档案征集研究”（项目编号：2020-04）阶段性研究成果。

徐莹钰（1997—　），女，河南南阳人，北京联合大学硕士研究生，研究方向为档案现代化管理；程建华（1969—　），女，北京人，北京市档案馆接收征集处处长；姜素兰（1966—　），女，辽宁海城人，北京联合大学教授，硕士生导师，研究方向为口述档案，E-mail：sulan@buu.edu.cn，本文通讯作者。

从国内档案界对人物档案征集工作的研究成果来看，专门、系统地论述国家综合档案馆人物档案征集的文章和著作存世不多，系统研究国家综合性档案馆人物档案征集的文献较为缺乏，所检索到的文章中往往只是论述了人物征集的前端收集进馆工作，或后期的保管与利用工作，或是一个领域名人档案的征集工作，并未将国家综合性档案馆人物档案征集所涉及的收集、整理、保管、利用以及相关法律保护等工作作为一项系统工程进行研究。

在实际工作中，各地档案部门依据各地区实际情况开展人物档案征集工作，目前不少地区已有征集案例，较为著名的有内蒙古少数民族人物档案征集、北京市档案馆人物档案征集等。以北京市档案馆为例，北京市档案馆历年来十分重视档案征集工作，积累了多年的实际工作经验，目前已成功完成了何鲁丽、孙敬修、侯仁之、张孝骞、李滨声、赵仲池、吴烈等著名人物档案的征集活动。但客观来说，目前各省市对人物档案的征集缺乏指导性的统一标准，大多各自经营，没有形成统一规范。

（二）综合档案馆人物档案征集的意义

国家综合档案馆是永久保管档案的基地，是供科学研究和社会各界借鉴使用各类档案史料的中心场所，为社会文化的发展做出了重大贡献。档案是社会文化记忆载体，人物档案作为档案中重要的一部分，以“人”为研究对象，是中国文化中一种独特的展现形式。人物档案征集是国家综合档案馆征集工作的重要组成部分，由此而形成的档案资源是国家和社会极其宝贵的文化财富，也是不可多得的精神财富，对历史记录和社会发展具有非常重要的参考、利用价值。通过人物档案对先进人物的光辉事迹和伟大精神进行继承与赞扬，十分有助于传承中国特色社会主义文化，提高中华民族的文化自信。

二、人物档案相关研究

人物档案的征集尚未有统一的标准加以指导，因而综合档案馆（局）对人物档案的征集属于摸索中前进，本文将对以下主要的人物档案相关内容进行深入研究。

（一）人物档案征集的含义

人物档案主要是指著名人物档案，征集的对象是社会各个层面的精英人士。著名人物档案是政府档案管理部门和高校档案资源当中的重要组成部分，也是目前人物档案研究的重要内容和主流趋势，十分具有考查和借鉴价值。人物档案也被称为“人物全宗”，是社会各界（如政治、经济、军事、文化、教育等）的著名人物在其工作、生活中形成的各种形式的具有保存价值的档案材料。但目前对人物档案本身尚未有统一的定义。

人物档案征集是人物档案收集工作的形式之一，各级档案馆（局）以广泛征集、购买、接受捐赠、复制副本等方式，将散落在社会及个人手上的人物档案或相关档案材料收集进馆，进行集中保存。人物档案征集是丰富、补充档案馆人物档案馆藏，保存历史文化财富，便于社会公众利用的重要措施。

（二）人物档案征集单位和建档对象

通过调查研究可以发现，目前国内人物档案的征集单位主要是各省市综合档案馆（局）以及各大高校档案馆，其中研究成果较多的是高校档案馆。高校档案馆人物档案的建档对象主要与高校的发展息息相关，重点包含了有代表性的政治人物、高校内部知名专家、学科带头人，获得各类重要奖项的优秀人士、杰出的校友、优秀在校生等。综合档案馆对人物档案的征集建档工作主要依据中央及地方所公布的相关规范，所涉及的人物档案建档对象包含了与本地域相关的政治、经济、文化、军事、宗教、科学技术、体育等各领域的杰出人才。本文以综合档案馆人物档案征集活动为研究对象，主要考虑的是综合档案馆人物档案征集过程中的要点。

综合档案馆作为各类档案的汇集之地，具有文化记忆、文化存储等基本功能，同时还具备文化传播、文化教育等延伸功能，在增强文化建设方面有重要作用。综合档案馆人物档案征集的主要特点是以符合法律规范的利用为导向，由多种载体形式组成的，系统、真实地反映人物核心特征的档案汇集。

（三）人物档案征集范围

人物档案所征集的是征集对象在生活、工作、学习等过程中形成的能真实反映征集对象所做贡献的具有考察、利用价值的各种文字、声像、实物等形式的档案材料。人物档案具有形式多样性、内容复杂性、来源分散性以及收集复杂性等特点，与传统意义上的纸质档案有所不同，因此征集范围相对广泛。

人物档案按照征集类型可以划分为：

（1）文字类：包含著作、书法手迹、自传、回忆录、各类笔记、日记、重要来往信件、碑刻等。

（2）声像类：包含了生平重要活动的照片、音像视频、社会对其的评论、新闻报道等。

（3）实物类：所创造的艺术作品、所获得的各类证书、重要藏品、家谱；逝世后社会各界的纪念文章、追悼会悼词、签名册等。

（四）人物档案征集的方法

人物档案较为复杂，来源较为分散，征集的方法和途径也很多样。以北京市档案馆人物档案征集为例，征集途径主要包括接受捐赠、购买、采集记录、代存代整、复制等方法。人物档案征集按照征集方式可以划分为日常征集、主动记录、联合相关部门共同征集、依托重大活动重要节点专项征集等。

（五）人物档案征集工作流程

目前综合档案馆档案征集工作主要流程包括收集、整理、保管、利用等。相比其他档案工作流程，人物档案征集的鉴定、修复、著录、数字化、权益保护等环节十分具有特殊性，人物档案的征集过程更为精确复杂。人物档案多数具有文物属性，具有很高的文化价值，因而综合档案馆在对人物档案进行征集时需要更加规范的征集方法和流程，以保证人物档案征集的有效性。

三、综合档案馆人物档案征集工作建议

（一）完善人物档案保障机构，注意维护人物档案持有者的合法权益

不得不提的是多数人物档案在进馆之前都为个人所持有，从法律意义上说，人物档案属于个人的私有财产，个人有权对其所持有的人物档案进行处理。人物档案是对这些著名人物的珍贵记录，显示着他们一生的成就，十分具有纪念价值。此外某些珍贵人物档案自身所具有的文化价值和收藏价值还赋予了这些档案材料一定的经济属性，因而站在档案持有者的角度上，移交私有资产与个人的利益产生了冲突，不愿移交也是常有的。在这种情况下，就需要征集部门完善人物档案保障机构，在征集人物档案的同

时要注意尊重保护档案持有者的合法权益，尊重个人意愿，不产生权益冲突。

（二）开发人物档案征集渠道，多角度开发人物档案的档案资源

目前人物档案的征集来源十分有限，大多人物档案都来源于与征集对象有直接联系的家属、工作单位等。因此为建立完善的人物档案资源，开发人物档案征集渠道这一措施不可或缺。在互联网背景下，应当充分利用互联网资源，建立以名人为中心的名人家属、亲友、名人工作单位、名人所属行业、社会各界等联系网，收集开发各种有效线索，循序渐进地征集各类有益的人物档案材料。

（三）加大人物档案宣传力度，提高社会公众的集体档案意识

调查显示，由于某些档案的保密属性让很多社会公众都对档案产生了距离感，多数人认为档案十分神秘，不了解档案的用处，因而档案意识十分薄弱。因此，为了更好地收集人物档案在内的各类档案资料，档案部门应该充分利用目前已有的各种媒体资源加大档案宣传工作力度，提高社会公众的档案意识。让大家意识到档案背后的价值，意识到人物档案不仅是个人的私有财产，也是国家的宝贵财富。

四、结束语

作为著名的文化教育机构，综合档案馆的工作意义在于不断完善档案的征集、保管、利用等方面的工作流程，深入挖掘档案服务公众的重要使命，在“管为用存”的前提下充分发挥档案的文化教育和文化传播功能。名人档案通过对社会各界精英人物的档案材料进行详细汇总，能够向人们展示最为真实的历史面貌，可为后人留下珍贵的档案材料，以供历史文化研究和参考借鉴。因此，人物档案征集活动十分具有必要性，应当受到各界的重视和支持，相关方面的研究还需要不断深入。

参考文献：

[1] 潘玲玲．县档案局开展《畲乡骄傲》人物档案征集工作[N]．畲乡报，2016-09-29（第03版：社会万象）．

[2] 我市征集著名革命历史人物档案[N]．石家庄日报，2013-05-10（第02版：要闻）．

[3] 征集著名革命历史人物档案 [N]. 燕赵晚报，2013-05-10（第A03版：今日重点）.

[4] 张鹏. 烹饪大师刘国栋人物档案资料征集入馆 [N]. 中国档案报. 2006-04-03.

[5]侯英杰. 高校人物档案资源体系建设初探[J]. 兰台内外，2019(18): 65-66.

[6] 杨万欢. 地方高校教育人物档案资源建设与利用的思考 [J]. 资源信息与工程，2017，32（06）：192-194.

[7] 宋梦青. 著名人物档案构建研究——以申纪兰人物档案构建为例 [J]. 中国档案，2016（08）：56-57.

[8] 黄体杨，王晋. 基于内容分析法的人物档案管理规范评述 [J]. 档案学研究，2015（04）：64-69.

[9]张予宏，王的. 浅议著名人物档案[J]. 机电兵船档案，2015(01): 40-42.

[10] 王雪雁. 浅谈人物档案建设工作 [J]. 兰台世界，2014（26）: 65-66.

[11] 刘忠华. 浅谈艺术院校人物档案的开发利用 [A]. 新形势下档案资源管理服务 [C]. 国家档案局档案科学技术研究所，2014：5.

[12]刘敏华. 走出著名人物档案收集归档与整理的误区[J]. 档案管理，2014（03）：91-92.

[13] 张振元，李辉. 谈开发人物档案信息资源的途径 [A]. 中国档案学会第六次全国档案学术讨论会论文集 [C]. 中国档案学会，2002：2.

增强现实技术在档案展览中的应用探究

薛 婷 谢永宪

摘 要：在积极建设爱国主义教育基地的背景下，档案展览作为体现爱国主义教育基地的重要形式，正在面临着如何增加吸引力和趣味性，从而更加吸引参观者来观展这一关键问题。将增强现实技术应用于档案展览中，能够打破时空的局限性，渲染展览的环境气氛，提高参观者对档案展览的兴趣，促进档案文化传播。通过对增强现实技术应用于档案展览中所出现的问题进行分析，基于增强现实技术的特征与优势，为技术在档案展览中的问题解决以及应用对策提供思路。

关键词：档案展览；增强现实技术；档案利用

一、引言

增强现实技术是伴随着虚拟现实技术的发展而产生的，是虚拟现实技术的重要拓展与延伸。增强现实技术更加强调虚实融合，不会将用户与周围的真实环境完全隔离开，它是借助计算机技术，将虚拟的信息投放至真实世界中，是通过设备的辅助将信息准确叠加至真实环境中，从而实现虚拟世界与真实世界的融合，使用户能够在真实世界中感受到虚拟世界传达的信息。

张丹萍在2019年提出增强现实技术具有三个特征，包括：①多样性；②真实性；③互动性。杜竹君在2018年提出增强现实技术的特征主要包括三个方面，分别是：①虚实结合；②三维注册；③实时交互。周忠等人在2015年提出增强现实技术的特征离不开三点，分别是：①将虚拟和现实环境进行混合；②实时交互；③三维注册。除此之外还有真实感以及临场感这两个特征。王璞在2014年提出AR系统具有三个特点，分别是：①虚实

薛婷（1997— ），女，北京人，北京联合大学应用文理学院档案系，图书情报专业在读硕士研究生，研究方向为档案现代化；谢永宪（1980— ），男，辽宁锦州人，北京联合大学应用文理学院档案系教授，博士，主要研究方向为数字档案信息长期保存、文书档案管理、档案教育，E-mail：xieyongxian2008@163.com，本文通讯作者。

结合；②实时交互；③三维定位。

综上所述，增强现实技术的特征可以总结为两个方面。一方面是基本特征，主要为三点，分别是：①虚实结合；②实时交互；③三维注册。另一方面是在技术被应用时所体现出来的特征，主要包括：①真实性；②多样性；③互动性；④自主性；⑤沉浸感。通过对增强现实技术的特征进行分析总结，可以看出这一技术非常适合应用于档案展览中。它能够将平面的展示立体化，将静态的展示进行动态化延伸，将档案展品通过技术手段进行加工，通过对周围环境的渲染增强真实感，更好地从多角度出发，展示出静态展品展示不出的深层文化和底蕴，体现档案展品的价值。

增强现实技术与虚拟现实技术、混合现实技术是有区别的，其中最为重要的区别就在于：在虚拟现实中，用户只能体验到虚拟世界所传达的信息，而无法看到真实世界中的环境；在混合现实中，用户会比较难分辨出虚拟世界与真实世界的边界；而增强现实技术是虚拟现实的延伸，更加注重真实世界的反馈，在增强现实中，用户既可以看到并且感受到真实世界的信息，又可以看到虚拟世界中的事物。因为档案展览大多是实物展览，数字技术只是提供辅助作用，大多数情况下不需要完全对展览进行虚拟，而混合现实技术非常适合展示体积庞大、结构复杂、精密昂贵的产品，因此从实用的角度出发，增强现实技术更适合普遍应用于档案展览中。

档案展览的类型是多种多样的。如果档案展览以时间为分类标准，可以分为：①永久性档案展览；②临时性档案展览。档案展览以场地为分类标准，可以分为：①固定性展览（永久性档案展览或者临时性档案展览）；②巡回性展览。档案展览以展览性质为分类标准，可以分为：①专题展览；②综合展览。

二、增强现实技术应用于档案展览中的优势

通过在档案展览中应用增强现实技术，能够将真实世界中的档案展品与虚拟世界所传达的信息或者渲染出的虚拟环境进行结合，将虚拟信息与真实世界中的档案展品准确叠加，引导参观者增强对真实世界中展品的理解，提升参观者的主观体验。

在档案展览的过程中，应用增强现实技术可以带给参观者全新的体验形式，而丰富有趣的观展形式能够全面调动参观者的感官系统，使档案展

览不再只是传统的、平面化的展示，而是能够通过应用增强现实技术为参观者带来一场视听盛宴，并且在应用时能够做到尊重历史；推陈出新，以展示的档案资料作为基础，利用技术还原场景；注重体验，逼真的还原使参观者深入了解档案展品背后的故事；视觉元素加强。

增强现实技术在档案展览中应用，能够使档案展品所展示出的内容更加生动和真实，增强参观者在观展过程中的感官体验。能够使参观者拓宽获取档案展品信息的渠道，增加展示内容的生动性、趣味性，提高参观者对档案展览的兴趣。首先，应用增强现实技术能够在档案展览中实现艺术与创新科技等多种要素的有机结合；其次，增强现实技术的应用能使参观者与档案展品进行近距离交流与感受，增加档案展览设计的大众参与性，使其更加具有亲和力，产生沉浸式的体验感；最后，技术的适当应用还能够推进社会进步，不仅能够还原或是重构一个真实存在过的环境，还可以构造一个仅凭想象、没有真实存在过的世界，带给参观者全新的感官体验。

三、增强现实技术应用于档案展览中的问题

（一）技术应用时沉浸感不足

增强现实技术是提升参观者在观展时与档案展品的互动性的重要方式，能够使参观者沉浸于虚拟世界中，通过获取虚拟世界传达的信息来增强对真实世界中档案展品的理解。但是，在实际应用的过程中，要想只靠增强现实技术做到完全身临其境，现在还存在着不足之处。在技术应用的过程中沉浸感还不够强，当参观者通过辅助工具进行观展时，在近距离接触的时候还无法清晰观察到全部的细节。

（二）过度使用增强现实技术

在档案展览中过度使用增强现实技术，会产生两方面的问题。

一方面是容易造成喧宾夺主的情况出现，会冲淡档案展品所带来的原生态吸引力，例如照片、文字等实体档案。增强现实技术在档案展览中的应用对于参观者来说非常具有吸引力和新奇感，但是当展览设计时片面地追求技术形式上的花哨与技术应用的热闹，技术与档案展览内容没有做到和谐统一时，不但达不到预想中的展览效果，还会干扰参观者的整体观展思维，影响观展思路。

另一方面，技术的过度使用还会造成档案展览流于表面化，降低展览

本身想要表达出的历史厚重感。增强现实技术在档案展览中比较多地应用于恢复历史背景，例如当时的盛况以及档案展品所涉及的历史事件具体情节当中。如果相关的设计人员在档案展览前期准备当中对历史背景的了解不到位，那么会导致设计出来的技术产品流于表面化，会使参观者怀疑事件历史背景的可靠性以及档案展品所表达出的内容真实性。

（三）档案人员对技术的认识不到位

目前还是存在档案工作者认为档案展览中不需要出现数字技术的使用这一现象，普遍认为档案展览只需要摆上档案展品就可以了，不需要增强现实技术来辅助，不需要通过技术放大档案展品的细节以及对展品的历史背景做补充，不需要技术进行场景的渲染以及虚实融合等。目前还有部分展览是只在一个单独的空间内放置档案展品，通过纯文字或者图片的讲解来让参观者获取知识。他们没有认识到增强现实技术应用于档案展览中的优势，没有认识到档案展览是可以通过技术的适当应用来提高水平的。

（四）技术应用混乱

增强现实技术的类型十分丰富，不同的类型应用于不同的档案展览中，所展示出来的效果也是大不相同的。在档案展览中应用技术时，经常会出现的问题就是技术应用混乱，或者出现技术应用不到位的情况。因此，哪些技术适合应用到某种类型的档案展览中，是在前期布展设计时需要重点考虑的问题。

四、增强现实技术应用于档案展览中的对策

（一）与其他技术相结合

当出现沉浸感不足的情况时，就需要将视角进行扩展，思考其他数字展示技术为增强现实技术作辅助的可能性与适用性。为了能够有效地解决问题，可以采用数字展陈技术、虚拟现实技术等数字技术为辅，增强现实技术为主的手段，通过交互与切换多种技术的方式，提高参观者在实际体验虚拟场景中的观察能力与感知能力，提升沉浸感。此种方式比单一的应用增强现实技术所带来的体验感更强，大众对档案展览的兴趣提高，参与度也随之加强。

（二）在协调过程中要把握适度原则

增强现实技术在档案展览中只是一个辅助工具，不能代替一切，在前

期设计时要切记是以档案内容为主的档案展览，而不是科技展览。因此要注意协调好档案展览内容与展览形式之间的关系，要记住技术是服务于档案展品本身的，是为了能在各方面都达到更好地展示效果。所运用的技术和设备都要和谐地融合于展览环境中，使参观者能够在自然、流畅的参观过程中，通过增强现实技术更好地接收知识。

同时还要注意协调好增强现实技术的科技感与档案展览内容的厚重感之间的关系。档案都是真实、宝贵的历史记录，参观者来参观档案展览时，更想看到承载着一段段记忆的珍贵记录，希望通过档案展品来感受厚重的历史背景或者事件情节，这同时也是档案展览最吸引人的特别之处。因此，要在充分了解档案展品的细节之后再做技术的设计，要通过增强现实技术的使用来放大展品细节以及渲染气氛，而不是掩盖住展品的历史厚重感。可以通过设计技术设备的外形、灵活地选择技术的手段等方式，在使用增强现实技术的过程中做到与展览风格相统一。

（三）培养、提高档案人员对技术的认识与应用能力

使档案人员认识到在档案展览中应用增强现实技术的好处，不是短时间之内可以完全解决的事情。他们可以慢慢通过对实际应用技术好的案例进行分析，来解释应用技术的原因，分析出在档案展览中应用增强现实技术的优势特征，以此证明应用技术的好处。

增强现实技术应用于档案展览中，使档案工作人员与技术人员产生交流与合作，需要双方对技术如何应用以及呈现出的效果进行仿佛沟通。如果档案人员对技术的使用与后期维护完全不了解，会影响与技术人员的交流，造成交流障碍，还会直接影响档案展览的最终效果以及日常的工作效率。因此，在平时应该增加对档案工作人员的技术基础培训。同时，档案人员也可以在与技术人员接触的同时多学习，在实践中增加对增强现实技术的理解，提高应用相关设备的能力。

（四）应用于不同类型档案展览中的具体对策

1.增强现实技术在历史专题档案展览中的应用策略

历史专题档案展览需要突出展览内容、突出展品信息，要突出历史事件的真实感以及沉浸感。增强现实技术需要将档案碎片联系起来，形成一个完整的故事。

例如，应用于历史图片占主体的档案展览中时，可以通过增强现实技

术使参观者和图片进行互动，通过技术渲染以及虚实融合，使参观者“进入”到图片中，更加深刻地感受到图片想传达出的历史背景信息以及事件情节。还可以运用增强现实技术来展示极为珍贵的档案展品，通过数据扫描将所有信息输入至AR设备当中，使参观者通过技术手段来更加全面地了解档案展品。这在提高珍贵档案展品的可访问性的同时，也摆脱了人们对档案展览传统刻板的印象。

2.增强现实技术在固定场地档案展览中的应用策略

固定场地的档案展览在前期设计时往往会出现的一个问题，就是场地面积不够，但需要展示出来的档案展品以及对展品的信息介绍得太多，已有的展示空间与所需空间不匹配。当这种情况出现时，应用增强现实技术就是一个很好的解决办法。

增强现实技术可以为参观者提供一个动态的展览平台以及灵活的展览形式，可以将展品的背景介绍与补充说明通过数据扫描输入至AR设备中，节省摆放背景介绍信息的空间，还可以通过增强现实技术对背景时代进行还原，使参观者站在原地就可以置身于档案展品的时代背景中，而不是不局限于文字介绍中，从而增强对展品的理解。

3.增强现实技术在综合档案展览中的应用策略

综合档案展览中往往展览主题丰富，不局限于某一主题，因此参观路线的设计会直接影响档案展览的效果。合理的参观路线能够让参观者在最短的时间里更有效率地吸收展品信息。正是因为路线的自主性较大，而且在传统档案展览中，参观者只能被动地获取展览信息，因此可以通过增强现实技术的使用，来实现移动导览服务。

增强现实技术可以结合参观者实时位置的跟踪导航，将引导信息叠加到真实环境当中，通过AR设备反馈给参观者，提供实际的指引和路线。当参观者走进档案展厅中，就可以实时获取感兴趣的展览介绍和展品信息，还能够根据感兴趣的主题自主规划路线，使参观者在参观展览时更为主动，实现开放、双向的档案展览效果，了解更加生动、趣味的展览内容。

五、结论

增强现实技术应用于档案展览中，能够提高档案展览的趣味性，增加参观者对展览的兴趣，引导参观者增强对真实世界中展品的理解，提升参观者的主观体验。增强现实技术的使用能够让参观者体验身临其境之感，全身心地沉浸其中，拉近与档案展品之间的距离，充分感受到档案展品背后的历史记忆。

随着时代的发展，增强现实技术在档案展览中的应用会越来越普遍，技术设备的升级换代也会随之加快，在具体应用时出现的问题也会随着技术的发展而慢慢解决。最终会以更便捷的方式在参观者与档案展览之间实现更完善的良性互动，借助增强现实技术达到高效利用、保护档案的目标，促进爱国主义教育基地的建设，促进档案事业繁荣发展。

参考文献：

[1] 张丹萍."增强现实（AR）"技术条件下的展示空间设计模式探究［J］.大众文艺，2019（20）：43-44.

[2] 杜竹君.基于AR技术的档案展览探究［J］.北京档案，2018（01）：30-31.

[3] 周忠，周颐，肖江剑.虚拟现实增强技术综述［J］.中国科学：信息科学，2015，45（02）：157-180.

[4] 王璞.移动增强现实技术在图书馆中的应用研究［J］.图书与情报，2014（01）：96-100.

[5] 王建秀.AR-VR融合技术在博物馆陈列展览中的应用实践［J］.东方收藏，2020（15）：95-96.

[6] 郑重宇，涂玉麟.VR技术及AR技术在档案展览中的应用研究［J］.智库时代，2020（13）：231-232.

[7] 张莹，高大伟.增强现实技术在档案信息开发中的应用研究［J］.浙江档案，2019（11）：56-57.

[8] 顾君忠.VR、AR和MR-挑战与机遇［J］.计算机应用与软件，2018，35（03）：1-7+14.

[9] 李兴利.新形势下举办档案展览的思考——兼与管先海等先生商榷［J］.档案管理，2017（03）：43-45.

[10] 高研.新技术在档案展览中的应用研究［J］.兰台世界，2014（11）：11-12.

关于做好高校抗疫档案管理工作的思考

张　羽　王巧玲

摘　要：随着新型冠状病毒肺炎疫情发展迅速，高校在疫情防控期间形成了大量的抗疫档案。根据抗疫档案类型多样、内容复杂、实体分散、管理难度大、利用需求迫切的特点，高校应采取相关措施，包括制定科学的抗疫档案管理办法，完善档案应急管理体制；组建专业的抗疫档案管理团队，明确责任分工，协助抗疫工作的顺利开展；做好抗疫档案的收集与征集工作，确保抗疫档案的真实与完整；做好抗疫档案的整理工作；建立突发事件档案专题数据库；充分开发并利用抗疫档案等六条措施做好抗疫档案的管理工作，以期为国家和社会贡献一份绵薄之力。

关键词：抗疫档案；高校档案；档案管理

一、引言

自2019年12月以来，新型冠状病毒在全国各地乃至全世界蔓延，严重影响了人们的日常生活和工作。全国上下万众一心，积极投入到疫情防控阻击战中，为遏止疫情提供力所能及的帮助，档案部门也不例外。疫情发生后，国家档案局为积极应对疫情带来的影响，坚守“为党管档、为国守史、为民服务”的政治地位和责任使命，在第一时间下发文件，要求把疫情防控工作作为档案部门当前最重要的工作来抓，特别要求各级档案部门要充分利用现代通讯技术，采用灵活、适宜的方式，加强对疫情防控材料收集归档工作的业务指导，积极争取将档案工作纳入防控工作的总体部署，做到疫情防控档案应收尽收、应归尽归。因此，档案部门应该作出职业反应，主动积极作为，做好疫情防控工作的档案管理，为新型冠状病毒感染

张羽（1996—　），女，北京人，北京联合大学应用文理学院档案系图书情报专业2019级在读硕士研究生；王巧玲（1977—　），女，湖南衡阳人，北京联合大学应用文理学院档案系副教授，博士，主要研究方向为档案基础理论、档案治理与档案教育，本文通讯作者。

的肺炎疫情防控工作贡献力量。

高校一方面承担着培育英才、传播知识的重要责任，另一方面作为社会组织和党组织的重要组成部分，也承担着一定的社会管理责任。为此，面对此次疫情的突然而至，高校应当充分发挥校园优势，做好本校的抗疫档案管理工作，为新型冠状病毒感染的肺炎疫情防控工作贡献力量。

二、高校抗疫档案及其特点

高校抗疫档案是指高校在抗击新型冠状病毒肺炎疫情过程中产生的具有保存价值的各种形式和载体的原始记录。习近平主席指出："经验得以总结，规律得以认识，历史得以延续，各项事业得以发展，都离不开档案。"档案在各项事业中都具有重要的作用。因此，充分认识并了解高校抗疫档案及其特点，有利于抗疫档案管理工作的顺利开展。

（一）档案类型的多样性和档案内容的复杂性

在疫情防控工作中，高校的各项工作仍需有序进行，由此会产生大量的档案。从类型上看，高校抗疫档案多种多样，包括文书档案（纸质版核酸检测报告、返校申请表等）、声像档案（大数据动态行程卡的照片截图、教学视频、两微一端、学习强国等App产生的网页信息、学生作业等）、实物档案（校园出入证、疫情防控的海报等）。从内容上看，繁冗复杂，包含了高校疫情期间的各项工作内容以及抗疫过程的全记录。

（二）档案实体的分散性和档案管理的复杂性

在疫情防控期间，高校普遍采取线上招生、网络上课、云端就业、在线答辩、视频会议的方式完成招生、教学、就业、党政管理等工作，随着线上工作的开展，文件产生的环境和业务流程都不同程度地发生了改变：电子文件数量激增，纸质文件数量减少，革新了以往的档案工作管理模式。同时，高校师生居家开展办公、教学、学习等工作，地域分布较为分散，因此抗疫档案的分布具有明显的分散性。另外，新型冠状病毒属于突发性事件，事先未能有明确的档案归档范围，使得档案收集整理工作容易出现疏漏，无法有序进行。

（三）档案收集的必要性和利用的紧急性较高

新冠疫情的爆发呈现突发性和紧急性，高校管理部门需要在第一时间给出应对措施和相关管理办法，以提高师生的防疫意识和保障师生的生命安全。而应对措施和管理办法的制定往往需要对现状具有清晰的认识和以往相关文件的参考，以提高其准确性和即时性。正如此次应对新冠肺炎疫情，各级政府大量利用了2003年非典时期形成的档案和汇编成果。所以，做好抗疫档案收集工作，有利于高校抗疫工作的顺利开展以及为制定应对措施提供参考。

三、做好高校抗疫档案管理工作

（一）制定科学的抗疫档案管理办法

新型冠状病毒感染的肺炎疫情从本质上来说属于国家重大突发事件，因此高校抗疫过程中产生的档案种类和档案内容具有极强的不确定性。所以，高校在面对此类突发事件时应结合实际工作内容制定科学的抗疫档案管理办法，以明确具体的管理目标、管理范围、管理流程和方法，从而为高校的抗疫档案工作提供明确的行动指南，使得高校在应对此类突发事件时能够有法可依、有据可查，增强高校档案工作者在应对突发事件时的反应能力和急救能力，指导抗疫档案工作的顺利开展。

（二）组建专业的抗疫档案管理团队

面对疫情的突然而至，在制定好科学的抗疫档案管理办法的同时，应当迅速组建专业的抗疫档案管理团队，负责同步跟进抗疫工作的进程。团队成员可由校档案馆、各学院档案室等部门成员和学生组成团队，成员既包括专业的指导老师，也包括学生（可由档案学专业本硕学生、其他专业本硕学生组成）。

在确定团队成员之后，需要明确团队的责任分工。团队的主要任务包括：第一，对高校抗疫工作的全程进行跟进并帮助抗疫工作顺利开展；第二，对高校抗疫工作过程中产生的全部档案进行系统的收集、整理并提供利用；第三，指导一线抗疫工作人员的档案管理工作，确保档案的完整性与真实性。

（三）做好抗疫档案的收集与征集工作

抗疫档案的收集范围主要包括高校在整个抗疫过程中产生的具有保存价值的各种形式和载体的历史记录。按照载体划分，包括纸质档案、声像档案、实物档案等。按照责任主体划分，包括：由学生产生的档案，如学生参与的志愿抗疫工作、学生与老师在抗疫期间沟通与交流过程中形成的记录（通过邮件、电话、即时通讯软件、学习强国App等）、班级每周的个人情况统计表、学生在抗疫期间发生的重大事件；由教师产生的档案，如教师在抗疫期间发生的重大事件、教师的教学记录、教师接收到的学校关于抗疫工作的各种通知记录、教师参与一线抗疫工作产生的记录等；由学校产生的档案，如学校给学生和教师下发的各种疫情通知、学校接受上级机关下发的各种通知、学校成立抗疫基金会进行捐款形成的各种记录等。

由于档案是伴随人类社会实践活动的开展而同步产生的，因此，抗疫档案的收集工作应当随着抗疫工作的开展同步进行，确保档案的完整性。以抗疫档案管理团队为主要收集人员，负责收集各个班、系、院、校在抗疫过程中产生的档案，同时也要负责档案的征集工作，包括征集学生、教师在抗疫期间的优秀个人事迹等，丰富档案。

同时应该注意两点问题：第一，要时刻紧跟抗疫工作的进程，确保档案收集的真实性和完整性；第二，由于疫情的严重性，在保证工作顺利完成的同时，要确保自身的人身安全，做好个人和团队的防护工作。

（四）做好抗疫档案的整理工作

抗疫档案的整理工作主要包括对档案的合理分类、及时归档和提前移交，确保档案的系统性和安全性。

首先，要合理分类。在对抗疫档案进行收集的同时，要做好分类工作，以便在紧急调阅和利用的时候能够快速查找到。由于抗疫档案本身具有实体分散、内容广泛、形成主体多样等特征，因此，对其分类应当结合档案本身的特点以及抗疫工作的实际需要。例如，首先可以按照形成主体分为校、院、系四个层级，在不同层级下根据实际情况再具体细分。

其次，要及时归档和提前移交。在满足日常抗疫工作利用需求的基础上，对抗疫档案做到随收随归，确保档案的完整性和安全性。高校的档案移交工作通常在年底进行，各部门在整理好的基础上，将抗疫档案移交至校档案馆进行统一归档和保存。但可根据实际工作情况，各部门可提前将档案移交进馆，便于及时了解各部门抗疫实况，作出统筹安排。

（五）建立突发事件档案专题数据库

此次疫情的突发性和紧急性，对我国国民的正常出行和工作生活都产生了严重的影响，公众受到地理空间的限制，无法亲自到档案馆查看档案。为此，在大数据时代，我国应当以此次疫情为契机，加快推进电子文件单轨制运行，推进电子文件的生成和管理。

为了更好地管理防控期间产生的档案，高校应当建立突发事件档案专题数据库，将类似于此次疫情的2003年非典、2008年汶川地震等重大突发事件的档案资源集中整合在专题数据库中，成为档案应急管理机制中重要的一部分内容，为高校将来应对类似突发事件提供完整的凭证，以更好地应对突发事件。

（六）充分开发并利用抗疫档案

由于此次疫情对我国具有重要的影响，其形成的档案具有珍贵的研究价值。因此，在满足基本的查阅档案需求的基础上，高校需要对其进行充分的编研开发，借助各种渠道进行传播，能够对高校教师、学生乃至社会公众产生文化引领作用。

首先，高校档案馆可以通过对抗疫档案的整合，以线上+线下的方式推出抗疫档案专题展览，完整呈现疫情从发生到结束整个过程的情况，展现为疫情做出突出贡献的个人先进事迹，在为校园师生普及疫情知识的同时，也引起大家对疫情的关注和重视，提升大家的责任感和使命感。

其次，高校档案馆应当充分利用抗疫档案，形成大量的抗疫档案汇编成果。一方面，可以为高校将来应对类似疫情提供指导和帮助，另一方面，也可以为高校所在地区乃至我国未来在应对重大疫情的时候贡献高校的一份力量。

最后，挖掘抗疫档案内容，举办防疫知识校园宣传活动。档案本身不是知识，但其具有知识属性，抗疫档案中记载着高校在疫情防控期间参与的各项工作、采取的一系列措施，其中承载着丰富的防疫知识。为此，高校应当充分挖掘抗疫档案内容，整合抗疫知识，以微信公众号推送、分发抗疫知识手册等方式在校园内开展宣传教育工作。

四、结语

由于抗疫档案具有类型多样、内容复杂、实体分散、管理难度大、利用需求迫切等特点，为此，高校作为社会组织的成员，应当充分发挥自身优势，做好抗疫档案管理工作，为校园内师生宣传疫情防控相关知识，提高师生防控疫情的能力；为高校所在地区提供力所能及的帮助，助力疫情防控工作的顺利开展；为国家和社会提供优质的抗疫档案，为科研人员和医护人员提供具有高价值的疫情档案知识，助力我国能够顺利解决疫情防控难题。

参考文献：

［1］张斌，杨文．关于做好新型冠状病毒感染的肺炎疫情防控工作档案资料管理的建议［N］．中国档案报，2020-02-10（第三版）

［2］王鹏，徐璟亮．疫情防控下的高校档案工作实践［J］．办公自动化，2020，25（24）：21-22.

［3］胡康林．面向应急决策的档案信息资源开发实践与思考［J］．中国档案研究，2018（01）：148-161.

［4］周峰，王聪．电网企业档案应急服务机制研究与探索［J］．中国档案，2019（03）：66-67.

［5］耿硕，徐彦红．高校档案管理生态系统要素及其相互关系研究［J］．北京档案，2019（12）：37-39.

基于 CiteSpace 的科技档案管理研究知识图谱分析

李洁画　潘世萍

摘　要：科技档案是科技工作的依据、工具和成果，是重要的信息资源和知识资产，同时也是国家和社会的宝贵财富。做好科技档案的管理工作就是对科技工作的支持以及对国家和社会发展的帮助。本文利用CiteSpace 可视化工具分析科技档案管理领域期刊，包括文献发布时间分布、关键词热点共现、数量、关键词时序图、文献主题分布等。发现科技档案管理研究经过 2002—2014 年的快速增长后，在近几年呈下降趋势，发文作者间合作也不紧密，科技档案管理结合信息和数据化共同研究是未来发展趋势。

关键词：科技档案；档案管理；知识图谱；信息化

一、引言

科技档案是我们在自然科学研究、生产技术、基本建设等活动中形成的档案，科技档案在档案中占很大比例。针对如今科技档案管理中存在的问题，以做好科技档案管理工作为目的，利用数据可视化软件CiteSpace对国内科技档案管理的研究进程、热点等进行分析，并归纳汇总做出简要论述。

二、研究概述

（一）研究工具

本文使用的CiteSpace是一款由美国雷德赛尔大学信息科学与技术学院

李洁画（1996—　），女，浙江东阳人，北京联合大学图书情报专业 2020 级研究生，研究方向为档案现代化管理；潘世萍（1963—　），女，北京人，北京联合大学档案系副教授、研究生导师，研究方向为专业档案、信息资源管理，E-mail：shiping@buu.edu.cn，本文通讯作者。

的陈超美博士与大连理工大学的WISE实验室联合开发的，在数据可视化背景下逐渐发展起来的科学文献分析软件。该软件所分析得出的图通常也被称为知识图谱。

CiteSpace主要通过大量所需分析的数据的处理来获得需求者需要的图，图谱能直观地反映出例如文章关键字、作者、机构之间相关度及一定时间内的研究热点、发展进程等。CiteSpace首先需要对CNKI导出的原始数据进行数据转换工作，然后才能进行更进一步的分析研究。

本文使用CiteSpace工具对国内科技档案管理领域进行了作者、机构和关键词的共现图谱分析和时区图谱分析以及文献的趋势分析。

（二）研究方法

本文主要以关键词（keywords）为主进行期刊文献的可视化分析。关键词主要用以表达文献主题内容，同时也是体现一定时间内研究发展的热点、进程、文献收录和索引的重点因素。利用文献的关键词共现分析是研究网络关注度的主要方法之一，研究领域中关键词的共现关系和强度是分析该领域研究热点和前沿的重要依据。其中，相关文献产出时间的分布可以更清楚地反映科技档案管理的发展状况，也是此主题在该时间段研究热点的直观反映。另外，对作者以及文献发文量的分析也能为本文的研究内容提供很好的辅助作用。

（三）数据来源

本文以中国知网（CNKI）中的中文期刊为数据来源，以“科技档案管理”为主题进行高级检索，检索年限为2000年1月1日—2020年12月31日，检索时间为2021年1月7日。通过手动剔除相关度不紧密的期刊文献，共选取了2200篇文献作为本文的数据来源。

三、CiteSpace 分析结果

（一）文献产出的时间分布

论文发表的时间分布图可以清晰地反映出国内科技档案管理话题的研究趋势。从图1来看，科技档案管理的研究过程大体上分两个阶段，2000—2014年的发展阶段以及2014—2020年的下降阶段。2000—2014年间国内对科技档案研究的热点大体呈逐年递增的趋势，从2000年的62篇，到2014年200篇的发文量高峰。其中，分别有两段时间的增长趋势相较其他时间最为显著，即2003—2007年和2012—2014年。但在2014年后，从图中可以明显看到整体发展呈下降趋势，特别是在2014年达到高峰后，2015迅速回落到了137篇。2016年国内科技档案管理的相关文献和前一年相比略微上涨了一些，之后到2018年基本都呈下降趋势。虽然说2019年相比2018年有小幅上升，但也仍比2017年的116篇比减少了6篇。再来看2020年的发文量，仅为60篇，比2000年的60篇还少2篇，本文选取的时间范围为20年，大致能表示该研究主题的趋势，可以得知科技档案的研究正处于下降的趋势。

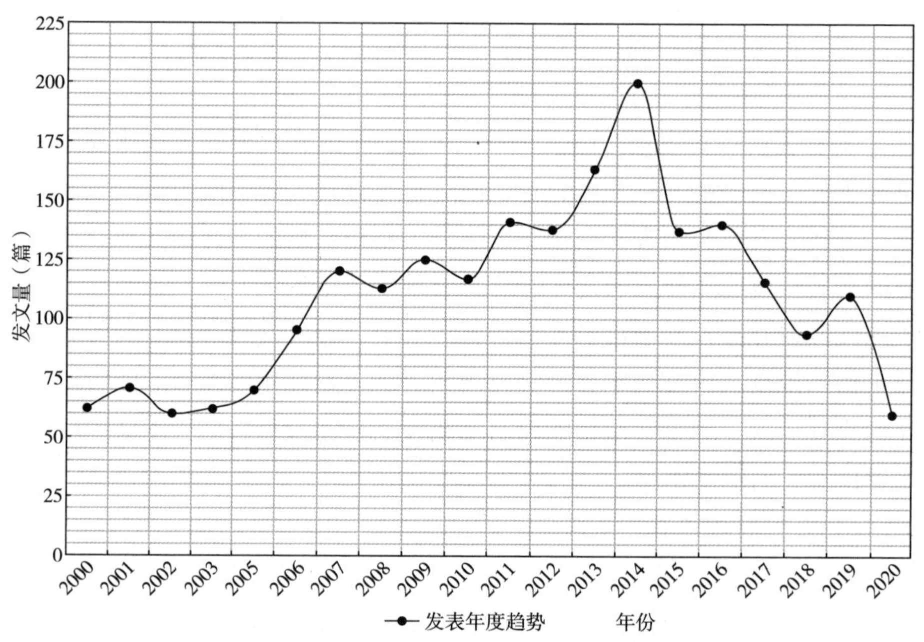

图 1　国内科技档案管理论文发表时间分布图

（二）科技档案管理研究热点可视化分析

由于关键词是论文观点的体现，高度总结了论文的精髓，所以分析科技档案管理领域的相关期刊关键词，对探索其热点有很大帮助。本文利用CiteSpace软件，将2200篇期刊文献的关键词进行可视化的分析，制作出了图2的关键词共现图谱。然后根据软件后台的数据统计，以关键词中心度值进行降序排序，得出表1的高频关键词发表数量表，以数据形式反映图2的内涵。图2的发文时间区间为2000—2020年，时间切片为1年。运行CiteSpace，得出科技档案管理的关键词聚类知识图谱共有243个节点、1009

条连接线，共现密度为0.0343，出现频次越多的关键词图中相对应的节点就会越大。读图2可得，中心度高的关键词以科技档案、档案管理、科技档案管理、农业科技档案为主，同时科技文件材料、信息化、技术档案的中心度虽然低于0.1，但根据与科技档案管理的关系和发文数量多这一现象，本文也一并进行显示。结合表1的统计可以看出，科技档案、档案管理和科技档案管理由于和科技档案管理这一研究主题高度吻合，中心度和发文数量均排在前列。因此，着眼于后面的农业科技档案和企业科技档案，可以看到科技档案应用的典型领域。技术档案由于是科技档案由来的一部分，研究中心度高且与主题相符。最后的信息化这一关键词，可以看出信息技术对科技档案的影响不容小觑。

图2　国内科技档案领域关键词共现图谱

表1　高频关键词发表数量表

数量	中心度	关键词
906	0.44	科技档案
299	0.41	档案管理
453	0.37	科技档案管理
124	0.17	农业科技档案
89	0.09	科技文件材料
66	0.06	信息化
99	0.05	技术档案
29	0.02	企业科技档案

图3是国内科技档案领域关键词共现时序图，图中选取了6个聚类，展现了2000—2020年关键词随着时间的变化情况。图3表明，文献以科技档案、管理、科技档案管理、档案管理和规范管理6个聚类为主，值得注意的是，科技档案拥有两个聚类，其中的关键词有所不同。

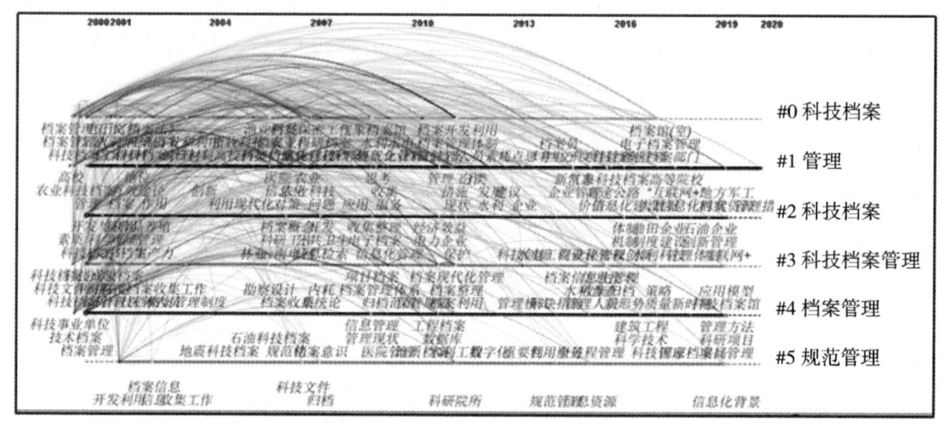

图3 国内科技档案领域关键词共现时序图

第一个“科技档案”的聚类，该时间线上的关键词包括畜牧、渔业、高校、气象、水利水电等行业，这几个关键词最早出现的时间为2004年，均以科技档案这个聚类延展开。

第二个“管理”聚类同时也有以上关键词的出现，于2005年左右出现了医院和信息化的字眼，2017年高等院校、信息化建设和“互联网+”相继显现，可以知道此时以管理这个聚类展开的相关热点。

第三，“科技档案”这几个字又出现了，该聚类于2007年出现“公共卫生”和“信息检索”这两个词，同时油田企业、石油企业也在2016年后渐渐出现。

第四个聚类“科技档案管理”出现最多的关键词以档案收集工作、管理制度、归档利用，现代化管理和信息化管理为主，偏向对档案的流程化研究。

第五，“档案管理”这个聚类于2000年出现的关键词是科技事业单位，2004—2019年，出现了石油科技档案、地震科技档案、工程档案、建筑工程、科研项目的关键词，说明档案管理这个聚类主要出现在这些企业。2010年，出现了数据库，说明档案管理也随主流逐渐迈入数据的时代。

最后一个聚类，是“规范管理”。从2002年开始的档案信息、开发利用、收集工作这几个关注点，到2007年的归档，2010年的科研院所，逐渐转化为2014年、2015年的“规范管理”“信息资源”这两个关键词，以及2019年的信息化背景，可以看出科技档案经历了从收集开发利用工作为主的规范管理，到现在信息化背景下的规范管理。

图4是国内科技档案管理领域关键词的爆发图，说明这29个词在特定时间段内激增。大致浏览整个图可以看见，关键词激增的时间段也随着年份逐年推进。2000—2010年，爆发的关键词以科技文件材料、档案材料、档案信息资源、科技档案信息等为主，特别是“档案材料”这个关键词，强度为10.5875，从2001年首次出现一直活跃到2010年，持续10年之久，足见21世纪前10年的科技档案管理研究大部分以档案材料的研究为主。后10年，出现了知识产权、农业科技、水利水电、电子文件、信息化管理、信息化

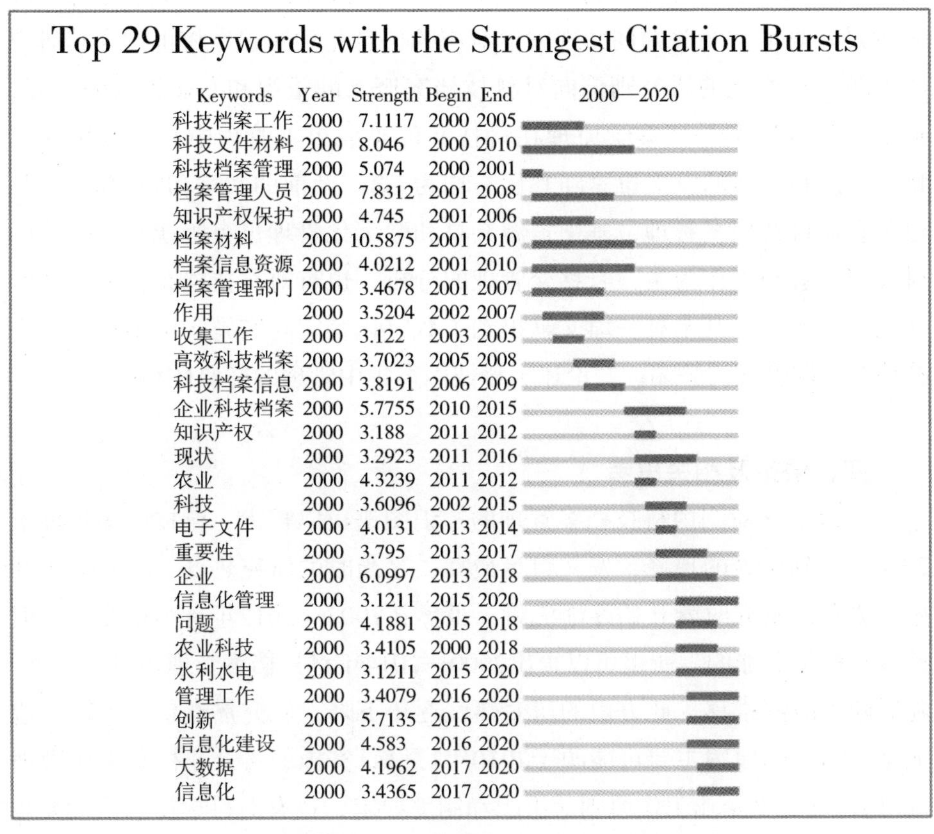

Top 29 Keywords with the Strongest Citation Bursts

Keywords	Year	Strength	Begin	End	2000—2020
科技档案工作	2000	7.1117	2000	2005	
科技文件材料	2000	8.046	2000	2010	
科技档案管理	2000	5.074	2000	2001	
档案管理人员	2000	7.8312	2001	2008	
知识产权保护	2000	4.745	2001	2006	
档案材料	2000	10.5875	2001	2010	
档案信息资源	2000	4.0212	2001	2010	
档案管理部门	2000	3.4678	2001	2007	
作用	2000	3.5204	2002	2007	
收集工作	2000	3.122	2003	2005	
高效科技档案	2000	3.7023	2005	2008	
科技档案信息	2000	3.8191	2006	2009	
企业科技档案	2000	5.7755	2010	2015	
知识产权	2000	3.188	2011	2012	
现状	2000	3.2923	2011	2016	
农业	2000	4.3239	2011	2012	
科技	2000	3.6096	2002	2015	
电子文件	2000	4.0131	2013	2014	
重要性	2000	3.795	2013	2017	
企业	2000	6.0997	2013	2018	
信息化管理	2000	3.1211	2015	2020	
问题	2000	4.1881	2015	2018	
农业科技	2000	3.4105	2000	2018	
水利水电	2000	3.1211	2015	2020	
管理工作	2000	3.4079	2016	2020	
创新	2000	5.7135	2016	2020	
信息化建设	2000	4.583	2016	2020	
大数据	2000	4.1962	2017	2020	
信息化	2000	3.4365	2017	2020	

图4　国内科技档案管理领域关键词爆发图

建设和大数据这些关键词，偏向信息和数据的方向。“企业”这一关键词的强度达到了6.0997之大，爆发时间为2013—2018年，“大数据”的强度也很大，为4.1962，和强度为3.4365的“信息化”一样，于2017—2020年激增。这一表现可以结合图3的时序图，说明在大数据背景下，科技档案管理的研究也走向信息化，同时，企业科技档案是科技档案研究的一个热点。

（三）作者发文量及相关主题研究

由于作者之间的合作不高，也趋于分散，本文仅以后台统计的发文量为依据进行梳理。数据显示，发文量5篇以上的作者有6位，分别是王巍、张莉、霍振礼、兰前、郝莎和田雯。发文量最多的王巍共发表了14篇文章，以企业科技档案的管理利用为主，也有在信息化背景下企业科技档案的服务。张莉和霍振礼的发文量均为10篇，张莉的文章中出现最多的词就是农业科技档案。同时，提出了加大对档案信息化管理的资金投入，加强对农业科技档案管理的技术研发，实现档案的科学化与合理化管理的建议。与上文的关键词共现图谱对应的信息化和知识产权也均为其研究的主题。霍振礼的研究则偏向对科技档案概念的重视和专业教育的加强，提出了科技档案是档案学原理在科技文件（成果）管理中科学运用的产物。兰前和郝莎的发文量紧随其后，均为7篇。兰前的文章和张莉的类似，也是农业科技档案管理，其中资源共享和数字化管理也有所涉及。郝莎以科技档案管理工作为主，有移交管理的分析，也有对科技档案管理人员素质能力的要求，其中有一篇文献提到了数字化鉴定与实施。田雯探讨了科技档案分散管理的弊端，并论述了科技档案集中管理的必要性和措施。

四、结论及相关思考

结合上述对国内科技档案管理的知识图谱可以得出，科技档案管理于2014年达到讨论的顶峰，发文数量最高，是当时的研究热点。从2002年开始该主题的研究时就开始逐渐流行，虽然在2007—2012年有小幅波动，但整体趋势是上涨的，所以可以得出2000—2014年科技档案管理是研究热点。随后随着时间推移，此方面的研究热度逐年下降，研究热点趋于平缓。造成这一情况的原因主要可能源于2010年1月1日实施的《企业档案工作管理规范》，确立了企业工作原则、组织和制度要求，也有对科学技术档案案卷构成的一般要求。这套标准的设立实施对企业科技档案管理的影响是巨大的，这也是关键词时序图显示2010年后信息化研究出现的一个原因。2020年的发文量为60篇，虽然是整张趋势图中最低的点，但相较于其他主题来说，这个数量并不低，所以该领域仍是值得研究的。

通过科技档案管理关键词的可视化处理可以看到，研究以科技档案、档案管理、科技档案管理、农业科技档案、科技文件材料、信息化、技术档案、企业科技档案为主。从背景上看，我国科技档案工作始于20世纪五六十年代，在1980年《科学技术档案工作条例》颁布之后进入快速发展阶段。但是，进入20世纪90年代后，随着计划经济体制向市场经济体制的过渡和现代企业制度的建立，企业开始成为科技创新的主体。档案管理在企业管理中具有不可替代的作用，同时是企业管理工作中重要的组成部分，是维护企业的经济利益、合法权益和维护历史真实面貌的重要性、基础性工作。本文以21世纪以来的科技档案管理文献为来源，可以很好地体现在21世纪科技档案管理研究的重点。另外，根据关键词知识图谱显示，科技档案在企业、农业领域出现频率很高，“信息化”这个关键词也紧随其后。

关键词时序图的聚类为科技档案、管理、科技档案管理、档案管理和规范管理，其中包含了石油、气象、渔业、水利水电、建筑工程、高校等关键词。科技类档案涉及面广、内容繁杂、信息量大。科技档案由生产技术档案、农业科技档案、设备仪器档案、科研档案和专业档案五大类构成，专业档案包含了地质、测绘、气象、天文、水文、地震、环境保护和医疗卫生档案，这与关键词时序图显示的关键词重合。显而易见，科技档案管理以上述研究内容为主进行展开。值得注意的是，时序图中多次出现了“信息化”这个词，说明当前科技档案管理工作离不开信息化的支持，两者相辅相成，所以在信息化的背景下，对科技档案管理进行深入研究不仅是时代的热点，也是趋势所在。

在对作者发文量和内容的统计中发现，各位作者的合作度并不高，也很分散，发文最多的作者为14篇。所以笔者又利用中国知网对6位作者的文章进行了检索，由此发现作者以企业科技档案管理、农业科技档案管理、档案管理人员的素质和数字化管理为研究话题进行撰写。由此也可以“透过现象看本质”，从中寻找科技档案研究领域的热门话题或者是进行某一方向更深入的挖掘。

科技档案管理这个主题研究内容十分广泛，通过CiteSpace分析大致可以得出以下几点结论：第一，科技档案管理前期发展着眼于档案内容的研究，以管理为主。科技档案类型相对来说比较多而杂，前期的“管理”“归档”“专业化”等字眼也出现次数较多。第二，缺乏合作交流，作者之间的合作度少，希望通过扩大单位或区域内合作项目来加强。第三，科技档案收集归档难度大，开发利用程度低，资源整合共享困难；科技档案组织机构不健全，人才队伍无保障。所以要提高科技档案管理思想意识，在科技档案利用过程中档案管理人员也要注意保护其著作权。而档案管理从业人员整体素质水平的优劣，很大程度上决定了档案事业整体水平。第四，根据时代发展，科技档案研究紧密地与信息化结合起来，研究紧跟时代发展。21世纪是基于大数据的信息化和数字化的时代，电子文件和智慧档案馆正发展迅猛，科技档案如何结合新技术来进行更好的管理是未来发展趋势。

参考文献：

[1] 刘东，费鹏程，黄丽香．基于 CiteSpace 的档案管理现状知识图谱分析［J］．辽宁经济，2019（06）：70–72.

[2] 王巍．也谈企业科技档案收集方法［J］．兰台世界，2005（09）：68–69.

[3] 张莉．试论农业科技档案管理的发展前景［J］．档案天地，2013（04）：56–57.

[4] 张莉．农业科技档案现状及信息化发展的主要手段［J］．中国管理信息化，2015，18（16）：200.

[5] 霍振礼．科技档案需要重视 专业教育亟待加强［J］．档案学研究，2006（01）：18–19+22.

[6] 霍振礼．也从科技文件与科技档案的关系谈起——没有理由淡化科技档案概念［J］．档案学通讯，2005（04）：24–27.

[7] 兰前．农业科技档案数字化管理［J］．闽东农业科技，2016（04）：22–23.

[8] 郝莎．科技档案数字化鉴定与实施［J］．兰台世界，2018（S1）：17–18.

[9] 田雯．谈科技档案管理中的分散与集中［J］．科技情报开发与经济，2007（29）：133–135.

[10] 王巍.现代企业档案管理的"五要"工程[J].现代企业,2020(11):14-15.
[11] 潘莉.浅谈企业科技档案的管理[J].兰台世界,2013(S2):107.
[12] 徐拥军,张斌.我国科技档案管理体制机制的现存问题[J].档案学研究,2016(2):14-21.
[13] 周红梅.努力提高档案管理人员素质[J].南方论刊,2011(04):73-74.

用户画像在企业竞争对手中的应用研究

王　也　房小可

摘　要：企业为了赢得激烈市场竞争环境中的优势，在制定策略时要做到知己知彼，而企业的用户偏好或兴趣是重要的要素之一。本文引入用户画像，通过构建用户画像实现企业竞争对手用户分析，为企业在市场中提供竞争策略。

关键词：用户画像；竞争对手；应用研究

一、引言

互联网技术的发展使得实体企业向网络行业转型和融合，企业竞争的主战场也逐步转移到线上。《中国互联网发展报告2020》表明，目前中国网民已达13.19亿，电子商务年交易规模为34.81万亿元，网络支付交易额足有249.88万亿元，中国数字经济规模稳居世界第二。中国已经上市的互联网企业超过百余家，电子商务企业提供服务的方法不断更新，其将信息和技术结合的能力也迅速增强。因此，企业在激烈的市场竞争中需要同时满足消费者的兴趣与偏好，不断结合自身所提供的产品的特性精准匹配用户需求。不仅如此，还需要时刻关注竞争对手的动向，以保证企业自身的稳定发展。

本文以企业面临的网络竞争环境为前提，引入用户画像，将其作为竞争情报分析的主要因素之一，进而构建企业用户画像的模型。该模型从数据获取、文本挖掘等多个层面分析用户画像的形成，并从用户的角度挖掘隐藏信息，为企业提供丰富的竞争情报来源，以辅助企业进行决策。

二、用户画像及构建相关研究

长久以来，企业对市场进行分析的关注点从未离开过目标用户，但企

王也（1993—　），男，河北承德人，北京联合大学在读硕士研究生，研究方向为竞争情报；房小可（1987—　），女，辽宁本溪人，北京联合大学副教授，研究方向为知识组织与知识服务，E-mail：xiaoke@buu.edu.cn，本文通讯作者。

业进行市场分析预测的标准往往基于官方的数据，将注意力放在营业额、产品市场占有率等方面。其分析过程主要以统计学的视角和方法为主，缺乏对用户画像的应用。如今，随着大数据时代的到来，数据体量的急速累积、增速爆发性提高以及计算机工具的成熟使传统的分析方法出现一些缺陷，这些研究方法由于缺少精准的定位、个性化的服务已经不能完全适应网络环境中的企业竞争。因此，一些企业逐步将目光从传统的受众群体需求分析聚焦到能真正反应用户需求的用户画像上。

（一）用户画像相关概念

用户画像是通过数据分析用户的一个重要途径，它是一个数字化的用户形象，可以帮助服务提供者以及其他用户了解它所代表的用户，它的定义随着大数据时代的到来由persona逐步转变为profile。因此用户画像的研究重点主要从描述用户作为自然人的属性转化为基于大数据挖掘用户的标签性特征。例如，“交互设计之父”阿兰·库珀将用户画像定义为persona，他认为用户画像是真实用户的虚拟代表，即其中主要描述的是目标用户模型，而不是真实的用户。Amato G等将用户画像定义为profile，即用户画像是一个集合，从海量数据中得到的由各种用户信息构成的数据集，这个集合可以表述用户的需求、兴趣爱好等特征。国内学者曾鸿、余传明等认为用户画像就是从用户的基本属性、行为习惯等特征出发，对心理偏好等信息进行挖掘，进而形成抽象化、标签化的模型。其他相关学者指出消费者通过网络进行的浏览网站、鼠标点击、留言互动、评论商品等碎片化的行为被收集整合并且存储起来，这些行为数据直接或间接映射出用户的个性、习惯、偏好等信息，能够为企业营销提供决策依据。这些全方位、立体性地记录消费者的数据，被称为“用户画像”。

（二）画像构建的研究

随着大数据时代的到来和信息技术的发展，用户画像逐步成为热点，用户画像的构建被学术界广泛研究，并且将研究成果应用到各个领域之中。其中在社交领域，以 An J等人为例，设计了一种基于社交媒体实时数据的自动分析方法，实现了实时创建用户画像。在商业领域，Teixeira C等提出了一种定量的、自下而上的数据生成方式来刻画用户画像，以便能够更精准地反馈用户在产品的使用过程之中的实际工作流程。刘海鸥等人提出以4C理论为基础构建“用户画像”数据库，通过数据挖掘来达到对消费群体进行细分的目的，能够准确地定位消费者群体的需求。王益成等人将用户的期望偏好数据和用户行为日志数据作为描述科技情报用户画像的重要数据来源。

综合以上研究，本文将用户画像引入到企业竞争领域之中，探索在海量数据下的用户偏好，解决企业针对用户信息不足造成的问题，并融合自然语言处理、数据挖掘等现代高新技术实现深层次的情报分析与获取，提高企业的抗风险能力和预警能力。

三、用户画像在企业竞争中的可行性分析

用户画像的可行性表现在企业竞争中，针对竞争对手的用户画像，综合竞争环境与方法等多种要素，达到掌握竞争对手策略为目标，发挥自身的竞争优势。本文主要从以下三个方面分析其可行性。

（一）从理论意义层面分析用户画像的可行性

用户画像能直接反映出对手的用户基本属性，而具有竞争关系的企业之间的用户画像信息需求和画像理解存在一定的相似性。因此，掌握竞争对手的用户画像对本企业在竞争领域取得优势具有非常重要的理论意义。用户画像来源于用户数据，其中用户的基本信息、兴趣偏好、行为特点等都是重要的数据源。从竞争对手的画像中可以分析出消费者在不同条件下采取的消费行为和用户对产品的满意程度等，通过对手的用户画像可以清晰地了解其用户市场选择、目标定位、客户等战略，而针对具有竞争关系的领域选择相应的办法。

（二）从实践获取层面分析用户画像的可行性

在Web2.0时代，用户的信息分散于互联网的每一个角落之中，如论坛、微博、问答平台等，从实践层面看，以合法合理的手段获取用户的公开信息进行分析是可行的。以电子商务平台为例，绝大多数用户的购买记录、产品评论都公开地反映在评论区之中供参考，同时购物问答区中也能体现既定消费者和潜在消费者的互动以及其关注产品的重点，并且可以对每个用户进行细粒度分析，从其用户主页寻找更多细节和内容。

（三）从技术层面分析用户画像的可行性

从杂乱无章的用户数据中不能反应出用户真正的偏好和习惯，因此要结合浅层的文本挖掘办法以及深入加工手段，综合处理其用户数据，使用

分类、聚类以及引入情感词典等方法，对数据进行快速、合理的整合。此外，从技术层面角度分析，利用数据挖掘技术从对手的用户画像中分析对手与其目标客户之间的关系，通过企业对手画像可以分辨出哪些用户是显性消费者，哪些用户是潜在消费者以及他们的需求，从而进一步针对竞争对手的潜在消费者的画像进行分析，使企业针对目标群体进行相应的策略制定，将竞争对手的潜在客户转化为自身的用户。

四、面向竞争对手分析的用户画像应用模型构建

企业之间的竞争存在于各个方面，用户画像的构建也是基于企业发展所处的不同阶段需要获得不同的用户信息源，在大数据时代，企业需要时刻关注各个领域的发展以及潜在竞争对手的动向。如果只重视分析目前企业主要的竞争对手，可能不足以应对市场变化所带来的问题。因此，根据用户画像的定义，本文根据企业客观数据，对企业竞争对手进行分析时，基于主要的及潜在的竞争对手，将与目标企业的竞争领域进行抽象和整合，形成具有普遍性的竞争对手画象，并且提出综合性的分析模型，实现将模型应用到多领域，多角度地对企业进行决策辅助。其具体流程如图1所示。

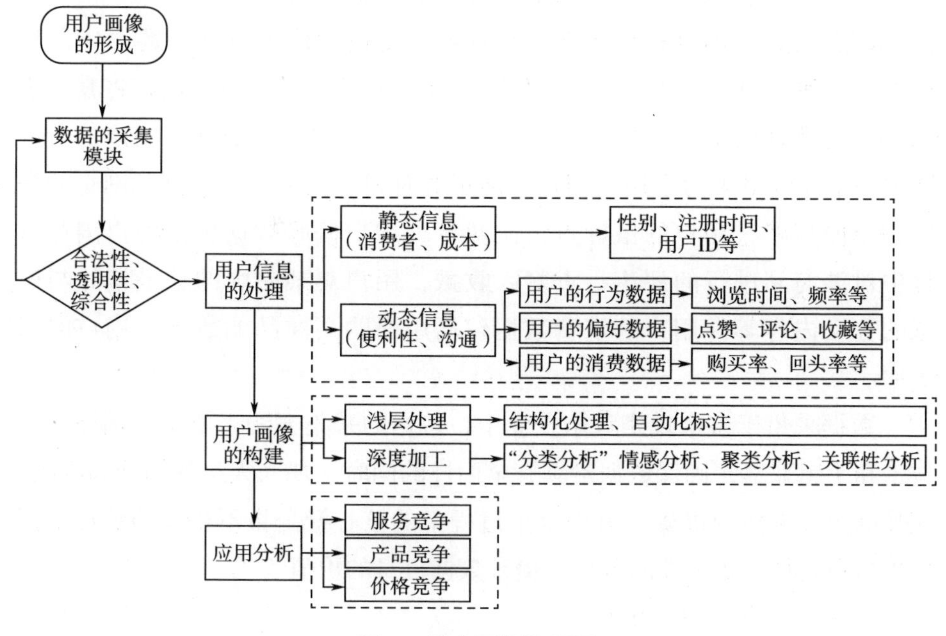

图1　用户画像流程图

（一）数据采集模块

为了客观具体地对数据进行分析，数据的来源必须具有可信度、真实性和可代表性。因此，在情报源选择上主要包括3个方面：一是被采集对象外部的合法性，即它是否在法律层面上受到约束和保护；二是被采集对象内部的透明性，即原始数据是否完全公开；三是被采集对象的综合性，即它所包含的数据是否能包括主要目标群体。这些信息主要来源于企业内部用户的使用产品情况，营销平台搜集的数据、用户的搜索历史数据以及客户服务和用户反馈评论。此外，企业外部的电子商务平台、社交媒体官方公众号以及知识问答平台门户网站和政府开放数据中都能为企业提供丰富的情报源。

（二）数据处理模块

用户画像是基于用户基本信息与场景变换的结合，根据“4C”理论中阐述的消费者、成本、便利和沟通加以细化，在构建用户画像时需根据收集和处理的数据将用户信息分为两方面：静态数据和动态数据。动态数据即在长时间内具有相对稳定性的数据，是“消费者”“成本”的体现，其主要包括用户的Id、性别、注册时间、年龄、密码、时间、收入、学历、邮箱、职业等。此类数据用于描述用户基本的信息特征。

动态信息是不具有稳定性，并且经常变化的行为信息，是“4C”理论中“便利”和“沟通”的表现形式。从企业的角度分析，可以将其分为3大类别：用户的行为数据、用户偏好数据、用户消费数据。用户的行为数据包括在网络平台中用户浏览某网页的时间、频率，用户浏览网页的深度和全面程度，用户的鼠标点击次数等。用户偏好数据包括用户浏览过程中对某商品进行的评论、点赞、收藏，用户对某品牌的喜爱偏好与商家的互动内容等。用户的消费数据包括用户购买商品的数量、用户的回头率。

数据采集于多个现实竞争企业中，数据的采集方法需要结合网络爬虫技术和手工采集，确保数据量具有全面性的同时，加入人工的筛选和判断，使数据更加聚焦及准确。其中整个过程中的核心就是将不相关的数据根据分析排列成具有相关性的数据，提升数据自身的价值。

（三）用户画像构建

数据处理模块分为初步处理和深度处理两部分。

1.浅层处理

数据的初步处理模块的主要用途是针对采集的信息，进行加工并且使用语义层面工具进行初步统计分析。首先，因为数据的来源是多样的，所以在数据结构和数据语义上很难做到统一。因此需要对所得数据进行处理，做到语义上的统一并且消除数据中的歧义信息和无效信息等，实现数据内容、语法格式和表达内容能被理解和识别。然后，利用工具进行数据加工，对HTML、XML等描述的非结构化、半结构化的文本数据进行解析，利用信息组织使得信息有序化和机构化。使用文本标注工具进行自动化的语义标注，从分析中抽取出数据与实体之间等联系。

2.深度处理

利用分类分析、情感分析、关联性分析和聚类分析的方法对数据进行深层次的加工，主要作用是利用信息处理技术对竞争情报语义元数据进行深入挖掘分析和情报知识发现。其中，在分类分析中，主要针对企业营销数据进行分析处理，构建用户消费兴趣、偏好的分类模型，并以此为基础预测未来用户的消费倾向；情感分析是将用户的评论、互动信息结合情感词典进行语义分析，得到用户对不同产品的情感态度、价值取向等，为企业提高用户忠诚度和提升产品附加值提供数据支持；关联性分析方法即从数据分析中，利用产品的性质或特定正相关的产品增加营销量，对于负相关的产品组合加以规避；聚类方法是将具有相同特征的产品、用户群体加以综合，主要对集体用户进行具有普遍性的分析。

主要信息挖掘、处理技术的发展为企业竞争分析的发展提供了全新的技术支持，使得企业从用户出发并且获得情报的方式成为了现实。重点在语义层面利用人工智能、机器学习、智能信息处理等关键技术，深层次地提升企业对信息的处理水平，从而使企业获得准确的、具有综合性的信息。

五、用户画像在企业竞争对手中的应用分析

企业目前所处的竞争环境是十分严峻和恶劣的，移动电子商务的发展使企业面临的问题变化无常，同时客户层面的争夺十分激烈，竞争方式也逐步向多元化发展。企业的根本目的是赢利，综合以上因素，企业竞争层面主要锁定在影响赢利能力的以下3个方面：服务竞争、产品竞争和价格竞争。对竞争对手的用户画像分析可以帮助企业在竞争中取得一定的优势。

（一）服务竞争方面

服务竞争的价值体现在用户画像能够进行精准的客户定位。企业通过对对手目标群体的画像分析，根据用户的行为特征数据为用户依据需求导向加以标签化的说明，设计差异化的服务以及产品，最后通过数据的反馈不断修正用户画像，从而订正自身的竞争方案。精准的用户定位终结了长久以来“千人一面”的营销策略，通过对不同用户的画像分析，更能得到“千人千面”的结果，这样为精准吸收新的用户、投放商品、推送关联品广告和个性化服务有着非常重要的指导作用。

（二）产品竞争方面

竞争对手的用户画像是该企业产品特征的缩影之一，如一些电子产品的用户画像中往往包括以科技为主导的高新技术的特点，而用户的画像也倾向于“科技爱好者”“数码发烧友”等一系列标签。面对竞争对手，通过对其用户数据进行分类分析和聚类分析可以发现其用户偏好，并利用归纳的方法洞察用户画像下对手企业的产品主要特点及卖点，也就是用户所关注的产品的特性和产品竞争力的体现。在获得该类数据后即可分析其产品特性是否可参考、改进，最终达到超越，从而丰富自身产品特性，为同领域中的用户提供更多可选择的空间，以对抗对手竞争。

（三）价格竞争方面

价格是用户在选择产时必然考虑的因素之一，在对竞争对手用户画像分析中结合“价格标签”能反映出该类用户对产品售价的敏感度。比如利用关联的方法分析竞争对手产品销量和价格变动额度的相关性，从而得知对手产品价格的舒适区间，从而对自身具有同属性的商品的价格根据对手用户画像进行策略调整，可以在短时间内做到对价格敏感型用户进行吸收，从长久角度看也可以有效地进行宏观市场拉动、成本推动，从而打压竞争对手。

六、结语

在互联网时代环境下，企业之间竞争的实质就是服务和产品之间的对比，而评判者则是最终用户，因此对于企业来说构建精准的用户画像无疑是提升自身实力的关键因素之一。对于企业来说，通过用户画像构建体系，分析自身的用户画像、把握竞争对手的用户画像，在激烈的市场竞争中做到知己知彼，能够对企业自身的战略决策起到指导和预警的重要作用。

参考文献：

［1］中国互联网协会．中国互联网发展报告2020［R］．北京：电子工业出版社，2020. 王苗苗．基于数据挖掘的互联网企业用户画像分析［J］．现代经济信息，2018（10）：33–34+47.

［2］COOPER A.The Inmates Are Running the Asylum［M］.New York：Macmillan Computer Pub，1999：123–128.

［3］AMATO G，STRACCIA U. User Profile Modeling and Applications to Digital Libraries［C］.UK： Proceedings of the Third European Conference on Research and Advanced Technology for Digital Libraries，1999.

［4］余传明，田鑫，郭亚静，等．基于行为–内容融合模型的用户画像研究［J］．图书情报工作，2018，62（13）：54–63.

［5］胡媛，毛宁．基于用户画像的数字图书馆知识社区用户模型构建［J］．图书馆理论与实践，2017（04）：82–85+97.

［6］AN J，KIM N，KAN M Y，et al. Exploring Characteristics of Highly Cited Authors According to Citation Location and Content［J］.Journal of the Association for Information Science and Technology，2017，68（8），1975–1988.

［7］TEIXEIRA C，SOUSA P J，MARTINS J A.User Profiles in Organizational Environments［J］.Campus–Wide Information Systems，2015，25（25）：329–332.

［8］刘海鸥，姚苏梅，黄文娜，等．基于用户画像的图书馆大数据知识服务情境化推荐［J］．图书馆学研究，2018（24）：57–63+32.

［9］王益成，王萍，张禹．基于向量空间模型的科技情报用户画像及场景化服务推送研究［J］．现代情报，2020，40（02）：3–10+25.

［10］赵雅慧，刘芳霖，罗琳．大数据背景下的用户画像研究综述：知识体系与研究展望［J］．图书馆学研究，2019（24）：13–24.

［11］周文静．面向校园论坛用户兴趣的用户画像构建方法研究［D］．北京邮电大学硕士论文，2018.

口述档案与时代记忆构建研究

——以抗美援朝老战士口述历史采集为例

徐莹钰　姜素兰

摘　要： 口述档案，作为传承人类历史记忆的一种较为新颖的表现形式，能够在一定程度上弥补现有档案记录的不足与空白，口述档案也因此成了记录人类时代记忆当中不可或缺的一部分。自口述档案工作开展以来，口述档案便以其带感情色彩的讲述和影音化的记录，自下而上地为社会历史的研究提供了新的思路，受到了多方学者的关注。本篇以抗美援朝战争为背景，以抗美援朝老战士的口述历史采集为例，记录了口述档案采集工作中的一些经验和做法，阐述了口述档案参与时代记忆构建的现实意义。

关键词： 口述档案；抗美援朝；时代记忆

一、引言

国家档案局在颁布的《全国档案事业发展“十三五”规划纲要》中曾特别提到，“鼓励开展口述历史档案、国家记忆和城市（乡村）记忆工程、非物质文化遗产建档等工作”。时至抗美援朝70周年之际，习近平总书记在纪念抗美援朝出国作战70周年大会上表示：“抗美援朝精神跨越时空、历久弥新，必须永续传承，世代发扬。”2020年11月，笔者有幸参与抗美援朝老战士的口述采访工作，从这些曾经奔赴在战场一线的战士口中了解到这段不平凡的岁月，感触颇深。这篇文章从口述档案研究者的角度和立场出发，以采访抗美援朝战争参与者过程中的所见所闻、所听所感为基础，对口述档案作为一种个人、社会甚至这个时代记忆的凝聚体在时代记忆构建中的

徐莹钰（1997—　），女，河南南阳人，北京联合大学硕士研究生，研究方向为档案现代化管理；姜素兰（1966—　），女，辽宁海城人，北京联合大学教授，硕士生导师，研究方向为口述档案，E-mail： sulan@buu.edu.cn，本文通讯作者。

意义进行分析研究与阐述。

二、口述档案的概念

一直以来国内学者在对“口述档案”这一名词的表述中存在很大的分歧，大体上有口述历史、口述史料、口述资料、口头证据、活历史、活资料等称呼。对于口述史料的历史，有学者认为早在春秋战国时期就有人使用了，例如司马迁，他曾在撰修《史记》的过程中便已经采集、分析和使用了部分口述史料。

关于口述档案的概念，1984年，在国际档案理事会出版的《档案术语词典》中最先对其做了界定，将口述档案定义为：“为研究利用而对个人进行有计划采访的结果，通常为录音或录音的逐字记录形式。”

也有一部分学者从档案的概念出发，认为口述档案是国家机构、社会组织以及个人从事政治、经济、军事、科技、文教等活动直接形成的，具有保存价值的，由事件当事人或事件亲历者口述的，以标准方法采集的各种文字、声像形式的历史记录。

综合来说，口述档案就是一种通过口述访谈的形式来挖掘口述者对过去某些事情的记忆，从而发现事情真相，用以填补历史空白、还原历史面貌的一种方法。

三、口述档案的特点

口述档案作为现代档案资源体系中重要的一脉，是通过事件相关者的口述或转述其所见、所闻、所感，表达出事件过程的一种特殊记录形式。因此与其他纸质档案相比，口述档案很具特殊色彩，有其独有的特点。大致有以下这些特点。

（一）多元性

从微观层面来讲，口述档案只是口述史或者口头文化传说的一种调查结果，它的表现形式十分丰富，通常表现为录音、录像及其解释说明的文字稿件等；从宏观层面来讲，口述档案的表现形式还包含新闻采访、会议录音、广播电视、演讲、辩论等一切有保存价值的记录。尤其在信息量巨大的现代社会，口述档案的来源更加广泛，因此口述档案研究者一定要学会鉴别信息的价值，查找利用有价值的口述资源。

（二）心源性

由于口述者是通过回忆来描述过去事情的发展过程，口述者在描述的时候与事件真实发生的时间之间存在着一定的时间差。由于时间的逝去和个人人生经验的积累，可能口述者的心境、看待事情的态度就会发生改变。然而口述者在对记忆中的事件进行口述描述时，是以口述者现在的视角表达以前发生的故事，因此对事件所表达的态度与自己在事件真实发生时的感受有很大可能会存在不同，所以说口述档案具有一定的心源性。

（三）佐证性

古代中国处于皇权专制的大环境下，官方的档案记录一定是掌握在掌权者的手中，因此对这些历史的档案记录不一定完全真实。或对于一些无从考证的传说，通过对相关人员的口述采访，能够一定程度上弥补因记录不足存在的空白，因此可以作为历史事件的一种辅助性材料，在一定程度上证明事件的真实性。

（四）主观性

口述档案资料的采集来源是基于对口述者的采访。作为有思想的人，在遇到一些较为敏感的问题时，出于自我保护的原因，受访者难免会有选择性地说自己愿意说的、对自己较为有利的信息，从而忽略或者隐藏一些自己不愿说出的、对自己不利的信息。

此外由于不同的人在知识水平、认知能力、分析事情的角度、语言表达等方面的不同，人们在表达自己对事物看法的时候总是存在差异。因此口述档案会带有很强的主观性和个人色彩，这是口述档案的一个十分明显的特征。

（五）个体性

口述档案是从个人出发，记录的是个体的所见所闻、所听所感，是属于个人的经历。个人作为社会相对独立的一员，可作为历史记录的补充者。从总体大环境来看，个人记忆与整体历史大环境的记录是相符的。但由于个人只属于大环境中的一小部分，他的认识角度和历史大事件的记录角度不可避免地存在一定的差距。此外即便是同一事件中不同参与者的感受也不尽相同，我们应当辩证性地看待，不能忽略任何一方记录历史的真实可靠性。

四、口述档案的实践过程

本次关于口述档案的实践过程，我们将其分为以下几个步骤。具体工作流程如图1所示。

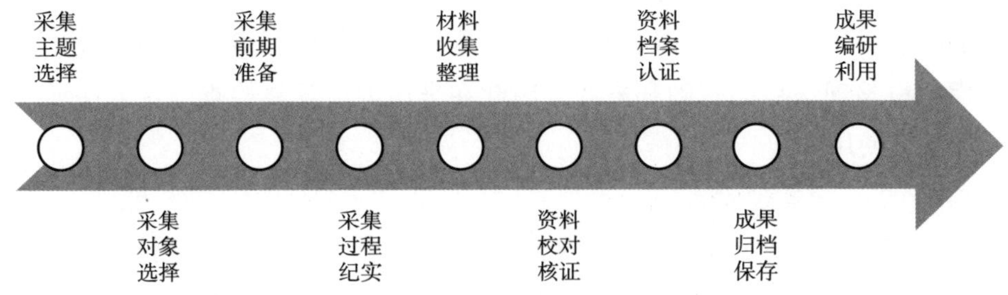

图1　口述档案实践过程的工作流程图

（一）采集主题选择

采访主题的选择是口述档案工作的第一步，主题的选择应该从是否能为社会公众利用、是否具有保存研究价值出发，满足口述档案作为档案的实用价值和凭证价值。因此在抗美援朝口述采访中，我们选取的都是抗美援朝期间真实入朝参战的战士们，通过他们在战场上的所见所闻、所听所感，了解抗美援朝那段不平凡的峥嵘岁月。

（二）采集对象选择

在口述档案收集的工作中，为了能够充分反映事件的完整性，所选取的采访对象一定要具有代表性和真实性。本次口述档案采集活动的采访对象为一批平均年龄已超过87岁的老战士，都曾参与过抗美援朝战争。他们隶属于不同的兵种，在抗美援朝战争中担任不同的职能，其中包含有炮兵、标图员、战地司机、文工团、教导员等。对于采访对象的选择体现了抗美援朝时期战士职务上的均衡，同时采访对象男女均有，有助于从各个层面提供线索，能够收集较为全面的信息。

口述档案工作中采访对象的选择，一定要综合考虑，尽量选取具有代表性和有社会影响力的人物，这样才能保障最后所得口述档案的完整性和可借鉴性，口述档案才具有保存价值。

（三）采集前期准备

采访工作开始前的准备工作是采集工作能否顺利完成的重要保障。其中包括采访提纲的准备、采访人员的安排以及仪器设备的准备三方面。虽然口述档案采集的事件背景是相同的，但因为每个人的身份、经历等都不同，采访提纲应该具有灵活性，不能千篇一律。应该从采访者的角度出发，善于发现口述者的个人特点，从不同方面切入准备提纲，从而挖掘最有价值的故事。人员准备方面应提前做好规划，分配好工作任务，避免采访进行的时候手忙脚乱。此外仪器设备是口述档案工作中不可或缺的部分，是后期材料整理保存的基础和来源，因此在采访前应反复检查确认，保证仪器能正常使用。

（四）采集过程纪实

在与口述者约定好的时间准时到达指定场所，提前整理、收拾好采访地点周围环境是口述档案工作者的基本素养。我们在进行抗美援朝口述采访具体工作时，采访者负责根据提纲进行引导性提问，负责现场记录的人员做好视频、音频的拍摄，此外还有场务随时为口述者、采访者、摄像等人服务。

在整个过程中，采访者应当时刻注意口述者的情绪，时刻保持虔诚、尊重，让口述者感到舒适与安全，防止因为口述者情绪波动造成的突发事件。同时采访者应该善于应变，以采访提纲为主但不局限于提纲上的内容，要善于引导，善于从口述者提到的问题中发现并挖掘有价值的信息。

（五）材料收集整理

在收集到口述采访的视频、音频等资料之后，需要对其进行数字化和纸质化处理。

对采集到的视频、音频材料需要进行及时整理保存，然后使用合适的载体进行刻录归档。在这个过程中要注意载体的选择，目前常用的有光盘、微缩胶片等，选取的材料应当尽量稳定安全且易于读取，同时应注意备份。此外，还需要将采访的内容书面化，将视频、音频内容转化为纸质文件。在转化为文字的过程中需要注意的是，一定要秉持真实完整原则，做到实事求是，不能随意篡改口述者的意思。在整理的过程中，为使语句通顺，可以去除重复部分，但不能掺杂资料整理者的个人情感。如果有口述者口齿不清或因环境问题造成的视频、音频信息不完整的情况，必须联系口述者进行证实，不能主观臆断。

（六）资料校对核证

为保证口述材料整理内容的精确性，需要对整理好的视频、音频以及纸质材料进行校对核证。

对于纸质材料，要注意内容的完整连贯，注意文字规范。对于音视频，要注意视频内容的质量，有字幕的话需要保证字幕内容的准确性。因此整理所得的成品首先要交由相关人员进行审理查证，判断在整理的过程中是否存在重大失误。之后可以进一步交由口述者进行二次确认，避免在整理过程中由于理解偏差而造成的口述档案材料的失误甚至失真。

（七）资料档案认证

一直以来，口述档案因为其特殊的形成方式，一直面临着学者对其“真实性”的质疑。因此，在实际口述档案实践工作中，存在一项口述材料与历史档案之间以及口述材料之间的一个相互证实、相互认证的过程。在实际操作中，口述历史材料要想成为口述档案，具有档案的价值，所有的口述材料在收集整理齐全之后，会送到相关部门进行认证核实，通过认证才能成为口述档案，才能发挥口述档案的作用与价值。

（八）成果归档保存

口述档案的最终成果，应由口述者和承办方共同享有。但是在口述档案工作开展前期，收集单位就应当与口述者协商好版权问题。口述档案收集单位应当充分尊重口述者的权利，对于口述者提出的合理要求应当尽量满足，避免与口述者产生版权纠纷。

此外在对口述档案相关资料进行归档保存的时候，对形成的纸质档案应当及时分门别类，按照行业规范的要求整理然后进行归档保存；对于一些电子文件、音视频等电子产品，在保存的时候应当注意保存载体的选择以及电子文件备份等问题，应从各个方面充分考虑，以保证口述档案的安全问题。

（九）成果编研利用

除了保护即将消失的声音，保存珍贵的历史文化、民俗习惯、社会记忆等作用，将口述档案进行最大程度的价值利用同样也是口述档案采集工作的一个重要目的。这就要求档案部门充分利用各方渠道对口述档案成果进行大力宣传，积极向公众展示口述档案中能够向公众展示的内容，引导公众发现蕴藏在口述档案中的珍贵记忆。

五、口述档案参与时代记忆构建的实践意义

首先，口述档案作为档案的一部分，是一条纽带，用以连接过去、现

在和未来，在一定程度上能够发现事情真相、填补历史空白。

其次，传统意义上的档案往往记载的是官方的记忆，主要的服务对象为统治阶级，所构建的更多的是主流群体的记忆，是不够完整的社会记忆，不能全面体现当时的社会情况。口述档案则通过普通人的视角，对社会现象进行阐述，往往更加生动具体，更加符合真实情况，比较贴合大多数人的生活。因此口述档案也是时代记忆、社会记忆的重要补充。

最后，口述档案对人们思想境界的提升也有重要意义，是进行爱国主义教育的最为真实的材料。以抗美援朝老战士口述档案为例，最终的口述档案移交给相关部门之后，相关部门将其作为珍贵的抗美援朝档案进行保存。这些口述档案资料都将成为考察20世纪50年代抗美援朝历史的珍贵资料，这是对抗美援朝最为真实的记录，是那个时代最为真实的展示，是时代记忆的一部分，是永远无法被抹去的珍贵历史记忆，是那个时代的一份有力代言。

据相关资料显示，在抗美援朝战争中，中国志愿军牺牲人数高达19万，南北朝鲜牺牲人数达60余万，以美国为主的16国联合国军牺牲人数也有数万。这场战役的牺牲人数总计高达80多万，这是惨痛的血的教训，给予后世以警醒作用。通过这段口述档案的采集，一方面有益于收集关于抗美援朝战争的极其珍贵的资料资源，丰富抗美援朝时代记忆的构建，用更加生动形象的方式向我们展示了那个时代的真实战争情况，有助于我们了解那个时代的记忆。另一方面通过对这些口述档案进行多角度、多方位的宣传展示，可以向人们展示抗美援朝战士们的勇敢无畏和爱国热情，增强国人对国家的认同感和荣誉感，同时也有利于青少年了解真实历史，是对青少年进行很好的爱国主义教育的题材，有益于增加青少年的爱国热情，进一步发扬敢于为国献身、无私奉献的崇高精神品质。

参考文献：

[1] 刘慧鑫. 口述档案参与社会记忆建构的实践探索——以河北援鄂医疗队抗疫口述档案采集为例 [J]. 档案天地，2020（08）：54–56.

[2] 华林，杜仕若，邱雨辉. 基于抗战记忆传承的南侨机工档案资源体系化建设研究 [J]. 北京档案，2020（07）：11–14.

[3] 聂勇浩，李若欣.基于都柏林核心元素集的口述档案元数据方案[J].档案学研究，2020(03)：129-136.

[4] 黄霄羽，何雅妮.社群口述档案对成员身份认同的作用表现[J].北京档案，2020(04)：4-8.

[5] 王涧洋.口述档案参与社会记忆的探索与实践[J].城建档案，2019(12)：97-98.

[6] 可新方.口述档案的价值分析[J].办公室业务，2019(21)：92+94.

知识管理背景下档案知识门户服务的价值实现*

朱羚歌　谢永宪

摘　要：知识服务是档案资源开发利用的大趋势，通过分析知识管理的相关基本概念和档案知识服务的相关研究趋势，着眼于档案知识门户服务的价值实现，对档案业务流程在知识管理系统中的应用现状进行分析，根据所涉及到的相关问题，探讨并提出了与之相应的优化对策。

关键词：知识管理；档案；知识服务；档案业务流程

一、知识管理的相关情况

（一）知识管理的基本概念

到现在为止，对知识管理并没有一个统一的定义，不一样的机构和研究人员对知识管理有着不同的见解，美国生产力和质量中心（APQC）、维格（K. Wiig）、艾莉（Verna Allee）、卡尔-爱立克·斯威比（Karl-Erik Sveiby）、David J. Skyme、达文波特（Thomas H. Davenport）和阿德尔松（Addleson，2000）等分别对知识管理有着各自的认识和理解。

根据以上机构和学者对知识管理的不同定义，下文归纳并总结了知识管理的不同观点。

1.对“知识”的管理与基于知识的管理

对“知识”的管理由人员、方法和技术、知识与知识过程组成，其中，三者的结合是有效利用信息技术和合理组织与利用知识资源，从而形成以知识为基础的组织管理变革，其中分为学习型组织、知识联网、基于知识的企业等。

*　本文为北京市教育委员会社科计划一般项目“大数据环境下高校数字档案馆信息服务模式研究”（SM201811417004）阶段性研究成果。

朱羚歌（1997—　），女，辽宁锦州人，北京联合大学应用文理学院图书情报专业2019级在读硕士研究生；谢永宪，本文通讯作者。

2.对知识内容的管理与对知识过程的管理

首先是对知识内容的管理。相对来说更加侧重于对知识内容的管理，若从人文、社会与经济管理的角度来看，是一种基于知识组织理论而进行的对“知识资本”的管理；从信息技术或者人工智能的方向来看，包括了数据挖掘技术和搜索引擎等。其次是对知识过程的管理。从信息技术或人工智能的角度来看，与知识相关的过程管理可以分为小组支持系统和工作流系统等。从人文、社会和经济管理的角度来看，它可以分为学习型组织“第五代管理”“知识创造型企业”等。

3.知识管理基于信息、技术和文化的不同观点与功能

对于基于信息、技术和文化的视角，其观点和应具备的功能有一定的区别和联系。首先，基于信息的观点视角可分为易于访问的信息、可执行信息、数据的排序与整理、过滤信息、人员信息档案、企业业务黄页、过滤信息等。其外部职能包括客户信息、市场信息和竞争信息；内部的职能包括企业业务成本、人力资源信息、产品信息、财务信息和服务信息。其次，基于技术的观点包括智能系统、执行信息系统、多媒体、数据仓储化、专家系统、数据挖掘、局域网、智能型代理和搜索引擎等。应该具备的功能包括整合的数据库、快速检索、更宽的频带、智能代理、浏览工具、现有系统的互操作性和全球性基础设施。再次，基于文化的观点包括集体学习、后续学习、学习型组织和知识产权开发等。其功能有团队工作、实用的指导原则和知识共享。

知识管理是一系列过程，即发现、挖掘、管理、利用分散于工作单位的智慧资产价值（隐性知识）的过程，这个过程会导致创新、知识创造和组织的核心竞争力的补充（replenishment of the organization’s core competency）。

组织从企业应用的角度来讲是知识管理的研究对象，与组织的各个方面都息息相关，无论是组织内部还是组织外部的知识都与知识管理有关；知识管理的重点，不仅是“管理”，还包括“利用”，知识管理的目的就是用来提高知识组织创造价值的能力。

总体而言，知识管理是包括知识管理和知识应用管理的一种确定、收集、传播和共享组织知识的活动，它通过创建、获取和利用知识来增强组织的创新能力和核心竞争力，包括知识管理和知识活动管理。

（二）进行知识管理的原因

首先，相比于以往的经济时代，无形的资产往往比有形的资产显得更为重要（Stewart，1997；Edvinsson and Malone，1999），知识是新经济中最重要的生产因素之一。其次，随着高新技术的发展和知识密集型产业的出现和快速增长，人们更加关注并认识到知识的重要性。再次，随着知识的密度在业务板块中不断地增长，企业效率所遇到的阻碍已经成功地从原来有形的、可涉及的板块不断向有更高要求的知识和技术的知识密集型板块推进，知识资源管理的地位不断增长。最后，各企业在信息管理、技术及人工智能应用等相关方面所取得的发展使采用新的知识管理方法不再是设想。总的来说，知识管理的提出源于以下几个原因：

（1）随着市场竞争力的不断增加，创新速度也随之不断加快，尤其重要的是要加快自主创新；

（2）人员的减少要用正式知识代替非正式知识；

（3）用经验获得知识的时间量减少；

（4）人员流动导致知识的流失；

（5）管理复杂性增加；

（6）战略方向的变化会造成一部分特定领域中的特定知识丢失。

在新的知识经济时代，一些互联网公司、独角兽公司发展的速度更快，比如腾讯、百度、滴滴、小米等。因此财富的聚集速度不断加快。由微软公司的知识管理过程可以看出，认知的提高、成本的下降、交期缩短、效率提高、服务提高和研发创新力的提高加在一起，便等于竞争力的提高。

总而言之，知识管理就是通过人和技术的充分结合，使之在分享的文化下，将组织内部和组织外部的所有知识进行系统化的沉淀、共享、应用和创新，从而提升组织的核心竞争力。知识管理的核心是创造价值。

（三）组织的知识管理与知识服务

1.知识管理的实质

从图1可以看出，知识管理就是由信息管理衍生出的深化与发展，它的核心在于知识集成、知识挖掘和知识处理。所以，知识管理不是简单地管理知识，而是以能力为导向，在寻求知识解决问题的过程中塑造自己的能力，去打造自己的体系和方法论。

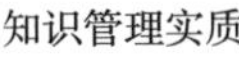

图 1　知识管理实质

2.组织知识管理与服务的实现

可分别从显性知识管理和隐形知识管理两方面来实现组织知识管理。

所谓的显性知识，是指可以通过正常的语言文字方式进行表达、传播和共享的知识。它是以编码的形式存在于信息载体之上，要想把外部的信息转化为现实生产力，就必须转化为生产者和管理者的知识。这其中的转化过程便是信息与人的认识能力互相结合的过程。要想在这类知识竞争中做出最好的决策，就必须比竞争对手获取到更为全面的信息，同时更加快速地深入分析和推理相关信息，不断创造出新的知识来满足决策者的需求，使他们做出最好的决策。

所谓的隐性知识，往往是个人或组织通过长期积累个人经验所获得的知识，特点是高度个性化、难以格式化并且较难用语言进行表达和传播，所以不容易为他人所理解和掌握，因而在传播过程中有着不小的难度。要实现档案知识服务的可持续性发展，就要求组织创新形式从个别向系列发展，并充分挖掘出专家甚至全体成员的潜能。在创建档案知识服务过程中，应有效挖掘和管理隐性知识，使组织可从中提取到层次更深的知识单元，将隐含的、不易被掌握的知识内容进行重组，从中创造出新的知识。

二、档案知识服务研究热点

（一）档案知识服务基础理论

档案知识服务可以理解为知识服务在档案领域的应用。在此过程中，档案文件工作者积极发挥其主观能动性，基于档案文件资源，围绕用户需求，运用现代的各种信息技术，加工数字档案信息，通过对显性知识资源和隐性知识资源进行加工整合与提炼发掘来对知识进行转化并使知识增值，这样便可以解决用户在知识方面的问题。相关研究还涉及知识库的构建、档案部门开展知识服务的设计、建设战略、机制、服务模式和评价等。

（二）档案数据资源整合

档案知识服务的重要目标和重要寻求方法是广泛整合档案文件数据资源、提炼发掘隐性知识。研究者从不同的方面探讨了这个问题。如薛匡勇教授在探究国家文件资源建设问题的同时，越来越多的研究将着眼于利用信息技术解决数据的异源、异种以及整合等相关问题，如统一的元数据标准、档案文件组织方法、馆间数据共享、档案文件数据整合、档案文件信息整合与利用等，包括理论和微观两个层面的应用。

（三）档案资源知识组织

档案资源的信息开发有很多的影响因素，以知识服务目标为中心，以档案资源知识组织为最核心的一个环节，很多跨学科领域都在对这个研究主题进行深度研究。例如，在图书情报领域探索了知识服务平台的建设、相关关联数据、个性化知识服务、知识组织等内容。在档案领域研究电子文件、档案利用、网络信息归档等，在计算机科学领域研究大数据捕获、细粒化开发、数据挖掘、知识地图、知识发现等，在信息安全领域研究身份认证、数据的长期保存等，这些都属于档案信息资源知识组织的范畴。

（四）档案知识服务建设

即使现在看来实践成果很少，但很多领域已经开始逐步探索，随着信息化建设的发展，军队的“军档工程”已经逐步开始有提高服务水平的意识；青岛档案馆已经成立了历史档案知识库，并面向党政机构和社会构建了公共服务平台，使青岛市档案资源开发从信息服务水平进入到了知识服务水平的新层次。还有其他重要的突破和发展，比如知识库构建的方法和实践、航空科技档案的知识服务实践、知识档案馆建设、政务资源整合和服务、社交媒体在知识服务中的应用等。

三、档案业务流程优化

（一）优化档案业务流程管理理念

随着物联网、云计算等信息技术在档案管理领域的应用中档案管理的形态、内容和方式方法，都发生了巨大的变化。因此，相关档案工作人员应及时更新传统的档案业务流程管理理念，确保可以做到吐故纳新、除旧布新、与时俱新。

1.更新档案管理理念

大多数档案管理系统由于受到传统思维定式的影响，到目前为止仍旧通过现代信息技术来模拟传统档案管理的业务服务流程。各个档案局（馆）内部的管理系统与其档案管理服务业务大多是相互独立而存在的，与传统的档案业务流程并没有形成绝对的最优匹配，仍然没有改变对文件质量控制的忽视，没有实现档案管理效率和质量的明显提升。由此可见，有必要在原档案管理理念的基础上进行更新，从而形成一个全新的档案管理理念。

2.熟悉实施管理先进方法

若想优化档案业务流程，需将档案学、情报学、管理学中所需的方法和理论熟练应用于档案局馆档案管理当中去，从而提升档案管理效率。比如马太效应、全面质量管理理论、知识管理、文件生命周期理论、流程管理理论等。

（二）将优化付诸实践

针对各个档案局（馆）的管理现状，加快档案管理流程优化的研究进程，重视业务流程的优化，从相关部门的整体出发来对整个档案流程进行优化，并将被优化后的档案业务流程要求和规定严格落实到具体的档案管理工作实践中。重视对档案局馆工作人员的业务培训，务必熟练掌握优化后的档案业务流程要求和规定，加强档案基础设施的建设投入，使相关部门及其工作人员贯彻落实档案业务流程的优化，并将此项加入考核绩效中去。

（三）优化档案管理业务流程的内容

传统的档案工作业务流程分为档案收集、档案整理、档案保管、档案统计、档案编研、档案检出、提供利用、鉴定销毁等环节。

1.构建档案集成管理机制

积极利用现阶段现代信息网络技术，建成整体管理系统和各业务科室的子系统，使档案管理业务和其他相关业务功能得到同步的强化，并对整个业务流程进行协调和监管，优化整个档案业务流程，通过档案集成管理机制健全档案业务流程全过程。

2.优化各部门档案前期控制

根据《档案法》等相关法律的要求而建立档案管理系统，建立电子文件收集、整理、储存和传递等标准。档案工作者应积极参与建立与控制，对各个部门进行深入了解，明确各个部门的职责、电子文件归档限制和保管期限。

（四）档案知识门户服务的价值实现

知识门户是一种支持知识获取、收集和储存的网络门户程序。档案知识门户就是知识门户与档案管理实践的链接、集合。档案知识门户作为一种应用平台，它的出现是为了满足档案信息化需求，围绕档案部门内部和外部异构资源与服务整理，同时加入了新要素的知识收集、变化、创新和导航的方式。它的存在有利于获取知识管理窗口，以及用个性化获取方式为用户提供共同知识成果，并使得二者可以同时进行。使知识收集、分享与变革的目的得到实现。综上所述，我国档案信息化服务找到突破口的最适合的方案就是建立档案知识门户。

知识管理与档案知识门户服务的实现以档案用户的知识需求为导向，围绕档案用户所需要的信息内容来对相关知识进行更深层次的特征化表述，从信息库的基础内容中提炼并实现交互知识服务。

图2是基于业务过程的知识门户服务价值实现。如图2所示，档案知识服务业务流程主要包括三个部分：档案知识输入、提升业务处理效能和实现服务增值（档案知识输出）。其中，档案业务流程可以顺利进行的重要保障是档案知识输入；提升业务处理效能具体是指流程是如何展开的，也可以看作是一个合理调配更重视输入知识的过程，具体是指输入档案知识的时间、地点、方式，从而更好地为业务用户提供相应的服务；实现服务增值则是将经过整个业务流程处理结束后的结果体现出来的过程，这些处理结果一方面可以直接面向各个组织成员、客户或合作伙伴等，另一方面依然可以作为下一项档案业务流程循环的知识输入，以确保其他的业务流程可以更加顺利地进行。

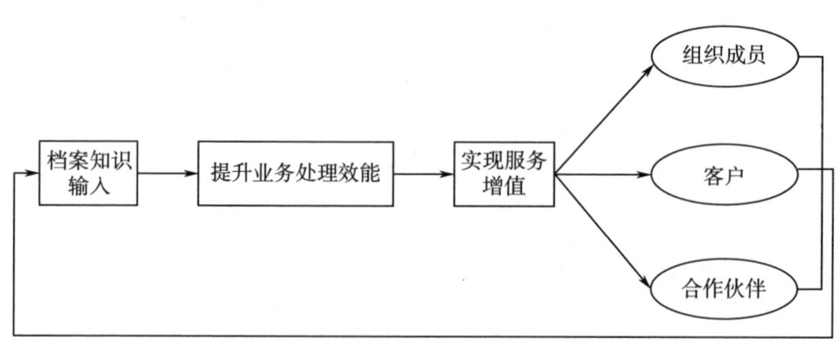

图 2　基于业务过程的知识门户服务价值实现

参考文献：

[1] 孙舒雅．基于项目的知识管理系统的设计与实现［D］．电子科技大学硕士论文，2011.

[2] 丁瑨．复杂知识网络的结构特征对知识流动的影响［D］．上海交通大学硕士论文，2009.

[3] 张明宝．应用于制造联盟使能技术的 XML 规范研究［J］．信息技术与标准化，2007（Z1）：58−62.

[4] 陈志根．对知识管理的几点认识［J］．太原科技，2002（06）：10−11.

[5] 奉继承．知识转化业务流程的模型体系与运营方法研究［D］．天津大学博士论文，2007.

[6] 史宏伟．基层政府实施知识管理的策略［J］．哈尔滨市委党校学报，2012（06）：70−73.

[7] 韩晓东，李向阳．浅析图书馆知识资源与知识管理［J］．科技情报开发与经济，2008（06）：23−24.

[8] 黄永勤，黄雪梅，齐俊景．国内外档案知识服务研究述评［J］．山西档案，2019（04）：5−9.

[9] 赵春胜，郝军，李瑞强，陈俊杰．关于内蒙古自治区环境信息化“十三五”规划的思考［J］．环境与发展，2015，27（04）：5−8+4.

[10] 王宝茹．试析我国档案信息化服务中的档案知识门户构建问题［J］．黑龙江档案，2013（01）：34.

试论全宗理论在我国的四个发展阶段

辛文琪　王巧玲

摘　要：在总结前人研究成果的基础上，将全宗理论在我国的发展历程划分为初步萌芽时期、学习借鉴时期、中国化时期与探索创新时期四个阶段，并对每个阶段的发展背景、研究进展和内容特点进行了梳理和总结，以期为档案学理论研究者和档案工作者全面深入了解全宗理论提供帮助。

关键词：全宗理论；来源原则；发展阶段

一、引言

全宗理论是我国档案学中的一个重要的理论思想，该理论起初由法国的来源原则发展而来。1841年，法国发布了《关于各部和各地区档案整理与分类的指示》，首次提出“尊重全宗原则”，即：来源于一个机构的全部文件组成一个全宗。不过，根据该原则，全宗内的档案分类仍按照图书馆学理论的主题方法进行。1881年，德国借鉴该原则，提出了“登记室原则”，即：移交进档案馆的每个机关的档案，都要完全保留其在原机关登记室的顺序，以体现档案的形成过程和有机联系。这一原则的提出标志着国外全宗理论的正式形成。1898年出版的《荷兰手册》又在此基础上提出了“全宗应独立保存、同一全宗不得分散，不同全宗不得混淆”的思想。该书的广泛传播，使相关理论和思想的影响范围扩展至全世界。

基于历史原因，我国的档案学研究兴起于20世纪的二三十年代，全宗理论在我国的发展大致分为四个阶段：初步萌芽时期（1949年以前），学习借鉴时期（1949—1978年），中国化发展时期（1978年—20世纪90年代初），探索创新时期（20世纪90年代初至今）。

辛文琪（1997—　），女，山西大同人，北京联合大学应用文理学院图书情报专业2020级在读硕士研究生；王巧玲，本文通讯作者。

二、全宗理论在我国发展的四个阶段

（一）初步萌芽时期

萌芽时期发生在20世纪30年代到新中国成立之前。这个时期的主要特点是：虽然全宗理论的思想经国内一些档案学著作的介绍传到了中国，且获得了黄彝仲等少数学者的认同，但总的来说，全宗理论没有引起我国档案学界和实践界的重视。究其原因，主要有两个方面：一是当时我国档案工作主体主要为机关档案室，受工作主体的影响，有关档案的研究主要围绕机关档案室展开；二是档案学研究在兴起之初受图书馆学理论影响颇深，档案专业教育也是首先诞生于图书馆专科学校，因此，档案的分类整理更多地借鉴图书馆学的主题分类法。

（二）学习借鉴时期

学习借鉴时期大致为新中国成立至1978年期间，这一阶段的主要特点就是借鉴苏联的理论与实践，引入全宗、国家档案全宗的概念和全宗原则，并用于指导档案工作实践。

新中国成立伊始，百废待兴，我国的国家建设主要是向苏联借鉴学习，档案领域也不例外。为了发展档案教育事业，我国开始大量翻译、出版苏联的相关教材，比如1950年的《关于档案工作及文书处理的参考资料》和《苏联档案史》、1952年的《苏联档案工作理论与实践》等，其中《苏联档案工作理论与实践》一书重点阐释了全宗概念和全宗的组成部分。我国原本没有“全宗”术语，最初在翻译时就直接根据其发音将“全宗”翻译为“芬特”。直到1955年，国家档案局发布了一则通知才将“芬特”改为“全宗”。

国家档案全宗，即归国家所有、由国家统一管理的全部档案的综合。“国家档案全宗”的概念，根植于公有制经济体制。在借鉴苏联经验的基础上，1956年，我国国家档案局在其发布的《国务院关于加强国家档案工作的决定》中，根据国家档案全宗思想，提出国家档案的外延“包括中华人民共和国成立以来各机关、部队、团体、企业和事业单位的档案，中华人民共和国成立以前的革命历史档案和旧政权档案”，并确立了“集中统一地管理国家档案，维护档案的完整与安全，便于国家各项工作的利用”这一基本原则。

1959年,《荷兰手册》被翻译成中文，并引起我国档案学者的极大关注。1962年，中国人民大学历史档案系编写的《档案管理学》，在论述档案分类问题的章节中，就提到了全宗理论中的来源和不可分散原则 。此后，有越来越多的学者投入到对全宗理论的研究中来。

（三）中国化发展时期

20世纪70年代末80年代初，随着改革开放与高考制度的恢复，全宗理论在我国也开始进入一个新的历史阶段，即中国化发展时期。在这一阶段，我国档案学者立足本土实践，对全宗理论进行深入探讨，相关探讨概括起来主要包括三个方面：全宗的概念、全宗理论的实质和国家档案全宗。

首先，在全宗概念方面，一部分学者基于主体对全宗加以解释，如1980年陈兆祦主编的《档案管理学》中提到，全宗是不同主体在活动中形成的全部档案，这里的主体包括机关、企事业单位和个人，而个人特指著名人物。另一部分则是基于文件生命周期的活动过程特点对全宗做出解释，如1988—1989年期间冯惠玲、何嘉荪在《关于更新全宗概念的设想——全宗理论新探》的系列文章中指出，全宗应是在活动过程中形成的档案文件，其中特别强调了档案文件之间的密切联系性。。还有一部分则是基于数学的集合概念对全宗加以解释，如张东华认为“全宗是一定的组织或个人在社会活动中形成的相对独立的档案集合体”，在这一概念中既强调形成主体，又强调档案集合。

其次，在全宗理论的实质方面，多数学者都基于联系的观点做出解释，但学者们对这种联系出现在哪里产生了分歧。一种认为出现在档案形成的主体之间，即“来源联系说”，这种观点以冯惠玲、何嘉荪等学者为代表；另一种则是认为这种联系出现在档案内部，即“内在联系说”，而来源联系只是内在联系的一种，并非全部的联系，这种观点以倪玉麟、张关雄为代表。

最后，在国家档案全宗方面，在1987年《中华人民共和国档案法》中对国家档案外延定义为：“国家所有的档案、集体所有的档案和个人所有的档案。”昝明霞认为国家档案全宗与国家的全部档案两者大不相同，认为国家全部档案的外延大于国家档案全宗的外延。

另外，这一时期，我国档案学者还提出了“全宗群”的概念，陈兆祦、和宝荣学者认为全宗群是“存在于各个全宗和全宗内的历史联系”。

（四）探索创新时期

探索创新时期是指20世纪90年代初至今，在时代背景方面，苏联解体，我国改革开发持续稳步推进，同时信息技术飞速发展，计算机和网络日益普及。这一阶段，全宗理论在我国开始走上了基于时代发展需要的探索创新之路。

首先，在全宗的概念创新方面，在以立档单位为主体的全宗概念基础上，提出了以“立档单元”为客体的全宗概念，为专业档案或专门档案奠定了理论基础。

其次，在国家档案全宗创新方面，一方面在市场经济的背景下，出现了国家所有、集体所有和个人所有的概念，学者们将其与国家档案全宗结合思考，对国家档案全宗的定义和适用范围产生了一系列讨论。比如张辑哲在其1992年发表的一篇文章中基于非国有档案，对国家档案全宗的适用范围提出质疑。1999年，丁华东也在一篇文章中提出：国家档案全宗就是国有档案，与非国有档案全宗不同。2006年，翟素萍、黄新苏在文章中提议将集体所有和个人所有都纳入国家档案全宗的外延之中。与此同时，也有学者认为在目前的时代背景下，国家档案全宗外延无须做出改变，比如严永官认为这只是一种虚化泛指的概念，而非需要具体做出明确统计的规范概念。随后，有关国家档案全宗外延的探讨逐渐淡化了“国有”而更加强调档案的资源特性，“国家档案全宗”在理论层面转换为了“国家档案资源”，但仍旧以全宗理论为理论支撑，坚持来源和不可分散性。

最后，在新概念的创新方面，1998年，何嘉荪在《论全宗形态的异化——电子文件时代还有全宗吗》一文中创新性地提出了“概念全宗”，该概念并不是对过去全宗概念的否定，而是将实体控制状态下的全宗扩展到虚拟状态也就是智能状态中。2006年，唐振华在《档案全宗理论的发展探微》中在已有的概念全宗中基础上又引入了元数据概念，以此来反映电子文件之间和文件内部的多维联系。

三、小结

综上所述，我国的全宗理论发展大致经历了初步萌芽时期、学习借鉴时期、中国化发展时期与探索创新时期四个阶段，结合时代背景来看，阶段内理论的产生与当时的社会背景和出台的政策密不可分。学术理论的发展离不开时代背景的推动与学者的主观发掘。在电子文件时代背景下，尤其是单轨制档案文件保存成为发展趋势的背景下，如何更好地优化全宗档案理论，以指导档案工作实践是值得进一步研究的问题。

参考文献：

［1］陈勇．国外全宗理论对中国档案学的影响与发展［J］．档案与建设，2017（10）：23–26.

［2］冯惠玲，张辑哲主编．档案学概论（第二版）［M］．北京：中国人民大学出版社，2006.

［3］吕晓庆．浅谈前苏联档案工作对我国档案工作的影响［J］．黑龙江教育学院学报，2008（07）：146–147.

［4］徐拥军，蔡美波．中国对苏联全宗理论的借鉴、修正与创新［J］．档案学通讯，2016（01）：27–30.

［5］国家档案局．国务院关于加强档案工作的决定［J］．中国档案，1956（04）：1–2.

［6］车秋菊．建国以来中国全宗理论若干争议问题研究［D］．辽宁大学，2013.

［7］冯慧玲，何嘉荪．关于更新全宗概念的设想——全宗理论新探之三［J］．档案学通讯，1988（06）.

［8］芮国强．近年来全宗理论研究述评［J］．档案与建设，1993（05）：18–22.

［9］王茂跃．关于国家档案全宗概念的再思考［J］．浙江档案，2003（04）：11–12+20.

［10］昝明霞．“国家档案全宗”不等于“国家全部档案”［J］．档案与建设，1994（08）：6.

［11］陈兆祦，和宝荣．档号、全宗管理和全宗群［J］．档案，1985（05）：7–14.

［12］张辑哲．“国家档案全宗”概念质疑［J］．档案工作，1992（08）：35.

［13］丁华东．建立适应社会主义市场经济的国家档案全宗理论［J］．档案学通讯，1999（02）：3–5.

［14］翟素萍，黄新苏．关于国家档案全宗探讨之我见［J］．中国档案，2006（05）：21–23.

［15］严永官．“国家档案全宗”之我见——兼与陈永斌、杨立人同志

探讨［J］. 北京档案，2000（05）：16-18.

［16］杨洁."国家档案全宗"在我国的引入、演变与发展［J］. 兰台世界，2015（17）：8-9.

［17］何嘉荪. 论全宗形态的异化——电子文件时代还有全宗吗［J］. 档案学通讯，1998（02）：3-5.

［18］陈永斌，杨立人. 关于国家档案全宗的层次结构［J］. 北京档案，1999（11）：12-13.

［19］唐振华. 档案全宗理论的发展探微［J］. 档案天地，2006（01）：27-29.

以口述档案为载体的艺术档案管理初探

徐莹钰　姜素兰

摘　要： 2021年最新《档案法》明确提出要提高档案信息化水平的建设，为中国特色社会主义文化事业服务。艺术档案作为档案体系中重要的一项，是文化事业强有力的支撑，是最为直观的记录和保障，能够为发展我国文化产业提供借鉴和依据。口述档案是近些年来的研究热点，很多省市均有口述案例可供借鉴研究。口述档案工作的开展为档案行业提供了新的发展思路，以口述档案为载体的艺术档案管理是这次研究的重点。

关键词： 艺术档案；口述档案；归档范围

一、引言

在我国的"十四五"规划之中，对于进一步推动文化的繁荣与发展做出了明确要求。"十四五"规划指出：公共文化服务体系和文化产业体系更加健全，人民精神文化生活日益丰富，中华文化影响力进一步提升。档案行业作为文化事业强有力的支撑，也在紧跟时代发展的潮流，根据时代特征不断进行调整和完善。随着对口述档案研究的不断深入，口述档案作为新的档案形式被越来越多地用于实践之中。

二、研究意义

口述档案以一种有感情色彩的方式对事件进行描述，是对传统意义的档案的挑战和创新，增强了档案的可读性，使档案更加便于利用，体现了档案学界的与时俱进。艺术档案的完善与深入开发是弘扬优秀中国文化的需要，十分具有现实意义，受到社会各界的大力支持。以口述档案为载体的艺术档案管理是对艺术档案的创新，是利用艺术人物口述档案采集的方式获得最为完整真实的艺术档案资料，是对作者以及作品最好的说明，具有很高的研究价值和实用价值。

姜素兰，本文通讯作者。

以口述档案为载体的艺术档案管理研究，一方面，它是对艺术档案的补充，有助于丰富艺术档案的内容，也更能满足人们对艺术档案的多样化需求；另一方面，文化部门可以以采集到的口述艺术档案内容为依据，充分利用此类型的艺术档案。文化创意部门也可以依据口述艺术档案对档案内容进行文化二次创作，所创作出来的文学作品在满足人民群众日益增长的精神需求的同时，也能创造经济收益；同时对优秀艺术作品的宣传推广有助于弘扬优秀文化，增强文化自信，也有助于中国文化的输出，提高中国文化在国际上的影响力。

综上看来，目前以口述档案为载体的艺术档案管理十分具有研究价值和实用价值，相关方面的研究有待深入，需要档案部门和后续学者不断探索。

三、研究现状

（一）艺术档案相关研究

1.艺术档案概念及特点

艺术档案是在艺术创作、演出、艺术教育中以及在进行艺术社会性交流的基础上所形成的艺术文化方面的宝贵材料。艺术档案对艺术工艺及艺术作品的传承和发展都具有非常重要的作用。2001年发布的《艺术档案管理办法》中提出：艺术档案是指文化艺术单位和艺术工作者在艺术创作、艺术演出、艺术教育、艺术研究、文化交流、社会文化等文化工作和活动中形成的，对国家和社会有保存价值的各种文字、图表、声像、实物等不同形式的历史记录，是宝贵的文化遗产。

艺术档案种类十分丰富，有艺术生产档案、群众艺术档案、艺术教学档案、艺术研究档案、个人艺术档案等，各具风采，具有形式上的多样性、内容上的广泛性、管理上的特殊性。作为文化记忆载体当中重要的一种，艺术档案为集体所认同，承载了各个时期珍贵的文化记忆。艺术档案不仅是中国五千年悠久文化历史的缩影，同时也是华夏民族文化代代传承的宝贵财富，是中国特色文化的体现。发展并完善艺术档案体系的建设是文化强国现实的需求，也是未来社会发展的需求，丰富多样的艺术档案有利于提高国民的文化自信，对于中国文化事业的发展与传承有重要作用。

2.艺术档案国内外研究现状

艺术档案是专门档案中的一种，是对艺术活动的产生、发展、成熟以及结束的整个过程的真实记录，是人类文明的沉淀，因此具有很高的审美价值和人文价值。艺术档案的建设管理工作对艺术作品的保存和传播具有重大意义，是文化工作的重点，也是国家档案工作的重中之重，艺术档案体系的完善也是近些年来档案工作者收集的重点。国内关于艺术档案的研究起步于1981年。

1981年周解在《对艺术档案工作问题的探讨》一文中，首次对艺术档案工作的重要性和必要性进行了探讨;《艺术档案工作暂行办法》于1983年制定实施，暂行办法为之后的艺术档案工作提供了较为明确的指导方向，艺术档案的征集和管理都逐渐有了标准，可供艺术档案工作人员和学者借鉴；王东明在《关于艺术档案的几个问题》中对艺术档案的定义、范围以及社会作用做了一定探讨 ；1985年刘淑英在《浅谈艺术档案与文书档案的区别》一文中，首次提出并详细论述了艺术档案与文书档案的不同。

1990年之后，艺术档案引入了“管理”的概念，同一时期高校艺术档案逐渐开始产生并得以发展。1992年，宫宝勤提出“将艺术档案纳入高等艺术院校综合管理，会更好发挥它为艺术教育服务的作用”，将艺术档案纳入了高校的管理范畴；21世纪随着计算机技术的发展，其对档案行业也产生了很大的影响。随着《艺术档案管理办法》的颁布，艺术档案的开发、管理、档案内容数字化开始逐渐引起人们的关注。近些年来伴随着数字时代的发展，中国当代艺术体系逐渐有所改变，更加适应中国当代艺术发展特点的，更为开放、更弹性化的中国现代艺术档案（CMAA）已逐渐在部分地方开展，各级档案馆也逐渐开始以数据库的方式建设艺术档案。目前国内外关于艺术档案的研究正逐步与信息化技术的发展相适应，研究重点主要集中在艺术档案的管理和数字化方面，从而提高艺术档案的可利用性和使用便捷性。

美国对艺术档案的研究起步较早。1962年美国在纽约建立了林肯表演艺术中心，其成为纽约最为著名的文化机构。美国的艺术档案工作与其发达的科学技术是相互适应的，通过馆藏档案资源数字化、联机检索等新技术对艺术档案进行科学管理，不仅使艺术档案的管理更加实用高效，同时也十分具有科技色彩。但就美国而言，艺术档案工作的资金来源主要靠文化机构的自筹以及群众的捐赠，政府缺乏对艺术档案工作的统一的管理和资助。

3.艺术档案归档范围和形式

艺术档案归档范围包含在文学创作、美术、摄影、艺术表演、艺术研究、艺术教育、文化交流、个人艺术活动等艺术活动过程中形成的各种具有保存价值的艺术材料。艺术档案涉及领域繁多，常见的主要有企业文化艺术档案、校园艺术档案、民间艺术档案等。

艺术档案在形式上具有文字型（报纸、期刊、绘画、书籍等）、形象型（图片、照片等）、音像型（视频、音频等）、实物型（手工艺品、艺术创作过程中形成的实物材料等）。

（二）口述档案相关研究

1.口述档案概念及特点

口述档案是国家机构、社会组织以及个人从事政治、经济、军事、科技、文教等活动直接形成的，具有保存价值的，由事件当事人或事件亲历者口述的，以标准方法采集的各种文字、声像形式的历史记录。近些年来，口述档案以其带感情色彩的讲述和影音化的生动记录，自下而上地为社会历史研究提供崭新思路的特点引起了多方档案学者的关注。

与传统档案相比，口述档案的采集过程更为复杂，需要经历采集主题选择、采集对象选择、采集前期、准备采集过程纪实、材料收集整理、材料校对核证、档案资料认证、成果归档保存、成果编研利用等；此外，口述档案还具有多元性、心源性、佐证性、主观性、个体性等特点，可作为一种特殊的档案材料，一定程度上用以还原历史面貌，填补历史空白，发现事情真相。

2.口述档案国内外研究现状

在学术著作中，口述档案也被称为口述史料、口述历史、口述资料，这几者本质相同。口述档案作为档案资源的一种，在保存社会记忆、抢救非物质文化遗产、传承少数民族文化等方面具有一定的作用。国家档案局颁布的《全国档案事业发展“十三五”规划纲要》中曾特别提到，“鼓励开展口述历史档案、国家记忆和城市（乡村）记忆工程、非物质文化遗产建档等工作”。因此，近些年来口述档案被列为推进现代档案资源体系建设的主要途径之一，它的发展受到了关注。

目前口述档案的最终呈现结果大多为录音录像或者以它们为基础的文字记录等形式的一切具有保存价值的记录。近些年来，口述档案的研究整体具有很大的突破，越来越多的档案部门以及一些官方媒体部门正以各种形式加入到相关的实践中来，口述档案逐渐为大家所接受。我国口述档案的研究方向十分宽泛，大致涵盖了政治、经济、文教、军事、科技等各个领域、各个门类学科，多角度地反映了社会的各个层面，实践成果颇丰。其中在高校档案、社群档案、少数民族文化、城市记忆、名人研究等方面研究成果颇丰。

真正意义上的“口述档案”这个名词最开始是在1988年出现，由萨利乌·姆贝伊在第11届国际档案大会上提出。新加坡口述历史的发展在世界位列前列，它的档案管理工作十分具有特色。1979年新加坡国家档案馆成立口述历史中心，同时建立了档案与口述历史咨询委员会，并且制定了《口述历史使用条例》等条例规章，为之后新加坡口述档案的发展奠定了基础。1948年，哥伦比亚大学口述历史研究室的成立是现代口述历史研究的开端，以美英为代表的西方国家意识到口述的方法能赋予社会群体发声的机会，补充了正式书面的历史，可以为官方记录提供新视角。美国口述历史协会（OHA）在20世纪80年代制定了口述历史学术规范和评价标准，这一标准不仅成为学界普遍认同的规则，还发展成为一种跨学科研究方法，广泛应用于多个学科领域。非洲政府和多数档案学者认为口述档案同书面档案一样重要，认为口述档案也是一个国家历史遗产的重要组成部分，对口述档案给予了很高的关注。此外尼日利亚档案法中专门对口述档案的内容做了限制，通过一系列措施保护口述档案的价值。

四、以口述档案为载体的艺术档案管理研究

艺术档案资源建设的关键在于建档思路的调整，传统艺术档案的建设是一种较为被动的收集观念，主要依靠被动接受。且艺术档案自身具有艺术属性，有很高的收藏价值，档案部门在很大程度上会受到各种因素的限制，不能很好地收集。因此一定要转变思路，主动建档，自发地发现并主动挖掘创造潜在的、有价值的艺术档案材料。口述档案作为一种具有补充说明作用且较为权威的档案资料可以成为艺术档案的一部分，参与艺术档案体系的构建。口述艺术档案是站在艺术工作者的角度对艺术档案所做出的补充和说明，不仅有助于丰富艺术档案内容，也可以通过口述艺术档案工作者相关艺术经验、艺术活动来反映真实的历史风貌。近几年来，随着

对口述档案研究内容的不断深入，以口述档案为载体的艺术档案逐渐引发了部分学者的思考。

关于口述艺术档案的建设，理论层面目前国内外以口述档案为载体的艺术档案管理相关的研究较少，相关的文献内容几乎没有，尚处于一片蓝海，有很大的开发空间。实践层面目前在一些非物质文化遗产保存与继承、利用艺术人物口述的形式搜集抢救艺术档案资源、为戏曲艺术口述影像建档等方面均已经有所涉及，口述艺术档案的采集和管理都渐渐落到了实处，并且发挥了一定的作用。例如辽宁省为防止那些珍贵的、不可复制的历史记忆随着老艺术家的逝去而消失，已经采用艺术人物口述的形式来保存这些珍贵的艺术档案信息，为后人留下了珍贵的精神财富。此外在建党100周年之际，北京市档案馆牵头组织老党员讲党史的口述史采集活动，以口述档案为载体，通过访谈的方式将这些优秀人物的事迹作为艺术档案保存下来，为后人提供鼓励和借鉴。

以口述档案为载体的艺术档案是文化传承的可靠手段，也是艺术档案资源开发的有效方法，十分具有现实意义，值得我们为之进行更为深入的研究。但值得注意的是，目前的实践均处于探索阶段，以口述档案为载体的艺术档案的建设在采集、管理以及口述艺术档案的编研利用等方面均有很多问题需要考虑，如何采集、如何保存、如何管理、怎样利用、口述艺术档案的著作权保护等都是必须要解决的问题，口述艺术档案的成熟发展仍有很长的路要走。

参考文献：

[1] 张芳．探析信息化视角下的艺术档案创新管理［J］．传媒论坛，2021，4（02）：140-141.

[2] 翟菲．审美视角下艺术档案价值剖析［J］．办公室业务，2020（24）：158-159.

[3] 许越鸥．高校艺术档案资源开发利用与管理探析［J］．宜宾学院学报，2020，20（10）：102-109.

[4] 夏萍．艺术家个人艺术档案的抢救和保护［J］．上海艺术评论，2020（05）：8-10.

[5] 毛军华，蒋羽乾．开展戏曲口述影像建档的实践与思考［J］．浙江

档案，2019（03）：56-58.

[6]魏娟.艺术档案资源数字化管理研究[J].中国民族博览，2020(16):253-254.

[7]王晖，熊吕婷.民间艺术档案式保护问题研究[J].兰台世界，2020（06）：35-38.

[8]刘涛.当代艺术档案的方法及实践[D].四川美术学院硕士论文，2019.

[9]陈晓.我国艺术档案研究三十年发展之我见[J].黑龙江史志，2014（17）：232-233.

[10]马红.利用艺术人物口述的形式搜集抢救艺术档案资源[J].兰台世界，2013（S2）：92.

[11]雷鲁嘉.我国少数民族口述档案的采集及其保障研究[D].南京大学硕士论文，2018.

[12]继卫.口述档案的采集[J].档案天地，2020（06）：1.

[13][塞内加尔]萨利乌·姆贝伊.口述档案[A].国家档案局外事处.第十一届国际档案大会报告集[C].档案出版社，1990：68.

[14]王东明.关于艺术档案的几个问题[J].图书情报知识，1985(03):37-39.

[15]叶晓林.受著作权法保护的档案资源利用研究[J].北京档案，2005（02）：16-18.

[15]宫宝勤.高等艺术院校档案综合管理初探[J].齐鲁艺苑，1992（04）：54-56.

城市建设档案信息化建设问题与对策研究

张琪琪　崔　兰　谢永宪

摘　要：随着经济的快速增长，我国城镇化发展正逐步走向成熟，而城镇化发展必然离不开城市建设档案，城市建设档案馆作为保存和管理城市建设档案的机构，也必将在城市建设中发挥不可替代的作用。但目前我国城市建设档案的信息化建设仍处于较低水平，因此，发现城市建设档案信息化建设现状中存在的问题并提出解决对策，可以推动城市建设档案的信息化建设，助力城市发展。

关键词：城市建设档案馆；信息化建设；城市建设档案

一、引言

现如今，各行各业都在追求数字化、智能化，档案行业也不例外。2021年1月1日起施行的《中华人民共和国档案法（2020修订）》中明确提出了“提高档案信息化水平”这一内容，各地档案馆也积极响应国家政策，引进先进技术，建设数字档案馆。但在数字档案馆、智慧档案馆的建设行列中，却很少看到城市建设档案馆的身影。

城市在飞速发展，建筑业技术正逐渐向智能化、三维可视化的方向靠拢，建设项目的资料数据量也逐渐扩张至PB级，城市建设档案的管理如果跟不上城市建设的步伐，对城市规划、建设智慧城市等都会带来阻碍。因此，城市建设档案信息化建设刻不容缓。

二、城市建设档案信息化建设存在的问题

城市建设档案信息化建设是指在城市建设档案的管理中融入现代信息技术，搭建海量城市建设档案资源的收、管、存、用平台，有效管理城市

张琪琪（1998—　），女，山西长治人，硕士研究生，研究方向为档案现代化管理；崔兰（2001—　），女，北京人，本科生，专业为档案学，E-mail：cuilan0205@163.com；谢永宪，本文通讯作者。

建设档案信息资源。目前，我国城市建设档案馆信息化建设的主要方式是馆藏数字化和管理电子化，但由于在制度、管理和技术方面都存在一些问题，城市建设档案信息化建设进展缓慢。

（一）制度层面

1.缺乏城市建设档案馆信息化管理制度

城市建设档案信息化建设离不开相关制度的制定，没有制度与标准，一切无法有序进行。目前，我国城市建设档案信息化建设政策标准制定滞后，成为阻碍城市建设档案信息化发展的重要因素。我国对档案工作的信息化建设，包括电子档案的推进都非常重视，不断推出相关管理文件，但是由于城市建设档案与其他类型的档案区别较大，国家发布的通用型档案相关文件其实并不能很好地适用于城市建设档案的管理。

2.缺乏三维数据档案的管理制度

从2021年1月1日起施行的《中华人民共和国档案法（2020修订）》中规定了电子档案与传统载体档案具有同等效力，加快了电子档案管理的创新发展，也为电子档案单套制管理的实行奠定了基础。但是由于建筑业发展迅速，目前已由二维设计发展到了三维设计阶段，因此，城市建设档案的数据类型也变得更加复杂，城市建设档案馆的信息化水平远远无法应对三维模型档案的接收与保管。因此，急需出台三维数据档案管理的相关标准来保证城市建设档案信息化建设稳步向前迈进。

（二）管理层面

1.数字化发展缓慢

目前，我国城市建设档案的管理仍然主要以纸质档案为主。项目建设方将竣工模型打印成纸质蓝图交由城市建设档案馆保存，城市建设档案馆再将纸质档案扫描成电子档案。而一个大的建筑物竣工图纸有时会有几万张，这样一一扫描会耗费大量的人力、物力，许多城市建设档案馆由于资金不足，甚至没有开始数字化工作。

此外，即使一些城市建设档案馆有能力进行数字化处理，档案数字化后并没有发挥实际用途，只是停留在建立档案目录分类、存储和管理的阶段。这也使得许多城市建设档案馆延缓了信息化建设的进程。

2.信息化人才队伍落后

城市建设档案信息化建设并非在城市建设档案馆内建立一套信息管理

系统这么简单，而是需要从归档开始就按照标准进行不同项目档案的接收，并且在管理与开发利用等阶段，对于不同类型的城市建设档案需要建立不同的管理流程。因此，城市建设档案信息化需要专业的人才队伍，既要了解城市建设档案，也要懂信息系统开发。

目前，我国比较缺乏这类人才，城市建设档案馆的管理人员大多仍持有传统的管理理念，并且对计算机无法熟练应用。人才短缺情况对城市建设档案信息化建设带来很大的阻碍。

3.开发利用重视程度不够

信息资源建设的最终目的是开发利用、共建共享。城市建设档案真实见证了城市建设的奋斗历程，是"城市记忆"传承的载体，彰显着城市的深厚文化和博大精深，是国家信息资源的重要组成部分，因此，这些丰富的档案资源更需要被深入、充分挖掘。但目前许多城市建设档案馆将档案收集进馆后，将其"束之高阁"，忽视了信息开发工作，不能满足社会公众对城市建设知识日益增长的需求，也无法给城市建设与发展带来更好的影响。

（三）技术层面

1.电子档案的"四性"难以保证

城市建设档案信息化建设发展缓慢的原因之一是，许多城市建设档案工作者认为数字化之后的电子档案，其真实性、安全性、完整性与有效性难以保证。城市建设档案包含着城市建设的重要数据，比如重要建筑物的内部结构、街区的规划以及一些重要设施的位置。电子档案如果被泄露或者被攻击，可能会造成极其不良的影响。

2.城市建设档案与工程资料难以实现联动

城市建设档案馆主要接收的是项目竣工模型档案，我们可以查阅到的只有建筑最终形成的资料数据，但一个建筑项目模型在建设过程中会经历多次的改造与变更，往往是变更后的资料更具有利用价值。而收集到的竣工档案，有时无法将项目建设的相关信息关联起来，城市建设档案与工程资料之间无法一一对应。

而且，建筑业正在大力推广使用从国外引入的BIM技术，项目建设过程中形成的是三维模型、三维数据，城市建设档案馆收集的二维图纸或电子文件，与实际形成的三维模型也不能实现联动。城市建设档案信息化建设只有解决城市建设档案与工程资料相关联的问题，才能提高档案的利用效率。

三、城市建设档案信息化建设对策

（一）建立城市建设档案专项管理制度

城市建设档案信息化工作涉及方方面面，相关制度、标准与规范的建立是信息化工作有效开展的重要保障。各级人民政府应重视城市建设档案信息化建设工作，尽快出台各个层面的城市建设档案管理规范体系，推进城市建设档案信息建设的进程，才能让城市建设档案更好地服务于城市发展。

各城市建设档案馆应建立健全相关管理系统、制度规范、技术标准，规范数字档案接收的工作流程、系统接口、数字化质检以及数字档案的数据格式及其技术构成等，保障数字档案在移交接收阶段的可靠性。同时，理顺管理体制，做到边界清晰、责任明确，出台相关的管理文件，将合理的工作机制制度化。

城市建设档案管理人员也要承担起自己的主体责任，积极推动相关制度的制定。其一，加强自身的宣传，提高社会对城市建设档案事业的关注度；其二，加强档案管理各部门之间、城市建设档案管理部门与相关政府机构之间的交流沟通，共同推进城市建设档案信息化工作制度的建立。

（二）完善城市建设档案管理体系

1.建立城市建设档案信息化管理系统

建立完善的城市建设档案信息化管理系统，对城市建设档案信息化建设乃至城市建设都具有非常重要的意义。首先，要进行馆藏档案数字化，坚持“存量数字化、增量电子化”原则，尽早实现档案馆馆藏存量档案100%数字化。保障档案数据质量，进一步提高馆藏存量数字资源质量，确保移交进馆的数字化副本符合进馆质量要求。其次，城市建设档案信息化管理系统的设计要具有统筹观念，覆盖收、管、存、用的全流程管理，还要满足建设单位等多方的需求，开放不同的接口方便与其进行数据交换。最后，需建立内部操作规范，制定城市建设档案信息化管理流程，规定信息化管理机制与办法，为实践工作指明方向。

完善的城市建设档案信息化管理系统，在统一标准体系的推动下还可以实现多方的资源共享与协同合作，为档案利用者带来便利。

2.建立人才培养体系

城市建设档案部门需要建立人才培养体系。首先，对于已有员工进行培训、教育。结合实际情况，开展多门类、多层次的教育来使档案管理人员进一步完善其知识体系，并且组织交流会议与丰富的学习活动来提升工作人员的能力。其次，设置相应的激励机制来吸引专业人才的加入。最后，城市建设档案部门以外的其他建设项目相关机构方也可以培养其工作人员的档案意识，培养交叉学科人才为城市建设档案信息化建设添砖加瓦。

3.开展广泛优质服务

首先，城市建设档案展览可以引入数字技术。目前应用比较广泛的数字技术包括虚拟现实技术、增强现实技术、混合现实技术、数字展示技术等。在此基础上，还可以充分发挥城市建设档案的特殊性，加入GIS技术、BIM技术等，让观众更直观地看到城市的地理景观。

除了档案展览，各城市建设档案馆可以积极利用馆藏数字档案资源，开发多种类型的档案产品，如综合类开发成果，包括史、志、年鉴、大事记、画册、展览大纲等；又如工程项目类开发成果，包括工程项目建设史、工程项目项目情况简介、工程项目建设专题片、工程项目建设大事记、工程项目建设图册等。

还可以建立专题知识库，在现有的数字档案资源基础上，建立专题资源库，通过有组织的分析、筛选、整合，把某一特定专题的档案集中、有序、系统地组织在一起，为城市改建、扩建、领导规划决策提供必要数据，比如建立重大工程项目专题知识库、重大历史事件专题知识库、重要决策咨询专题知识库。

（三）提高城市建设档案信息化技术水平

1.引进四性检测技术

全面保障数字档案的真实性、完整性、可用性、安全性是数字档案管理的目标，也是国家档案局对数字档案资源管理的基本要求。首先，根据项目档案、工程档案管理的基本要求，制定合理的数字档案资源管理元数据，记录文件档案的背景信息。其次，建设海量数字档案管理资源四性检测管理制度，明确四性检测的原则、办法、流程、保障措施，规范四性检测工作。最后，开发专用软件，将四性检测工作嵌入到数字档案管理系统中，实现四性检测的自动化，提高准确性。

2.引进BIM技术

BIM技术不仅可以在项目建设中使用，也可以将其与城市建设档案管理相结合。BIM所具备的优化性、模拟性、集成性和可视化等特性都可以大幅度提升城市建设档案管理效率。BIM模型应用于建筑项目整个生命周期，利用BIM管理城市建设档案可以获取大量项目相关数据，也可以查看模型变更中增加的档案，还可以体现不同建筑信息的时间和空间的关联。城市建设档案与BIM技术结合，可以实现动态的档案管理，将档案与建筑实体联动，提升信息化建设的技术水平。

四、结语

城市建设档案是城市记忆的重要载体，产生于城市建设，也服务于城市建设。在智慧城市的背景下，国家城市建设档案相关部门和机构应该意识到城市建设档案信息化建设的重要性，加大财政投入，出台相关管理制度。城市建设档案管理人员也要提高信息化建设的意识，主动学习相关技术，积极维护城市建设档案信息安全，推动城市建设档案信息化建设。城市建设档案馆应积极引进信息化技术，比如BIM技术、GIS技术等，管理不断增加的海量数字档案，提升城市建设档案管理效率。随着时代的不断发展、技术的不断更新，城市建设档案管理必须紧跟时代潮流，与现代信息技术相融合，向数字化、智慧化的方向发展，才能助力城市发展，为智慧城市建设添砖加瓦。

参考文献：

[1]王树凛．城市建设档案信息化管理工作的发展现状及未来展望[J]．城市建设档案，2018（04）：13-14.

[2]郑向阳．论城市建设档案信息化工作的主要内容与集成模式[J]．档案学通讯，2005（01）：78-80.

[3]杨继东．基于BIM技术的三维城市建设档案接收保管和利用模式研究[J]．数字与缩微影像，2017（03）：11-15.

[4]杨建林．智慧城市背景下的城市建设档案信息化建设[J]．城市建设档案，2018（07）：19-20.

[5]张波．城市建设档案信息开发的有关问题探讨[J]．城市建设档案，2017（02）：68-69.

[6]周霞．城市建设档案信息化管理的措施与建议[J]．科教导刊（电子版），2019（25）.

[7]邹静．城市建设档案信息化现状与发展方向研究[J]．科学与信息化，2018（25）.

影响档案学专业人才培养方案制定的三大因素分析

李　希　王巧玲

摘　要：培养方案是专业教学目标和质量的依据，对专业人才培养有重要意义。档案专业培养方案受档案专业教育、档案学科发展、档案专业人才社会需求的影响而不断对培养目标、能力要求、课程体系等方面进行修订和完善，以制定适合社会发展的专业人才培养方案。据此，文章通过具体分析国内外档案学专业本科教育的发展情况、档案学学科发展趋势、专业人才的社会需求这三大影响因素，探讨其对培养方案制定的影响。

关键词：档案学专业；人才培养；培养方案

一、引言

档案学本科专业教育从1952年决定在中国人民大学设立档案专修班开始。经历将近70年的发展，档案专业教育体系基本形成，通过本科专业教育培养的学生在档案领域处于中坚力量，档案学专业培养方案的不断完善与修订也被重视起来。但数字时代下，信息技术的发展使档案工作进入新里程，对档案学本科培养方案的修订提出了新要求。据此，文章将具体分析影响档案学专业人才培养方案制定的三大因素，即国内外档案学专业本科教育的发展情况、档案学学科发展趋势、专业人才的社会需求，探讨三大因素的发展与变化对培养方案制定的影响。

二、国内外档案学专业本科教育的发展情况

档案学专业教育的发展，是档案学专业人才培养方案制定的基础。教育体系的逐渐完善，促使档案学专业教育规范、培养方案的出现和不断

李希（1997—　），女，北京昌平人，北京联合大学应用文理学院档案系图书情报专业硕士研究生，E-mail：lx19970911@163.com；王巧玲，本文通讯作者。

完善。

（一）国外档案学专业的发展情况

国外的档案学专业，像美国、加拿大等多数国家都是以研究生教育为起点的，鲜少设置本科层级的档案专业教育。比如美国的档案专业教育，最早是依托于历史专业或图书情报专业学科下得以发展的，甚至档案学专业只是历史专业或图书情报专业在研究生培养阶段的一个方向。美国档案工作者协会（SAA）在1977年就制订了《档案学硕士学位课程大纲》，以至于在美国提到档案专业教育，基本上都是等同于研究生教育。直到在2002年SAA通过的《美国档案高等教育大纲》中，将档案专业教育的范围扩大，但其学位教育基本上还是以硕士研究生阶段为起点的。国外在本科阶段就设有档案学专业教育的，仅澳大利亚等少数国家。

（二）国内档案学专业的发展情况

国内的档案学专业教育体系基本完善，本科、硕士研究生、博士研究生层次的档案专业教育皆发展迅速。就本科阶段的档案学专业教育而言，目前国内设置档案学专业本科教育的高校有33所。可以说，全国除港澳台以外的31个省级行政区划内，平均1个省级单位约1所高校有档案学专业本科教育。

1.国内档案学专业的分布情况

从地域分布来看，档案学专业本科教育的设置存在东多西少的特点，东部尤其是华东地区的数量最多（如图1所示）。以省级单位为区域划分来

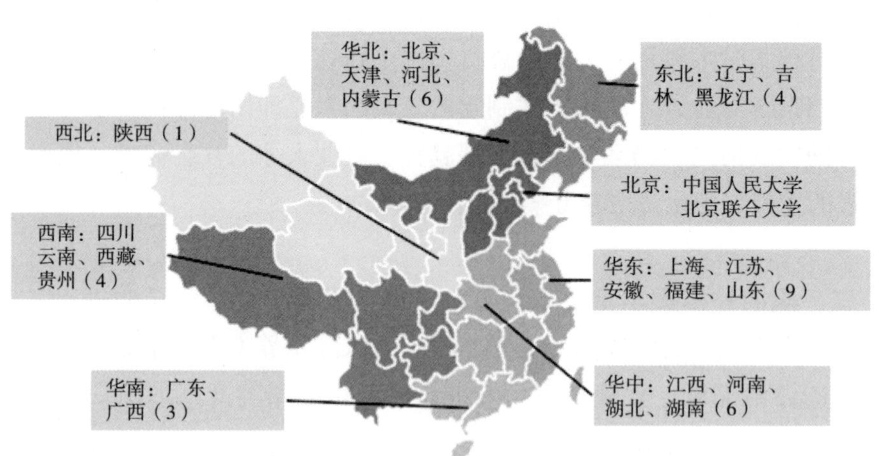

图1 档案学专业在全国的地区分布情况

看，全国共有8个省级单位有超过1所高校设置了档案学专业本科教育，它们分别是北京市、天津市、河南省、湖北省、辽宁省、上海市、广东省、江苏省。其中除江苏省外的7个省份均有2所高校，而江苏省则有4所高校，是全国所有省份中设有档案学专业本科教育高校最多的省份。此外，还有8个省级单位一所设有档案学本科专业的高校都没有，它们分别是重庆、山西、浙江、海南、甘肃、青海、宁夏、新疆。

从高校类型上来看，设有档案学专业本科教育的33所高校中，“985”高校8所，“211”高校8所，全国重点高校1所，省属重点高校1所，普通本科高校15所（具体见表1）。

表1　全国档案学专业高校的类型分布情况

序号	高校类型	数量	高校名称
1	“985”高校	8	中国人民大学、武汉大学、南开大学、吉林大学、四川大学、山东大学、中山大学、南京大学
2	“211”高校	8	南昌大学、郑州大学、辽宁大学、上海大学、苏州大学、安徽大学、西北大学、云南大学
3	全国重点高校	1	湘潭大学
4	省属重点高校	1	天津师范大学
5	普通本科高校	15	北京联合大学、贵州师范学院、西藏民族大学、韩山师范学院、广西民族大学、福建师范大学、扬州大学、盐城师范学院、上海师范大学、辽宁科技学院、黑龙江大学、湖北大学、郑州航空工业管理学院、河北大学、呼和浩特民族学院

从档案学专业在各高校所属的学院来看，档案学专业基本集中在信息管理学院、公共管理学院、历史文化学院、人文学院中。

2.国内档案学专业的招生情况及培养方案情况

在2018年“教育部高等学校档案学专业教学指导委员会年会暨第27届

档案学专业系主任联席会议”期间，就参会系主任对档案学本科生招生规模、生源、培养目标、课程设置等相关问题开展的调研情况来看，可以得出如下结论：

（1）全国各高校档案学专业的招生情况方面，招生规模不大，每年的招生数量通常在60人以下，设有研究生教育层次的高校通常规模更小。招生的生源地情况主要有两类：①“985”“211”高校面向全国各地招生，但本地生源的招生名额比例更高；②普通高校的招生计划不涵盖全国各地，主要立足本地区，以当地生源为主，仅招收极少量的外地生源。

（2）全国各高校档案学专业本科培养方案方面，在培养目标的文字表述上基本上都大同小异，培养的能力上主要关注的是文件档案管理、信息管理和综合办公三个方面。而在课程的设置上，受数字时代档案工作对能力需求的变化所影响，除传统档案学专业核心课程以外，越来越多的高校增加了信息类课程。

三、档案学学科发展趋势

学科发展与专业建设是相互促进的关系。档案学科专业发展趋势的演进促使档案工作、档案研究、档案事业等随之更新，对档案专业教育的要求也不断更新，影响着档案学专业培养方案根据发展趋势而对课程体系进行修订。

对档案学专业发展趋势的分析，笔者拟通过两类数据进行分析：一是2009—2017年档案学专业国家社科基金立项项目的研究主题；二是2009—2017年档案学专业核心期刊上发表的与学科专业相关的成果。

2009—2017年，国家社科基金立项的档案学类项目总数为120项，其中重点项目8项、一般项目72项、青年项目40项。从这120项课题的名称中各选出一个最为核心的主题词进行规范处理，得到16个核心主题词（详见表2），并与伍玉伟《1999—2008我国档案学研究特点及未来的展望——基于国家社科基金立项的统计分析》一文遴选的主题词进行对比。从词频可以得出，排名最高的是数字档案、档案开发与利用、档案与非物质文化、电子文件等四个热点主题。此外，词频在5以上的还有档案保护、档案价值评价、档案史、档案社会化4个主题。上述的8个主题是2009—2017年我国档案学研究的热点主题。

表2　2009—2017年立项的120项档案学国家社科基金课题主题分布

主题词	词频	立项课题时间（单位/年）
数字档案	19	2009、2010、2011、2012、2013、2014、2015、2016、2017
档案开发与利用	16	2009、2010、2011、2012、2013、2014、2015、2016、2017
档案与非物质文化	15	2009、2010、2011、2012、2013、2014、2015、2016
电子文件	14	2010、2011、2012、2013、2014、2015、2016
档案保护	8	2011、2012、2013、2014、2015、2016、2017
档案价值评价	7	2010、2011、2012、2013、2014、2015、2016
档案史	6	2013、2014、2015、2017
档案社会化	5	2011、2013、2016
档案法制	3	2013、2014、2015、2017
电子政务	3	2012、2015、2016、2017
档案信息化	3	2010、2011、2014、2017
档案与公共文化服务	2	2014、2015、2016
档案管理机制	2	2015、2016
开放获取	1	2012
档案职业	1	2016
档案人才培养	1	2012

研究专业期刊10年来发表的与学科专业发展相关的论文，牛力等将关键词聚焦在“档案学专业”“高等教育”“档案学教育”“学科尊严”等上。笔者挑选了10篇具有代表性的研究成果，得出目前学者的研究有以下两方面观点：

一方面，档案管理实践的发展和数字时代背景下信息技术的发展，给档案学学科专业的发展带来了很大的影响。它将传统档案管理逐渐转变为应用先进技术构建系统平台并针对档案数据、档案信息、档案知识进行管理，由此出现了电子文件、数字档案馆、信息技术与档案、社会记忆与档案等热点主题。

另一方面，继承和发扬传统的档案学理论范式，研究档案学如何从“史料范式整理”“文件管理”“信息资源管理”等传统理论范式向“知识管理”和“社会记忆”理论范式的变迁，关注重心从信息属性向文化属性的转移。如何解读和传播档案的“文化密码”，则是现代档案学学科专业发展的又一大趋势。

四、专业人才的社会需求

档案学专业教育的目标在于为社会培养优秀的档案专业人才，为档案工作培养专业人才，助力未来档案学、档案学科、档案文化、档案事业的发展。故培养方案的制定，需要满足社会对档案专业人才的需求。反过来，档案专业人才的社会需求也使档案专业培养方案，尤其是培养目标与培养能力与时俱进、不断修订。

对专业人才的需求情况，主要从宏观和微观两个层面进行分析。以北京联合大学为例，宏观层面主要是北京地区对档案学专业人才的需求情况；微观层面主要是针对毕业生与用人单位的调研，针对毕业生调研有关毕业生能力现实情况，分析毕业生能力要求与课程体系建设意见建议；针对用人单位调研其单位性质与能力需求，分析对培养目标和毕业生能力要求的建议。

（一）北京地区的需求情况

《北京城市总体规划（2016年—2035年）》，明确“四个中心”城市战略定位，建设国际一流的和谐宜居之都。档案工作是关乎该目标能否得以实现的重要基础。宏观层面上，北京地区管理效率的提升，治理能力的加强，经验规律的总结，历史文化的延续，须以做好档案工作为前提；微观层面上，支撑北京经济社会发展的各类党政机关、企事业单位，亦离不开档案工作。档案人才的社会需求不仅来自专业的档案机构，更来自其他各类组织。而现有档案人才队伍，在人员规模、专业对口程度、知识能力结构等方面，都不能满足发展的需要。高水平档案专业人才的短缺已成为制约北京经济社会发展以及档案行业发展的重要影响因素。

（二）近十年毕业生的反馈

根据对毕业生基本要求重要程度的打分情况，将毕业生认为应达到的要求从重要到不重要依次排序为：创新能力、综合办公能力、人际交往与表达能力、档案专业工作能力、通识知识能力、信息获取能力、专业基础知识的要求、专业相关的政策法规的要求、档案信息资源深度开发与服务能力。

分析最被毕业生所看重的前四项能力，排名第一的创新能力可能源于档案行业领导对档案开发的青睐，因为创新性的开发能为档案工作带来新的效益。而综合办公能力主要源于档案工作是以行政、文书类日常工作为开端的，“前端控制理论”所倡导的在文件形成之时就对其进行预管理也与之相符，且档案实际工作中也存在很多单位没有专职档案员的情况，所以档案人才需要承担更多行政类工作。人际交往与表达能力则是几乎每个行业、每份工作都需要的基本能力。档案专业工作能力是档案学专业人才专业性的体现，是从事档案工作必须要有的能力。

（三）用人单位的需求

档案学专业的用人单位以企事业单位为主，涵盖各行各业。其对能力的要求主要是档案专业能力、写作能力及运用办公软件等综合办公能力。

像事业单位需求的档案专业人才大多是两类岗位：办公室文秘岗或综合办公室岗、档案管理岗，一般要求共产党员优先或必须为中共党员，本地户口的学生优先基本上是其未标明的隐藏条件。并且均要求较强的文字表达能力以及熟练使用办公软件的能力，办公室岗位更偏向于较好的沟通能力，档案管理岗则更偏向于档案管理方面的专业能力。

企业单位无论是国企还是私企大多数招收行政类人员的信息较多，专门招收档案管理类人员的相对少一些，且其招聘要求也多要求综合能力，而不仅仅是档案专业方面的能力。比如，在专业领域主要要求档案知识分析和总结的能力，资料、档案的收集和整理能力，熟练使用常用办公软件、档案管理软件的能力；在综合能力上要求良好的计算机应用能力、协调人际关系能力，良好的口头表达和文字组织能力，一定的英语阅读能力，身心健康、有良好的职业道德。

五、结论

国内外档案学专业本科教育的发展情况、档案学学科发展趋势、专业人才的社会需求三大因素是档案学专业教育发展的基础，也是培养方案制定的基础。反过来，培养方案的不断完善也使得专业教育水平提高，教育出的人才水平提高，从而实现档案学专业的发展、专业人才需求水平的提高。

（一）档案学本科教育的发展促进档案学人才培养体系的完善

档案学本科教育的不断发展，使针对档案学本科的培养方案逐渐完善，能够越来越多地培养出合格的档案专业人才。已有档案学专业的各大高校逐渐将培养层次提升至研究生教育阶段，在研究生教育阶段着重培养其档案科研能力及系统应用档案学知识的能力，以培养学术与应用并重的档案专业人才。故档案学高等教育“大专、本科、硕士研究生、博士研究生”的教育结构层次更为分明，培养体系更为完善。

（二）档案学学科发展趋势促进档案学课程体系的变化

随着社会时代的发展，数字时代信息技术的应用使档案学学科热点话题从传统档案的管理过渡到电子文件、数字化档案的管理，越发重视“信息管理”与“知识管理”的手段及其作用。而国家层面对文化软实力的重视，使档案文化的课程建设也成为新的方向。对档案学课程的需求在传统的档案工作组织与规划课程、行政管理课程的基础上，增设了档案文化建设与传播课程，加大了信息资源开发与利用课程的比重。

（三）档案学专业人才的社会需求促进培养目标的明确

在《图书情报与档案管理类教学质量国家标准（档案学专业）》中，培养目标要求具备档案学理论知识与档案管理技能、现代管理知识、信息技术技能，可从事机关、团体、企事业单位的档案管理、信息管理、文件管理工作的复合型、应用型和创新型专门人才。而在针对北京地区需求、近十年毕业生反馈与用人单位需求的调研中，更受关注的是专业人才的创新能力、综合办公能力、人际交往与表达能力、档案专业工作能力。而事实上，创新能力在当今数字时代的背景下在档案工作中的体现，主要是将传统档案与信息技术结合，实现档案信息资源深度开发与服务。故“能够综合化运用信息化技术，完成档案与行政管理、信息资源的开发等工作”成为档案学专业人才培养的新目标。

参考文献：

[1] 程熙 . 中外档案学专业硕士研究生人才培养方案比较研究 [D]. 苏州大学硕士论文，2014.

[2] 杨安莲 .《美国档案高等教育大纲》及其借鉴意义 [J]. 档案与建设，2002（11）：19–21.

[3] 左亮亮 . 国家社科基金视域下我国档案学研究热点及发展趋势的科学计量分析 [J]. 档案管理，2018（01）：65–68.

[4] 伍玉伟 . 1999–2008 我国档案学研究特点及未来的展望——基于国家社科基金立项的统计分析 [J]. 档案学通讯，2009（03）：7–10.

[5] 牛力，杜丽华，韩小汀 . 从档案学核心期刊看国内档案学研究现状及发展趋势 [J]. 档案学研究，2018（03）：4–9.

[6] 邓蕾，朱明，邱文教，孙伟锋 . 新时代背景下本科人才培养方案修订的思考——以东南大学为例 [J]. 大学教育，2020（11）：162–165.

[7] 卞咸杰 . 基于“以本为本”的档案学专业人才培养方案制定的原则与要求 [J]. 档案管理，2019（03）：37–38+41.

[8] 施全峰 . 建构本科培养方案的初步研究 [J]. 教育教学论坛，2015（15）：116–118.

[9] 潘连根 . 中国档案学发展规律初探 [J]. 档案与建设，2019（08）：16–19.

[10] 孙大东 . 基于范式论批判的中国档案学发展研究 [J]. 档案学通讯，2016（02）：77–81.

互联网视域下名人档案对旅游业的影响研究

徐莹钰　姜素兰

摘　要：在中华民族五千年的璀璨历史中，曾有无数卓有建树的前辈为我们的历史留下了难忘的纪念。关于他们的事迹，逐渐形成了关于他们的名人档案，成为时代的记念。名人档案作为一项珍贵的文化档案资源，拥有城市名片的功能，具有巨大的旅游开发潜力。本文在互联网视域下分析研究了名人档案对当地旅游业的影响，从而对怎样开发利用名人档案提出建议。

关键词：名人档案；名人价值；旅游业；开发利用

一、引言

档案是国家机构、社会组织或个人在社会活动过程当中直接形成的具有保存价值的各种形式的历史记录。口述档案作为档案中重要的一部分，具有巨大的社会价值、文化价值、教育价值和经济价值。名人档案的充分利用，不仅能够增强文化自信，还有助于提高公众的思想觉悟，提高城市的知名度。近些年来，在移动互联网的推动下，以“名人效应”为宣传噱头的旅游业发展势头颇为迅猛，使得与名人档案有关的文化旅游成为研究的热点。本文从旅游业出发，分析互联网视域下名人档案对旅游业的影响。

二、名人档案相关概念

（一）名人档案的概念及材料范围

自20世纪90年代以来名人档案受到了档案学界的关注，但是对于名人档案的概念各方观点不太一致。名人档案又被称为“著名人物档案”，百度百科中将其定义为：“国际或国内著名的人物在其个人、家庭和社会活动中直接形成的历史记录”。也有一部分学者将名人档案定义为“社会各个时期著名人物在成长和发展的各个时期所形成的，对国家和社会具有现实价值

姜素兰，本文通讯作者。

和永久保存价值的各种文字、图像、声音及其他各种形式的原始记录。它能够真实、全面地反映名人的工作、学习和生活”。

因此名人档案作为著名人物在社会活动中的真实记录，不仅能客观地反映名人生前的部分事迹，还能从一定程度上反应社会政治、经济、文化的历史情况，是研究名人历史、撰写名人传记、编辑名人文集、举办个人事迹展览等活动的必要条件和依据，也是研究社会历史的一项珍贵的参考资料。

名人档案的材料范围主要包含：自传、回忆录；著作、译著的手稿及样本，文学创作手稿，书法手迹、碑刻等；各类笔记、日记、日志、重要来往信件；生平重要活动的照片、音像视频等；各类证书以及其他具有保存价值的材料；名人故居、历史遗迹、古都古城等。

（二）名人档案的特点

名人档案是国家档案资源体系中不可或缺的一部分，具有重要的历史、文化、知识和经济价值。作为一种重要文化资源，名人档案具有社会历史性、个体特色性、来源分散性、内容复杂性、形式多样性等特点。

1.社会历史性

名人档案记录的是一个人的一生，它反映了这个人生活的经历、做出的成绩以及获得的荣誉，向我们呈现的是这位名人的一生，因而它的形成周期相对较长。此外名人档案还蕴含了名人所处社会的各种历史背景知识和文化，是这个时代的一个缩影，继承着大量的社会时代信息，这些都是名人档案社会历史性的体现。

2.个体特色性

一个名人就是其档案的主题，具有自己的个人特色。名人档案所表达的内容具有强烈的个人色彩。由于个人成长环境、思想观念、政治立场等方面的差异，不同的事，不同的人的看法和记录的事很不相同，同样的事不同的人的记录表达也不尽相同。因此名人都有其独有的个人特点和特色。

3.来源分散性

名人档案是来源于主人公家庭、单位、社区等，是在社会实践活动中逐渐形成的。但人的一生不可能只在一个地方，不可避免地要与其他地区产生接触，难免会或长或短地在其他地区生活或者学习、工作，因此名人的档案材料就会分散在不同地区、机构或者个人手中。

4.内容复杂性

名人档案记录的内容是随着主人公的生活、工作阅历的变化过程逐渐形成的，其中既有反映日常生活的材料，也有工作活动中的材料，还有社会活动中在与外界接触时产生的材料等，都是主人公的真实写照，内容比较复杂、丰富。

5.形式多样性

从名人档案的概念可以看出来，名人档案的载体十分多样。除了传统意义上的纸质文件之外，还有照片图片、录音录像、实物等特殊介质的档案，载体十分丰富、多样。

三、互联网的相关内容

互联网，也被叫作国际网络，是指网络与网络之间通过一组通用的协议相互连接串联形成的逻辑上的单一巨大网络系统。互联网具有传递性、自由性、实时性、交换性、共享性、开放性等特点，是21世纪时代发展的一项重要成果。

随着计算机的全面普及以及互联网技术的飞速发展，信息的传播方式、传播途径、传播速度均有了巨大的改变，人们实现了随时随地无障碍交流。互联网的发展也为以网络为基础的一些传统媒体、微博以及一些自媒体等共享交流平台提供了极好的发展的基础与契机，人们也逐渐进入了流量的时代。

在互联网背景下，人们倾向于在网络交流平台进行信息的接收与共享，人们分享自己的生活、自己的喜好，发表自己对事物的看法和意见，分享的同时也会在网络上有目的地查找、获取自己感兴趣的内容。目前市场上的软件所具备的智能化推荐的功能还会在一定程度上对个人的喜好进行累积或减弱。对于旅游业来说，移动互联网是推动旅游业发展的一个契机，在互联网平台的传播与分享为景点带来了很好的曝光量与客流量。例如2020年四川甘孜的旅游部门便很好地抓住了当地一名因青涩笑容走火的男孩丁真带来的巨大流量，借助互联网平台大力宣传甘孜县的风土人情，短短数月时间为当地旅游业增添了30%多的客流量，极大的推动了这个贫困县城的旅游业发展。

因此互联网视域下，如何利用互联网实现名人档案的充分利用，可以作为旅游业未来发展中的一个重要考量方向，十分具有现实意义。

四、名人档案对旅游产业的影响研究

（一）名人档案的旅游价值

党的十九大报告明确指出，我国社会的主要矛盾已经由社会主义初级阶段的人民日益增长的物质文化需要同落后的社会生产之间的矛盾转变成人民日益增长的美好生活需求同不平衡不充分的发展之间的矛盾。物质条件的提升，也使得人们逐渐重视文化精神的提升。名人档案作为文化的载体之一，受到了大家的广泛关注，同时也在旅游方面受到了相关人员的高度重视。名人档案除了具有档案所具有的凭证参考价值之外，还具有很大的旅游价值。

1.文化价值

首先，名人档案作为档案的一种，具有自身的保存价值，是社会文化的一种体现。其次，名人档案中所包含的一些诗词、绘画、书法、手工艺品等本身就是文化艺术品，具有一定的文化价值。此外，虽然名人是有国界的，但知识是无国界的，我们应当客观地看待名人档案自身所蕴含的政治文化因素，传承其文化价值。

2.经济价值

名人档案对后人来说是珍贵的物质和精神财富，对我们来说是无价之宝。基于名人档案自身的特性和具有极大的旅游开发潜力，对名人档案进行好的开发利用，可以促进当地文化名城的建设，能够带动周边旅游业的发展，可以提升这个地区的知名度，增加这个地区的旅游客流量，有利于带动这个地区经济的发展，促进当地经济水平的提升。

3.教育价值

名人档案在很大程度上向人们展示了名人的平生经历，记录了名人所做的贡献和对社会产生的影响，较为直观地反映了主人公的价值观念和处世态度。正是这些高贵的精神品质赋予了名人档案很高的教育价值，值得我们后人借鉴与学习。

4.休闲审美价值

名人本身具有很高的知名度，受到人们的尊敬和爱戴，因此人们对名人存在很多的好奇和猜想。名人档案所传达的内容可以满足人们对这些名人的好奇，因此名人档案具有休闲审美价值。同时名人档案作为一种象征，它能够引起人们对美的向往，有利于提高人们的思想觉悟和精神境界。

（二）以名人档案为载体的旅游业的发展现状

目前以名人档案为载体的旅游业在我国已经取得了很多的成果，例如各种名人故里、名人故居、博物馆、纪念堂、纪念馆等，某些甚至已经打造成独特的文化品牌。例如著名的有“名士之乡”之称的浙江绍兴的鲁迅故居三味书屋等，此类型的名人档案的开发利用吸引了无数游客前来参观学习，成为文化旅游的重要支撑。

但是目前以名人档案为载体的旅游业也存在很多问题需要改善。

1.对名人档案的利用形式较为单一

目前以名人档案为宣传点的景点大多都是以提供展览为主要形式，游客所能看到的都是冷冰冰的无感情的具体实物，在观赏过程中只能根据所能看到的内容对名人档案进行浅层次解读，很难与这些名人之间产生共情，难以有更加深入的了解。因此对名人档案的利用还是不够全面深入，缺乏深入挖掘与利用。

2.对名人档案的文化作用认识不够

名人档案是档案资源体系当中重要的一部分，在文化教育中有着一定的地位。但是很明显，目前在国内包含一些档案馆在内的组织机构对于名人档案还没有很好地发挥其文化作用，没能充分发挥其作为名人档案的文化号召作用和名人效应。

3.对名人档案的宣传力度有待加强

旅游业应该立足于长久的发展，做好名人档案的开发与宣传，最好能围绕名人档案形成专属于自己的城市特色与文化品牌，让这些名人档案成为自己城市的文化代名词。此外，也可以基于名人档案进行相关的会场展览、影视动漫、书籍出版、美术作品等核心产业的发展，成为特色的文化品牌，极力推动当地旅游的品牌建设，提高自己的核心竞争力。

五、互联网视域下，名人档案开发的案例研究

从经济、文化的效用来看，名人档案的开发利用一定要善于借助互联网，要抓住时代赋予的红利与机遇，全方位做好宣传。这不仅仅是弘扬优秀文化的需要，同时也是促进当地旅游业发展，带动当地经济发展的需要。

例如在近两年爆火的坐落于西安市雁塔区的大唐不夜城，就是在互联网的流量时代下对名人档案开发利用的经典案例。大唐不夜城以盛唐文化

为背景，以唐风元素为主线 ，主要标志性建筑有大雁塔北广场、玄奘广场、贞观广场、创领新时代广场等四大广场，西安音乐厅、陕西大剧院、西安美术馆、曲江太平洋电影城等四大文化场馆，大唐佛文化、大唐群英谱、贞观之治、武后行从、开元盛世等五大文化雕塑。除了古今结合、美轮美奂的景点之外，大唐不夜城还有真人表演、爆火的不倒翁小姐姐以及各具特色的工作人员，都给人一种时光交错、梦回大唐的感觉，为我们展现了大唐盛世的风采，目前已经成为西安地区著名的旅游景点之一。大唐不夜城借助西安原有的文化特点、内容加以创新，形成了西安特有的风采，也成了目前很多短视频内容创作者的灵感源泉，十分具有文化特色。再例如西藏的布达拉宫，极具特色的藏族建筑加上著名诗人仓央嘉措的经典诗句，为布达拉宫蒙上了一层神圣的色彩，形成了自己独特的意蕴，成为藏族文化的一个重要的展示与体现。布达拉宫也成了自由洒脱、干净纯洁的代名词，每年都会吸引无数想要忘却烦恼的游者前往，进行说走就走的旅行。互联网的推动作用无意之中为这些旅游景点做好了宣传，带来了巨大的流量与热点，每年都吸引无数中外游客前往一睹风采。

因此旅游行业在研发使用名人档案时，一定要根据自身的特点，找到适合的发展方向，将当地特色、名人档案带来的名人效应以及互联网带来的流量充分结合，实现自己的特色化运行，使得经济价值、文化价值和艺术价值相得益彰。

六、总结

互联网视域下，档案行业也应该与时俱进，从用户需求的角度出发，打破档案一贯给人的冰冷陈旧的印象，使档案更具有感情色彩，更加便于使用，充分发挥档案的价值。名人档案作为档案中极具特殊的一脉，可以作为旅游开发的重要支撑，在中国的旅游产业开发中发挥重要作用。我们要多层次考虑、多维度尝试，利用荷花定律来充分发挥名人档案的效用。西安大唐不夜城、西藏布达拉宫等成果案例是互联网视域下名人档案在旅游业中的成功示范，向我们展示了流量时代应该怎样利用名人档案自身所具有的特点创造价值，提高国人对自身文化的认可度，也提高中国文化在国际上的认可度。

同时，我们应该注意的是名人档案作为档案助力旅游业发展的开发利用方法的选择，通常更丰富、更有趣、更新颖、更具体验感、更具有情感意义的开发方式才更能满足公众在互联网的信息轰炸情况下的需求。此外，各地都或多或少的都拥有专属于自己的名人与特色文化，应该结合实际情况，深度开发极具特色的文化资源，突出特色和个性，使名人档案与文化旅游的结合更加成功。

参考文献：

［1］徐国磊，彭伟．建立名人档案 服务名城建设——扬州名人档案构建的实践与思考［J］．档案与建设，2020（09）：58-59+57.

［2］黄霄羽，柴耀鸿．国内外案例视角探讨档案助力文化旅游的必要性与可行性［J］．档案与建设，2019（11）：37-41.

［3］许清，赵晶．论名人著作档案展览及意义——以中科院数学院百年外文数学专著展为案例［J］．办公室业务，2019（17）：39-40.

［4］唐慧雯．面向用户的内容与方式：美国高校名人档案网络传播现状分析［J］．档案与建设，2018（05）：13-16.

［5］邱珉．以河南名人档案为载体的旅游产业化研究［J］．吉首大学学报（社会科学版），2017，38（S2）：25-27.

［6］梁媚．广西名人档案的旅游开发研究［D］．广西民族大学硕士论文，2013.

数字资源长期保存国外研究综述

朱羚歌　马媛媛　谢永宪

摘　要： 作为社会的“记忆”、人类的核心资源，数字档案信息必须被长期保存，这一点已成为世界各国同行的共识。但是，由于数字信息的脆弱性，如果不采取适宜的措施，它们将不能再为后世所用。所以，越来越多的国家、机构、学者加入到了数字档案信息长期保存的理论和实践探索中，寻找问题的解决方案，并产生了较为丰富的研究成果。本文通过文献调研，对国外数字档案信息长期保存目的、主体与合作、技术、经济和国家策略等研究现状进行梳理、分析，以期为后续研究的开展奠定更坚实的基础。

关键词： 数字资源；长期保存；文献综述

一、文献来源说明

国外文献来源主要来自EBSCO系列数据库中的Academic Source Complete（学术期刊数据库）、Springer电子书数据库和Web of Science等数据库收录的关于数字档案信息长期保存的文献、发达国家的数字档案信息保存机构官方网站和重要的研究项目成果，检索日期为2020年12月9日。

数据库文献检索条件为“title”，检索结果如表1所示，其中“D”代表digital（数字的）、“P”代表preservation（保存）、“E”代表electronic（电子的）、“I”代表information（信息）、“A”代表archive（档案、存档）、“C”代表curation（维护）。

朱羚歌（1997—　），女，辽宁锦州人，北京联合大学应用文理学院图书情报专业2019级在读硕士研究生；马媛媛（1989—　），女，北京人，北京市城市建设档案馆，馆员，研究方向为建设工程档案整编、审核；谢永宪（1980—　），男，辽宁锦州人，北京联合大学应用文理学院档案系教授，博士，主要研究方向为数字档案信息长期保存、文书档案管理、档案教育，E-mail：xieyongxian2008@163.com，本文通讯作者。

表1 英文文献检索结果

关键篇数 / 数据库	"A" + "P"	"E" + "P"	"I" + "P"	"D" + "P"	"D" + "C"
Academic Source Complete Premier	274	98	264	1058	221
Springer	0	0	12	88	20
Web of Science	67	39	106	229	66

注：检索时间为2020年12月9日，检索项为“题名”。本报告使用的外文文献主要来自但不限于以上检索结果。

二、国外研究现状

（一）目的研究

数字档案信息长期保存的目的是人们对长期保存工作的根本认识和最终要求，为长期保存工作的正确性、方向性提供指导和保障。对数字档案信息长期保存目的的研究伴随长期保存理论与实践发展的始终。

首先，对保存目的的认识是从强调数字档案信息重要性开始的。加拿大国家档案馆所有档案项目的负责人Hugh Taylor（1972）呼吁，档案工作者要精通电子文件，以保持他们一直以来作为政府信息保护者的地位。他认为，保留这些电子文件主要是因为它们的内容和潜在的研究价值。

接着，部分学者通过具体要素描述了长期保存的目的。David Bearman and Richard Lytle（1985）呼吁，档案工作者在长期保存工作中，要着重保管电子文件的格式、功能和生成背景。

再接着，更多学者从数字档案信息性能的角度进行了探讨。Jeff Rothenberg（2000）认为“真实性”是指保证数字信息的完整性、完全性、正确性、有效性、忠实于原始含义，并且与原有目的相适宜。

综上，国外对长期保存目的的理解和认知，是一个从直接原因到具体保存要素，到简单的性能要求，再到复杂的性能要求，不断变化、明晰、深入的过程，这一过程也是长期保存整体工作的直接映射，体现了长期保存工作的进展历程。

（二）相关主体及其合作研究

数字档案信息长期保存工作要应对来自多方面的挑战，涉及多个流程、多个利益相关主体。因此，长期保存工作中，需明确相关主体的职责，建立相关主体之间良性、友好的合作关系。

首先，长期保存的合作始于不同类型主体之间的纵向合作和同地区同类型主体之间的横向合作。1991年，5个北欧国家的国家档案馆（瑞士、挪威、丹麦、芬兰和冰岛）组成工作组，就电子文件的保护与存取问题进行了调研。Garret and Waters（1996）阐述了多个行动者及其角色——创造者、档案工作者、用户和整个社会，明确了数字保存的基本原则，即防止丢失有价值的数字信息的第一道防线是数字信息的创造者、提供者和所有者。

接着，出现了国家层面的同类型与不同类型主体之间的大规模交叉合作。一些国家成立了国家层面的数字保存合作促进机构（联盟）来倡导、推动数字保存工作，典型的有英国的数字保存联盟（DPC）、荷兰的数字保存联盟（NCDD）等，比如，澳大利亚TF2001调研组由澳大利亚国家档案馆、版权所有者、大学、基金会与某些国际组织组成。

再接着，开展了跨国家、跨地域的主体之间的广泛合作。2001年11月到2004年10月，由欧洲委员会和瑞士政府资助120万欧元，荷兰、英国、意大利和瑞士的几个学术机构合作完成了ERPA-NET11，它建立了一个可以扩展的联盟，将存储机构（如图书馆、档案馆）、研究机构、政府部门等联合起来。

综上所述，可以发现，关于长期保存合作的理论研究与实践项目在不断推进，合作范围不断扩展，从最初的长期保存工作流程涉及的不同类型主体之间的纵向合作和同地区同类型主体之间的横向合作，到同类型与不同类型主体之间的大规模交叉合作，再到跨国家、跨地域的主体之间的广泛合作，有利于充分发挥不同主体的自身优势，更好、更快地解决实际问题，推动长期保存工作可持续发展。

（三）技术研究

所谓“长期”，即数字档案信息可能需要保存几百年、几千年甚至永远。由于很难保证哪种载体、数据格式、硬件系统、应用软件在这么长的时间内一直存在，因此，长期保存工作首先且一直要面对的是技术问题。

首先，对长期保存的研究始于载体损坏与技术老化，并贯穿始终。早期的普通数字信息存储载体的平均寿命都不超过30年。自从20世纪50年代中期以来，磁带被广泛用作模拟（音频和视觉）信息和数字信息长期保存的可靠载体。然而，70年代和80年代早期的许多磁带由于所谓的“粘连综合症”而不能读取。Stout和Baird（1984）认为，电子文件管理必须要考虑硬件过时问题。Burda和Teuteberg（2013）得出结论，如何将因为技术过时而引起的信息损失降到最低，会成为将来长期保存的研究内容之一。

在应对载体老化和技术过时的技术策略方面，Hildevan Wijngaarden（2007）通过对比得出结论，迁移和仿真是目前比较常用的两种长期保存策略，并对这两种策略进行了解释。Caplan（2008）将数字保存技术策略分为被动和主动两种，被动的技术策略是载体更新、迁移和维护，主动的技术策略包括仿真、格式迁移、格式规范化、软硬件保存、通用虚拟机和通用虚拟计算机。

云存储是当下长期保存工作者在长期保存技术策略方面讨论的最火热的话题，众多研究者，比如Beagrie等（2014）和Burda & Teuteberg（2013）正在尝试将云存储用于数字信息长期保存。然而，某些研究报告和项目持续提出长期保存云存储的安全问题，例如，Beagrie等（2014）。同时，Fernandes等（2014）和Mosca等（2014）信息专家则认为数字档案信息云存储是安全的。

综上所述，可以发现，信息技术的快速发展为社会工作、生活带来便利的同时，给长期保存工作也带来了相应的挑战，导致长期保存的技术研发重点不得不从载体的耐久性转向技术策略，再转向云端存储，以满足海量数字档案信息长期保存的需要。

（四）经济研究

数字档案信息长期保存是一项没有尽头的工作，技术研发、人员培训、环境维护都需要长期的、大量的资金投入，那么合理评估投入资金数量，建立理想的资金评估模型，并取得相应的资金支持，就成为长期保存工作者必须要克服的困难和研究的主题。

首先，部分研究者阐述了资金与成本模型对长期保存的重要性，并对模型的构建开展了初步的探索。大英图书馆的技术主管Tony Hendley（1998）在一个报告中首次提出了一种数字保存的初始成本模型，并初步进行了成本核算。伦敦大学数字档案馆项目负责人Kevin Ashley（2000）强调，应构建成本模型用于核算数字保存成本。Ashley K. The Costing of Digital Records Management［J］. Records Management Journal，2000（3），140-149.

接着，部分研究机构对长期保存的经济问题开展了较深入的理论研究。BRTF-SDPA项目组2010年完成的最终报告《数字地球的可持续经济：确保对数字信息的长期获取》对数字保存的经济可持续性做出了分析，提出了可持续的数字保存需要具备五个必要条件，分别是：①决策者可以清楚认识到数字保存的价值；②要坚持长期保存价值的原则选择需要保存的数字资源方面；③决策者需要提供激励措施以保存公共利益相关的数字资源；④要对数字保存活动进行恰当的组织和管控；⑤要建立可靠的资源保障机制，能够持续有效地为数字保存活动配置所需资源。

与此同时，众多研究机构投入到了经济模型的开发工作之中。大英图书馆服务部和英国伦敦大学图书馆从2005年开始，开展了专注于数字保存成本分析的电子文献生命周期信息（LIFE）项目，它提出了基于数字对象的生命周期来计算随着时间的不断延续数字保存所需要的经济投入。基于LIFE项目的研究成果，英国格拉斯哥大学的人文先进技术与信息机构研发了机构数字资产保管有效战略模型（ESPIDA）。这些应用分析工具进一步为用户分析和计算数字保存的经济成本提供了帮助。

文献调研结果显示，资金的重要性从来都不曾被忽视，而且显得越来越重要，保存成本模型从较为简单的直观的开发逐渐发展为依托四种主要开发方法，即以数字保存资源类型为基础的品种法（Species Act），如T-CMDP；以数字保存流程为基础的分步法（Process Costing），如LIFE；作业成本法（Activity-Based Costing），如KRDS；全成本核算法（Full Cost Accounting），如FCAMDS。数字保存成本模型的功能定位逐渐丰富，成本要素划分趋于精细，可操作性、专指性、特定对象和范围的适用性越来越强。

（五）三维数据保存研究

到目前为止，二维数据的归档已经基本实现，然而一些重要的三维数据因为受归档技术的限制而无法真正地归档保存。

Kilbride W（2017）描述了近年来3D激光扫描和打印技术的发展，令人惋惜的是人们对于这些数据的长期维护明显缺乏关注。涉及制作3D数据的代理机构好像都理解数据的长期价值，但却没有采取足够的措施确保其价值的维持。Hardesty J L（2020）等人根据国家论坛发现并探讨了3D数据存储库功能、最佳做法以及对保存模型的影响。首先，这项研究确定了

3D / VR存储库标准和实践的挑战与方向；随着3D技术变得越来越负担得起和可访问性，大学图书馆需要实施支持3D数据整个生命周期的工作流、标准和实践；这项研究邀请了多个学科的专家来分析当前的国家知识库和保存工作。与会者明确了积极应对3D数据的挑战，包括知识产权和合理使用；提供学术图书馆以外的存储库系统管理；寻求学术界以外的指导以进行工作流建模。

综上所述，可以看出对三维电子文件进行归档及长期保存研究的重要性及迫切性，要了解三维电子文件管理现状，解决三维电子文件归档及长期、安全、有效的保存及利用瓶颈问题以及3D数据制作团体与3D数据专业管理和长期维护团体之间的差距问题。

（六）国家策略研究

数字档案信息长期保存涉及数字档案信息的生产者、保管者、消费者、软硬件供货商等众多利益相关者，需要解决来自技术、标准、法律、资金、合作、人才培养等方面的众多问题。因此，针对长期保存工作中的重大问题、根本问题制定国家策略体系，通过国家的总体安排、宏观政策来引导、推动、保障长期保存工作，是必不可少的。

首先，部分学者较早地注意到了政府在长期保存中的重要作用，并总结了代表性政府数字保存的理念和措施。Kelly Russell（1999）探讨了政府的责任，例如提供资金援助、更新法律等。David O Stephens（2000）总结了英国在数字资源长期保存中形成的理念和采取的措施。

接着，部分国际组织与专门机构对国家职责、国家战略甚至国际战略提出了要求与构想。英国数字保存联盟于2006年2月15日在英国国会上发布了《关注差距：英国数字保存需求评价》报告。基于对英国相关机构的重要数字保存的深入调研、分析，这一报告提出了英国数字保存的发展战略，要求英国政府从国家战略和国际战略的层面来考虑数字保存问题，以对相关政策制定产生有益的影响；希望英国政府能够积极提供相关的经费支持，以促进数字保存标准规范、技术方法的研究；通过地区及国家层面的合作，建立起可信赖的国家数字存档体系，使重要的数字资源得以保存。

实际上，大多数国家并没有直接制定成文的数字资源长期保存国家战略或者策略体系，而是间接地通过制定、实施一系列的具体政策、具体措施，体现国家意图，不断引导、推动长期保存工作，比较有代表性的国家是澳大利亚。澳大利亚国家审计署在其《包括电子文件的文件保管》报告中指出，审计发现，澳大利亚许多政府机构发布的立法、标准、政策和指南范围不断扩大，都与文件保管有关。这些材料的地位范围从强制性的立法要求到推荐性的实践建议和指南，其中大部分由国家档案馆发布。在澳大利亚国家审计署的建议下，澳大利亚国家档案局在其网站上公布了与机构文件保管相关的立法、政策、标准和指南列表。

综上，数字档案信息长期保存国家策略为长期保存工作提供了最大的助力和保障，正在不同的国家经历着从现状调研到专门措施再到深入社会各个层面的广泛的立法、政策、标准和指南的必然转变，并且已经在澳大利亚、美国、英国、加拿大等国家取得了显著成效。然而，相关的理论研究却远落后于实践的发展。

三、评述与展望

从上述研究中，我们可以看出国外学者关于数字档案信息长期保存的目的、主体与合作、技术、经济以及国家策略等方面的研究都不断取得了突破式新成果，呈现出螺旋式上升、整体性推进的喜人局面。对于数字档案信息长期保存的实践项目、研究项目的关注度和支持力度整体呈现上升趋势，研究范围越来越广泛，研究领域越来越细化，研究成果的适用性也越来越强。同时，由图书馆、档案馆等文献收藏机构与数字档案信息生成机构、技术公司等部门组成的研究机构或者联盟正在不断取得实用性、生命力更强的研究成果。这些研究机构或者联盟视角更加开阔，更有利于解决数字档案信息长期保存中的各种复杂问题。

国外的相关研究也还存在一些仍待解决的问题或者未得到透彻的研究，或者未得到研究者的关注，它们是：①相关主体的职责不明晰，导致很多合作是临时的、松散的、依靠感情维持的，并不稳固；②由于数字档案信息管理人员与技术人员沟通不畅，加上技术的复杂性，导致一些关键技术缺乏突破；③现有的经济模型更关注大的、特定条件下的成本计算，缺乏通用性，且计算工具较复杂；④关于长期保存宣传的研究不够，导致社会意识不强；⑤小型机构的数字保存工作缺乏指导；⑥尤其缺乏对国家策略的研究，不能从根本上形成有利于长期保存的政策环境、社会环境。

根据国内外目前的研究进展来看，未来有关数字档案长期保存的研究应加强以下6个方面：①通过法律和政策，明晰形成者、保管者、监管者之间的职责，建立完善的合作机制；②积极研发、引进新的技术，如元数据的生成与保存关键技术、认证技术等；③继续开发简易计算工具，加强经济模型的适用性和通用性研究；④通过各种渠道加强宣传，提高全社会的数字保存意识；⑤在技术策略选择、经济模型开发、标准应用、实践案例建设等方面加强对中小型机构的帮助与指导；⑥重中之重是加强国家策略理论与实践的研究，根据国家对数字档案信息长期保存的基本思路和态度，制定具体的配套政策，用最低的社会成本迅速提升整体水平。

参考文献：

[1] TAYLOR H. Information Retrieval and the Training of the Archivist Canadian [J]. Archivist 2, 3 (1972): 33.

[2] BEARMAN D, & LYTLE R. The Power of the Principle of Provenance [J].Archivaria 21 (Winter 1985–1986): 14–22.

[3] ROTHENBERG J. Preserving Authentic Digital Information [EB/OL]. [2020-12-08].http://www.clir.org/pubs/reports/pub92/rothenberg.html.

[4] GARRETT J, & WATERS D. Preserving Digital Information: Report of the Task Force on Archiving of Digital Information [EB/OL]. [2020-12-08].

[5] ERPANET. Electronic Resource Preservation and Access Network [EB/OL]. [2020-12-08].http://www.erpanet.org/.

[6] STOUT L J, & BAIRD D. A. Automation in North American College and University Archives: A survey [J]. The American Archivist, 1984 (47): 394–404.

[7] BURDA D, & TEUTEBERG F. Sustaining Accessibility of Information Through Digital Preservation: A Literature Review [J]. Journal of Information Science, 39: 442–458. doi: 10.1177/0165551513480107.

[8] Hildevan Wijngaarden. Long-term Preservation and Permanent Access: How to Ensure the Long-term Reusevalue of your Digital

Assets [J] . Journal of Digital Asset Management, Houndmills: Apr 2007, 3 (2) : 102–110.

[9] CAPLAN P. The Preservation of Digital Materials [J] . Library Technology Reports, 2008, 44 (2) : 5–38.

[10] BEAGRIE N, CHARLESWORTH A, & MILLER P. How Cloud Storage can Address the Needs of Public Archives in the UK [EB/OL] . [2020–12–08] .http: //www.nationalarchives.gov.uk/documents/archives/cloud - storage - guidance.pdf.

[11] BURDA D, & TEUTEBERG F. Sustaining Accessibility of in Formation Through Digital Preservation: Aliterature Review [J] . Journal of Information Science, 39: 442–458.doi: 10.1177/0165551513480107.

[12] BEAGRIE N, CHARLESWORTH A, & MILLER P. How Cloud Storage can Address the Needs of Public Archives in the UK [EB/OL] . [2020–12–08] .http: //www.nationalarchives.gov.uk/documents/archives/cloud - storage - guidance.pdf.

[13] FERNANDES D, SOARES L, GOMES J, et al. Security Issues in Cloud Environments: Asurvey [J] .International Journal of Information Security, 13: 113–170.doi: 10.1007/s10207–013–0208–7.

[14] MOSCA P, ZHANG Y, XIAO Z, et al. Cloud Security: Services, Risks, and a Case Study on Amazon Cloud Services [J] . International Journal of Communications, Network and System Sciences, 7, 529–535.doi: 10.4236/ijcns.2014.712053.

[15] HENDLEY T. Comparison of Methods and Costs of Digital Preservation [C] . British Library Research and Innovation Report, 1998 (106) : 96–99.

[16] The Blue Ribbon Task Force on Sustainable Digital Preservation and Access. Sustainable Economics for a Digital Plant: Ensuring Long-term Access to Digital Information [EB/OL] . [2020–12–08] .http: //www.digitalpreservation.gov/meetings/documents/

ndiipp11/Berman.pdf.

[17] Life Cycle Information for E-literature. LIFE Tool [EB/OL]. [2020-12-08]. http://www.life.ac.uk/tool/.

[18] CURRALL J. ESPIDA [EB/OL]. [2020-12-08]. http://www.gla.ac.uk/services/library/espida/index.shtml.

[19] 肖秋会，许晓彤，赵明一．欧美数字保存成本模型研究综述[J]．图书馆学研究，2017（24）：2-9.

[20] KILBRIDE W. 3D 4Ever: Why is it so Hard to Talk about the Preservation of 3D Data? Journal of the Institute of Conservation, [s. l.], v.40, n.2, p.183 - 189, 2017.

[21] HARDESTY J L, JOHNSON J, WITTENBERG J, et al. 3D Data Repository Features, Best Practices, and Implications for Preservation Models: Findings from a National Forum. College & Research Libraries [Internet]. 2020 Jul 1 [cited 2021 Mar 12];81(5): 789 - 807.

[22] RUSSELL K. Digital Preservation: Ensuring Access to Digital Materials Into the Future [EB/OL]. [2020-12-08]. http://www.leeds.ac.uk/cedars/Chapter.htm.

[23] STEPHENS D O. Digital Preservation in the United Kingdom [J]. Information Management Journal, Oct 2000: 68-71.

[24] Digital Preservation Coalition. Mind the Gap: Assessing Digital Preservation Needs in the UK [[EB/OL]. [2020-12-08].

档　案

三

北京高教学会档案研究分会
2020 立项课题阶段性成果

高校档案工作创新发展探究*

陈　军　谢巍弘

摘　要：高校档案创新工作是高校管理工作中的重要一环。明确高校档案创新工作的发展路径，进一步优化高校档案创新工作，对高校的可持续发展具有重要意义。本文拟通过梳理我国高校档案工作的发展现状，探讨了当前我国高校档案创新工作中存在的问题，提出我国高校档案工作的创新发展路径，以期为进一步推动我国高校档案创新工作的高质量发展提供借鉴。

关键词：高校档案创新工作；信息化建设；高校档案馆联盟；文本挖掘技术

一、高校档案创新工作的内容及意义

高校档案作为真实记录高校在各时期重要工作和活动的原始记录，是高校的宝贵财富。高校档案创新工作是高校管理创新工作的重要组成部分，为高校各方面的工作创新开展提供信息依据，对高校的未来创新发展具有促进作用。教育部和国家档案局于2008年公布的《高等学校档案管理办法》的中指出，高校档案工作是高等学校重要的基础性工作，学校应当加强管理，将之纳入学校整体发展规划。赵爱国等认为："档案工作是高校治理体系中的基础性、重要性工作，也是高校综合改革和一流大学建设过程中不可或缺的组成部分。"高校档案工作的规范性、高效性和信息化程度等方面，在一定程度上可以反映出一所高校管理创新水平的高低。

*　本文系北京市高等教育学会档案研究分会2020—2021年度档案研究课题项目"高校档案工作功能定位和创新发展探究"的阶段性成果。

陈军（1973—　），男，甘肃定西人，华北电力大学档案馆馆长，研究方向为档案信息化和数字化管理，主持了华北电力大学档案信息化系统的建设工作，多篇学术论文发表，E-mail：flying2006@163.comkai@ncepu.edu.cn；谢巍弘（1995.2—　），男，河北保定人，河北大学管理学院档案学专业2019级硕士研究生，研究方向为档案信息服务、数字人文，E-mail：xiewh188@163.com。

高校档案创新工作对高校的日常管理、教育教学、科研等工作具有推动和支撑作用，对高校的整体可持续创新发展具有重要意义。张欢认为，“高校档案中有关教学、科研、学校历史、著名人物等方面的信息资源，对学生的思想道德、科学文化和艺术审美等都具有非常重要的教育意义”。高永青认为，“将这些珍贵的大学记忆进行系统化管理，形成本校的价值 取向、历史沉淀和创新品格，进而传承创新大学文化、社会文化。”可见，高校档案创新工作在教书育人、文化传承、社会记忆留存、社会化服务等方面都具有重要贡献，是我国档案事业发展的重要组成部分。

二、我国高校档案工作创新发展现状分析

（一）文献分析

对于我国高校档案创新工作的现状与研究成果，笔者以CNKI中发表的相关文献作为数据来源，在文献分类目录中勾选“档案及博物馆”，以“主题”为检索项，以“高校档案创新工作”作为检索词，将来源类别设定为CSSCI期刊，进行精确匹配，剔除无效数据后的检索结果共计50篇。以这些文章作为统计样本进行定量分析，如图1所示。

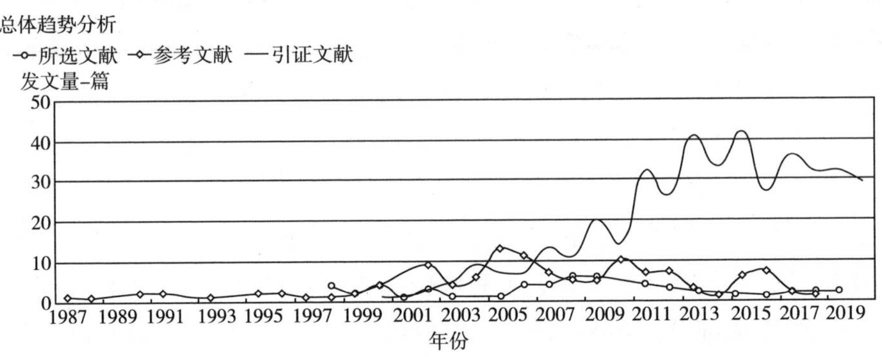

图 1 “高校档案创新工作”在 CSSCI 期刊发文的总体趋势

由图1可以看出，在CSSCI期刊中检索到的主题为“高校档案创新工作”的文献发表最早出现于1998年，随后虽然有一定的上下波动，但整体趋势较为稳定。几乎每年都有一定数量的关于高校档案工作的研究新成果，说明提升高校档案创新工作的水平一直是学界研究的重要问题之一。从这些文献可以看出，对于高校档案创新工作这一主题，我国学者从高校档案

的教育功能、高校档案馆的社会服务定位、高校档案管理的信息化建设 、高校档案编研与利用 等方面展开研究，并取得了不少创新研究成果。

（二）我国高校档案工作相关政策创新不断规范和完善

档案工作体制创新通常是指国家机关、企事业单位在档案机构设置、隶属关系和管理权限划分等方面规范的体系、制度、方法和形式创新总集成。在国家层面，出台了很多档案工作的创新规范和条例。1983年中共中央办公厅、国务院办公厅联合印发《机关档案工作条例》。《中华人民共和国档案法》经1987年颁布以来，历经1996年和2016年两次修正后，于2020年进行修订。新档案法的实施有助于为新时代档案事业高质量创新发展提供坚强的法制保障。

我国高校档案工作创新管理制度体系也在档案工作制度建设的大背景下不断发展。高校档案创新工作是国家档案事业创新的有机组成部分，应在国家宏观政策法规的指导下开展。我国高校档案事业源于20世纪初期，经历了20世纪80年代中后期高校档案工作和档案事业的快速发展期，21世纪初教育改革的深改期。1989年10月，国家教育委员会发布了《普通高等学校档案管理办法》，自此全国高校档案创新工作开始全面开展并不断发展壮大。2008年，教育部和国家档案局制定了《高等学校档案管理办法》。2015年10月24日，国务院印发《统筹推进世界一流大学和一流学科建设总体方案》。2017年9月，教育部、财政部、国家发展改革委公布了世界一流大学和一流学科建设高校及建设学科名单。这些国家层面出台的政策都为新时期我国高校档案工作创新定位和创新发展提出了新的议题。综上可以看出，我国高校档案工作经历了长时间的发展历程。在此期间国家相继出台并实施多项创新的政策法规，用以指导高校档案工作面临的各方面实际问题，我国高校档案管理工作在制度和规范方面逐步得到完善。

（三）我国高校档案工作创新面临的问题

随着我国高等教育的迅猛发展，高校档案创新工作在高校治理工作中的作用愈加凸显。高校档案工作在管理体系、信息化建设、数字环境下的档案信息服务等方面不断创新，已取得了不少创新成果。在新的发展时期，我国高校档案工作创新仍然面临着许多新问题并有待解决。

在管理层面，我国高校档案工作创新受重视程度有待提高。在学校层面，对本校的档案管理工作不重视是主要因素之一。档案工作的效益具有滞后性的特点，档案从收集到管理再到开发利用，有一个较长的时间周期。在高校档案工作中，客观上，档案收集进入高校档案馆后，档案工作人员需要对其进行整理、编目、鉴定、统计和开发利用等相关工作。这些工作都将耗费大量的时间成本和一定的经济成本。从制度上看，根据我国相关制度的规定，档案的开放利用因需要保密等因素，有一定的时限。这些因素都共同造成了高校档案管理工作的滞后性。此外，高校档案从开始开放的那一刻起，到被用户查询利用，最终取得实际的效果，此阶段所需要的时间周期依然较长，导致了档案工作整体的效应滞后。因此，对于高校而言，档案管理工作创新由于滞后性的存在无法带来明显的近期效益，导致学校对档案工作创新的不重视。

在技术层面，我国高校档案工作的信息化建设已初具成果，但有待进一步提高。近年来，“大数据”“云计算”等已经成为时代的标志性词语。新技术为高校档案工作提供着新的发展机遇。“数据”已经渗透到各个行业和领域，如何对庞大的数据进行存储并使其得到有效、安全的管理等问题亟待解决。所谓高校档案管理的信息化建设，就是通过引进全新的信息化技术与电子设备，进而对档案信息资源进行收集、开发、管理，改变传统的人工档案管理的模式，为教学活动、学校发展提供更加便捷、迅速的档案查询服务，是高校教学、图书馆管理、学校资料保存等各项工作顺利开展的基础。当前，高校对软硬件设备进行大量扩充，我国高校的软硬件设施已经初具规模。但基础设施的规模扩充仅是信息化建设的基础，提高信息化建设的质量还需优化档案管理工作的各环节，以适应新的技术环境下档案管理工作创新的各项要求。

三、我国高校档案工作创新发展路径

高校档案工作创新在做好“存史、资政、留凭、育人”定位的基础上，还要在大数据、大学文化等方面从以下几方面尝试创新突破。

（一）创新发展路径 1：优化高校档案工作顶层设计

社会化的重视和认可短期利益行为，使档案工作滞后性和社会重视短期效益的矛盾愈加明显。高校作为事业单位，是社会组织的重要组成部分。由于档案工作具有开放滞后性和效益滞后性等特点，导致高校档案工作的发展和其他工作的不合拍现象。高校档案工作的顶层设计是对高校档案工作体制机制的完善，实质是通过档案管理制度，推动高校档案事业的发展，达到档案工作助力高校进一步发展的目的。此外，除应正确地认识到高校档案工作的滞后性特点外，还应能清楚地看到档案工作的影子性特点。档案工作的影子效益是指档案利用者由于利用了有关档案从而节省了在假设未利用该档案的情况下的花费或避免了在假设未利用该档案情况下的损失之和。由于档案工作的效益呈现出影子性的特点，使档案工作带来的一部分效益是隐含的，不能直观地看到，导致人们忽视了档案工作的重要性，产生档案工作的投入远大于收益的错觉。

高校在制度层面进行顶层设计时，应充分认识到档案工作的滞后性和影子性等特点的同时，尽量缩短档案工作的收益周期。在新的时代背景下，高校档案管理工作应及时以积极的态度面对新形势、新问题，要以习近平新时代中国特色社会主义思想为指引，改革高校档案管理体制，促进高校档案管理工作的可持续发展。

（二）创新发展路径2：发展高校档案信息化建设

随着IT技术的不断发展，以数字化、网络化、智能化为特征的信息化浪潮蓬勃兴起。在信息技术日新月异的今天，信息化进入了跨界融合、加速创新、引领发展的新阶段。2015年8月31日，国务院发布了《促进大数据发展行动纲要》(国发〔2015〕50号)，从发展形势和重要意义、指导思想和总体目标、主要任务、政策机制等四部分对我国大数据的发展进行了战略布局。在此背景下，各行业在大数据收集、存储、管理和利用等方面应作出适时的解决方案。因此，推进信息化建设，加快释放信息化发展的巨大潜能显得尤为重要。

近年来，高校招生规模逐年扩大，学生档案大量增加，加之高校的管理、教学、科研等活动产生的档案较以往明显增多。对于高校而言，传统的档案管理手段和方式已经远不能满足当前高校管理活动和可持续发展的需求。引入数据治理手段，建立健全符合高校特点的信息化档案管理模式是高校档案工作发展的必然选择。

高校档案信息化建设应加大资金投入，完善信息化基础设施的建设。在电子档案管理方面，高校档案工作应秉持“存量数字化、增量电子化”的理念。信息化建设除包括软硬件设施外，还应关注数字环境下电子档案的真实性、完整性、安全性和可用性等方面。此外，高校档案信息管理系统对数据的管理能力是决定高校档案信息化建设水平高低的关键因素。在数字环境下，收集并快速处理和分析庞大的数据，是高校档案信息管理系统的必备功能。高校档案信息管理系统还应具有一定的兼容性和可扩展性，以保证系统中存储和管理的电子档案的长期可读性。

（三）创新发展路径 3：建立高校档案馆联盟体系

随着数字时代的到来，档案工作在新的技术环境下也应不断做出调整。现代信息技术及档案馆理念的不断进步，使得数字档案馆的发展愈加成熟和完善。如何将多个高校的档案馆藏信息进行联结并找到关联性，如何针对同一重大事件或活动检索不同高校档案馆留存的档案信息资源，是大数据环境下需要解决的问题。档案实践部门可借鉴图书馆领域的相关经验，建立高校数字档案馆联盟。建立高校数字档案馆是数据驱动的必然性。建立高校档案馆联盟的目的是实现高校档案馆间的档案信息资源共享。通过馆际互借和文献传递等方式，使用户在检索档案信息资源时不再受时间和地理空间的制约，充分发挥成员馆的档案信息资源优势。

在管理层面，在初步建立起高校档案馆联盟体系后，可以将向用户提供馆藏资源的范围通过联盟扩大，再进一步共建特色馆藏资源数据库。高校档案馆联盟应制定相应的政策，方便联盟中各成员之间进行馆藏档案信息资源的资源发现、到馆查询、线上检索和馆际互借。对在数据库中储存和管理的数据，也应进行内容、格式等层面的规范化和标准化。此外，还应建立一套完善的评价体系。用以对高校数字档案馆联盟进行不定期的科学评估，持续高效地为用户提供档案信息资源服务，促进联盟的良性发展。

在技术层面，基于馆藏资源进行深度挖掘，并向用户提供个性化服务是高校档案馆的基本功能之一。在数字人文理念和思想的指导下，可以通过以文本挖掘为代表的数据分析技术，赋能高校档案信息资源开发与利用。文本挖掘指的是从文本数据中获取有价值的信息和知识，它是数据挖掘中的一种方法。利用文本挖掘技术，建立高校档案馆藏资源之间的强关联性，进而提供具有潜在价值的档案信息。将文本挖掘技术应用于高校档案馆联盟体系中具有多方面的优势。第一，可以挖掘高校馆藏资源的潜藏价值。通过文本聚类的方法，可以帮助高校档案工作者在面对大量文本档案时，快速发现档案之间的关联性和相似性，挖掘出档案资源的隐含信息，以方便对文档内容进行总结概括，对相似文档进行分类，简化浏览相关、相似信息的过程。第二，可以提高档案资源信息获取速度。为保障用户尽可能短时间内获取档案信息资源，利用计算机系统的快速计算能力，在数据库中进行主题、关键词等方式的检索，从海量文档中寻找用户需要的相关文档，针对不同用户的档案资源获取需求单独设置出信息获取专题，为用户提供个性化的档案查询服务。第三，可以提升档案信息服务质量。高校网站和数据库中包含的信息都在成指数级的速度增长。用户在面对海量信息时，输入的检索命令会得到成千上万的返回结果。但这些结果有很多与其信息需求无关或关联性不强，如果要剔除这些文档，则必须阅读完全文。这要求用户付出很多时间和精力，导致用户的实际使用体验效果不好。通过自动文摘技术，利用计算机自动地从原始文档中提取全面、准确地反映该文档中心内容的简单连贯的短文反馈给用户。用户只需通过生成的关于文档内容的简短指示性信息，决定是否要阅读文档的原文，以达到节省大量的查询和浏览时间的目的。

总之，高校数字档案馆通过建立联盟的方式，立足于联盟中各高校成员的档案信息资源共享，在统一的政策和标准下，利用量化统计、文本挖掘、语义关联等技术手段，可以有效整合馆藏数字资源，精准定位用户的个性化需求，提升高校档案信息服务水平，充分发挥高校档案工作的价值。

参考文献：

［1］高等学校档案管理办法［EB/OL］．（2008-08-20）［2021-01-06］.http：//www.moe.gov.cn/srcsite/A02/s5911/moe_621/200808/t20080820_81841.html.

［2］赵爱国，樊树娟．一流大学建设视域下高校档案工作的定位与功能浅探［J］．档案学通讯，2018（02）：96-100.

［3］张欢．高校档案的教育功能探讨［J］．陕西档案，2018（04）：56-57.

［4］彭宗忠．高校档案管理中的文化传承与创新［J］．兰台世界，2016（23）：79-81.

［5］崔立影．高校档案专业教学理论与人才培养方法研究——评《档案工作综合实践教程》［J］．教育发展研究，2019，39（21）：85.

[6] 赵爱国，李星玥. 高校档案馆的社会定位与社会开放研究 [J]. 中国行政管理，2018 (04)：63-66.
[7] 曹勤民. 从“独享”走向“共享”——论高校档案信息资源社会价值的实现路径 [J]. 档案学通讯，2012 (05)：49-52.
[8] 石建光. 民族高校档案管理中的信息化建设 [J]. 西南民族大学学报（人文社科版），2016，37 (10)：237-240.
[9] 蔡雨. 信息化环境下的高校档案管理 [J]. 山西财经大学学报，2012，34 (S4)：94.
[10] 甘露华. 基于专题研究视角探索高校校史档案编研的创新——以四川大学为例 [J]. 档案学研究，2017 (S2)：102-104.
[11] 孙艳丽. 新时期高校档案编研与档案利用服务的思考 [J]. 现代情报，2011，31 (07)：150-152.
[12] [13] [14] 王根健. 高校档案管理体制的变革与创新研究 [J]. 兰台世界，2020 (04)：83-86.
[15] 普通高等学校档案管理办法 [EB/OL]. [2021-01-06]. http：//old.moe.gov.cn//publicfiles/business/htmlfiles/moe/moe_621/201001/81936.html.
[16] 高等学校档案管理办法 [EB/OL]. (2008-08-20) [2021-01-06]. http：//www.moe.gov.cn/srcsite/A02/s5911/moe_621/200808/t20080820_81841.html.
[17] 国务院关于印发统筹推进世界一流大学和一流学科建设总体方案的通知 [EB/OL]. (2015-10-24) [2021-01-06] http：//www.gov.cn/zhengce/content/2015-11/05/content_10269.htm.
[18] 国务院关于印发统筹推进世界一流大学和一流学科建设总体方案的通知 [EB/OL]. (2017-09-21) [2021-01-16] http：//www.gov.cn/zhengce/content/2015-11/05/content_10269.htm.
[19] 牛芙蓉. 高校档案管理工作信息化建设探析 [J]. 陕西档案，2019 (02)：32-33.
[20] 陈永生. 论档案工作效益的影子性特点 [J]. 档案与建设，1993 (03)：12-16.
[21] 国务院印发《促进大数据发展行动纲要》[EB/OL]. (2015-09-

05）［2021-01-06］http：//www.gov.cn/xinwen/2015-09/05/content_2925284.htm.
［22］姚恒．大数据环境下的高校档案数据治理路径研究［J］．办公室业务，2020（19）：124-125.

校史文化的传承路径与影响要素

陈　静

摘　要：高校历史是一座巨大的资源宝库，它涵盖了历代先辈的智慧结晶和实践成果。校史文化是一所学校的灵魂，记录了学校发展演变历史，承载了学校追求崇尚的价值观，遗传了学校宝贵的精神品质。36 所北京地区大学，经过短短 6 年多的办学实践，以物质为基础，以制度为规则，以精神为动力，在主体的参与下，到 1985 年经过整合成为北京联合大学。本篇经过表层文化、中层文化、底层文化互动分析，呈现校史文化的传承路径。从师生认同感、思想和人才的流动、守正创新意识三个维度分析校史文化传承的影响因素。

关键词：校史文化；整合；传承路径

一、引言

高校校史文化是一所学校在长期发展过程中的历史积淀，是师生长期创造形成的产物，是学校发展生生不息的力量源泉。学校的文化和精神，是一所学校发展的“魂魄”与特征，而这恰恰需要学校立足本校实际、办学传统和历史的长期积淀才能形成，是无法照搬照抄的。校史文化建设对大学发展的影响虽是无形的，但却是巨大的、深远的。它是大学所有资源中的一种不可忽略的隐性教育资源，尤其对经过北京地区整合后形成的多校区大学来说，文化的整合和相融才是大学实质性融合的最终体现，也是实质性融合的最牢固的根基；同时，文化整合也是多校区大学所面临的挑战。多校区大学只有通过文化整合、实现文化的融合和传承，才能成为真正意义上的“一个大学”。

二、大学分校整合发展

“整合”（integration）一词出自地质学，最早出现在20世纪40年代末的

陈静（1981—　），女，硕士研究生，北京联合大学生化学院中级讲师，学工组长，研究方向为高校思想政治教育。

西欧，现在被广泛应用于社会学、经济学、教育学等领域的研究。“整合”并非简单的融合、整顿、合并或协同发展，“整”是“合”的前提，“合”是整的结果，“整”是开始，“合”是相对的、暂时的平衡。从哲学意义上讲，整合是指由系统整体性及系统核心的统摄、凝聚作用而导致的使若干相关部分或因素合成一个新的统一整体的建构、优化的过程。高等教育研究领域中，即是说高等教育整合既能够保留与尊重高等教育的个性发展，也注重区域高等教育之间的关联与相互作用。具体包含五个层次的整合与发展，如图1所示。

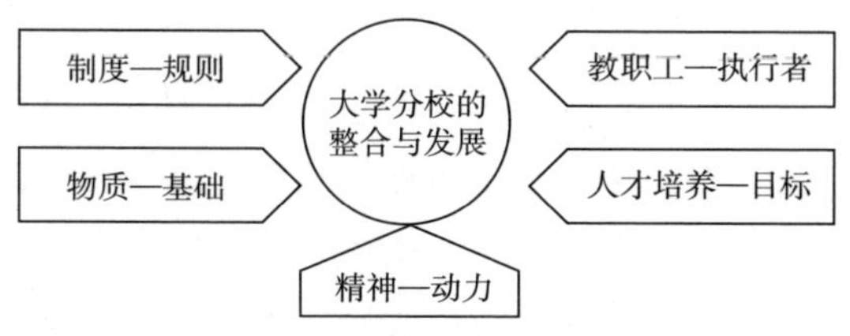

图 1　大学分校整合发展模型

马克思主义认为，物质是表示客观实在的哲学范畴，它的唯一特性是客观实在性，物质是世界唯一的本源，是思想产生、事业发展的基础。北京联合大学成立之初，面临教学资源和生活设施数量上的匮乏和配置上的不科学，不同校区、院系的教学资源配置差异明显等诸多情况。而实现教学资源整合与优化，势必将打破部门间的限制，更新观念，深化资源共享意识，实现利益最大化、效果最优化。同时在资源配置方面营造公平、共享的公共平台，实现统筹管理，使资源配置的权利部门化、分散化、协调化。

学校各项规章制度为各个学科发展、教学运行、科研管理、部门协同等设立规则，科学合理的规则使得学校各项事务运行高效和谐、有条不紊。制度的效率取决于组织之间的相互融合关系。多校区大学能够产生、存在并发展，势必经历过分校整合过程中矛盾的调和，其组织制度上必然存在着一定的均衡。另外，规则不意味着保守死板、固步自封，同样需要与时俱进、改革创新，改进研究思想、管理制度和运行机制，以创新性的思维推动科学研究向高层次发展，适应新的高等教育发展阶段及社会需求。

大学精神是大学的使命、功能、目标和理想等内容的概括和浓缩，是一所大学蓬勃发展的动力源泉，正如胡适先生所说“大学精神之于大学，犹如人之灵魂之于身体”。大学精神的形成不是一蹴而就的，是历史沉淀与积累的过程。北京地区大学分校虽然办学时间不长，但是都是在北京各高校的基础上建立的，与本校有着千丝万缕的联系。本校的大学精神、文化品质通过各种载体和途径传输到了分校的建立和发展过程中，经过吸收和利用，转化成分校自身的文化因子，长久地影响着分校的发展。经历过分校整合后，势必形成北京联合大学的文化基因，并有利于发挥优秀的个性文化，使高校自身在共性中审视大学文化并创新，成为高校蓬勃发展的不竭动力。

教职工是衡量一所大学的重要指标，是知识的传播者和大学精神的传递者，是大学分校整合与发展的执行者。管理者具备高瞻远瞩的能力、洞悉全局的战略眼光；教师能够迅速捕捉到科学进步带来的新机遇，在追求科学追求创新的进程中拓展自己的学术生命，有策略实现自己的专业理想，对一所高校至关重要。大学分校的整合过程，有利于管理者在个性文化融合中把握学校目标定位、办学理念及特色凝练，可以实现教师资源的共享和教学经验、教学方法等方面的共享，取长补短，从而有利于教师素质结构的健全。

现代大学经过近千年的发展，人才培养始终是其首要职能，大学分校的整合与发展同样是以培养优秀人才、构建科学人才培养体系为目标。马克思主义认为，人的发展的最高境界是人的自由全面发展。2018年5月2日，国家主席习近平在与北京大学师生座谈会中讲到，“把立德树人的成效作为检验学校一切工作的根本标准”，在全国教育大会上强调“要培养德智体美劳全面发展的社会主义建设者和接班人”。因此，更加适应社会需求、符合国家发展需要、满足人民对美好生活向往的期待的分校整合使教学资源配置更加合理、制度建设更加规范、精神文化更加凝聚，进而更有利于培养德智体美劳全面发展的社会主义建设者和接班人。

由多所分校整合而成的综合高校，以物质为基础，以制度为规则，以精神为动力，在主体的参与下不断发展，既包含保留、尊重、继承各个学院母体的精神内核和个性发展，也包含学院之间协同、融合与发展。整合既是一种行动策略，更是一种思维方式、学科基质与哲学范式。正如36所北京地区大学分校响应时代发展和社会需求，伴随着改革开放纷纷成立，经过短短6年多的办学实践，大学分校克服种种困难，解决了首都经济建设急需大批人才的问题，同时满足众多知识青年迫切希望上大学的愿望，到1985年经过整合成为北京联合大学，它传承了北大、清华、北师等母体的文化基因，也实现了协同与融合，并以校史为载体传承发展。

三、校史文化传承路径

古语有云“求木之长者，必固其根本；欲流之远者，必浚其泉源”，又谓“德润人心，文化天下”。学校的历史是学校生存和发展的前提，学校通过对自己历史的继承和反思将获得进一步发展与创新的本质力量。大学校史文化是大学人所创造的精神领域的一切成果，是在记录一所大学发展历程的基础上，形成的以校史资源为载体的具有宣传教化功能的一种文化形态。

大学校史文化作为大学文化的一种特殊形式，按照内容可分为三层。表层文化是蕴含在师生物质生活（衣食住行）中的文化，它是可感知的，与师生日常生活、学校的物质条件密不可分，是师生运用物质以满足各种需要的形态，是一种物化的精神。表层文化的一个特点是容易改变，不稳定，另一个特点是直接作用于人的感官。中层文化是借助物质所体现的文化，包括习惯、礼仪、活动、制度、规则等，它的变化速度仅次于表层文化，表层文化和中层文化的每一次演变与更迭，也是与时俱进向前进化的过程。底层文化是观念、精神、理念等，底层文化之所以为底层，是因为它为全体师生所共有，且相对稳定，不会朝令夕改，不像中层和表层，可能因为不同校区或不同系部而有自己的特点，因为环境变化而迅速作出反应。底层文化是校史文化的灵魂、核心，它是经过多年积淀，以及表层文化和中层文化的反作用而不断调整、加强，一代代传承且深深印在师生脑海中的部分。它的精神总是投射到中层和表层，反过来，表层文化和中层文化总是蕴含、体现着底层文化。校史文化的表层、中层、底层形成了一个稳定而严密的体系，这是学校具有生命力和影响力的内在原因。

高校的初始文化主要是受生活环境和物质生产条件的刺激而发生的；而一旦文化发生了，最初形成的文化底层将对尔后的文化发展产生永远拒绝不了的影响、打上磨灭不掉的痕迹，这些初始文化的核心内容就被称为文化基因。经过时代的发展，曾经为了国家使命亦或是个人梦想聚在一起的有着共同奋斗经历的大学人，对学校的发展历史、文化基因有天然的认同感，经过不断的凝聚与融合，文化发展脉络逐渐清晰，进而实现固化，也同时实现了由蕴含在师生物质生活（衣、食、住、行）中的文化积淀形成底层文化的过程。

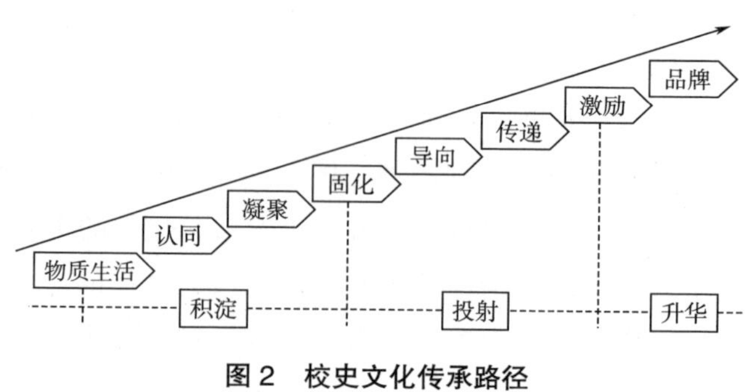

图 2　校史文化传承路径

然而，任何事物总是发展变化的，凝聚固化清晰的底层文化精神总是投射到中层和表层，例如校园建筑、风景、风貌、人文标识具有导向作用，能吸引校友们“燕子归来寻故垒”，海棠广场、林荫道、静谧图书馆，处处给人熟悉的感觉，这也正体现了和谐家文化。开设校史文化校本课程，研究制定教材、进行教学研究、组建教学团队，使校史文化教育成为新生入学教育第一课，成为美好大学开始的起点。学校历史、精神品质、优秀校友有利于学生了解并融入新环境，树立远大目标，甚至产生终身难忘的影响，这些都有效地传递了学校核心的底层文化。

在表层文化发挥导向功能以及中层文化发挥传递功能的同时，点燃师生内心热情的精神力量也在发生，继而形成一种文化自觉，使教育者体悟学校精神品质，深思文化问题，形成共识，并把这种自觉向社会扩散。于是，底层文化升华成为品牌。经过这样表层、中层、底层文化的交互作用，便构成了校史文化循序渐进、守正创新、螺旋式上升的传承路径。

四、校史文化传承发展的影响要素

高校校史文化以其特有的文化氛围对广大师生产生着潜移默化的影响，而校史文化本身的传承发展也受一定因素的影响。

师生认同感。在把握共性与个性的关系中提升师生对本校价值追求的认同感。多校区高校总结过去的办学经验，根据各校区的现有情况和国内外的发展趋势，对校史文化进行再认识和重新定位，找出共同的特征，确定一个适应时代发展要求又能符合学校可持续发展的建设目标，并与培养德才兼备的“四有”新人的根本目标结合在一起，坚持正确的政治方向，充分调动各方面积极因素。毋庸置疑，应从价值观着手，围绕目标战略，提升学校的共同目标和价值观。大学基本观念和信念的体系是一个高校首先要明确达成的共同意识，这种强大的精神力量保障学校的发展方向，引领学校蓬勃发展。北京地区大学分校经多次整合至成立北京联合大学，其中各个学院来源于本校的文化因子均有相对独立性和稳定性，可能激发各学院之间的异质文化冲突。原有文化的心理定式和空间阻隔，在分校整合阶段加剧了多校区大学文化融合的难度，然而，分校整合后，也正是这种异质文化在某种程度上增加了文化活力。文化延伸和覆盖需要一定的时间，因此师生对共性和个性文化关系的把握，对教育理念、办学定位、发展方向等共性价值和文化认同的程度，影响校史文化传承发展的深度。

思想和人才的流动。在把握普及与提高的关系中加速思想和人才的流动。由多个分校整合而来的多校区高校，由于各校区、院系的条件不同，专业学科的领域不同，师生的文化素养不同，因此在将有思想政治教育元素的校史文化渗透在教学运行、学生管理、科学研究等活动载体的过程中，各校区之间思想和人才的加速流动至关重要。首先各校区在开展具体的校园文化建设中，应该注意到普及校史文化活动，具体包括培养目标和规格的制定、校本教材建设、校史文化展示平台建设、校史文化育人工作机制建设、教学团队培育等。在普及校史文化建设的基础上，多校区高校还必须围绕学校的目标战略和根据自身的实际情况，制定学校校史文化的发展目标和建设方向以及各校区子系统的分解目标和推进任务，从校史文化的结构、层次和内容入手，不断提高校史文化的宣传力度，深化校史文化的内涵。因为整合必然要求各主体间的高速碰撞，理解也只有在流动的基础上才能有所增进，最终形成开放包容的文化氛围，这种流动不只是高校内部，还会在高校外部。保持开放，促进教师、学生等不同领域教育主体与思想的相互流动，有了流动的空间，才有进一步理解的可能性，才不会囿于思维定式与单一的思想空间，才能影响校史文化传承的广度。

守正创新意识。在把握继承与创新的关系中加强守正创新意识。在多校区高校的校史文化优化与整合的过程中，必须坚持继承与创新相结合。传统的优秀文化是文化建设的基础，而创新则给文化建设带来无限的生机和活力。多校区办学的高校要继承各校区在发展和改革过程中所取得的优秀成果，以及经过历史积淀的文化底蕴。在继承的基础上，还要更新观念、创造新文化。多校区高校应根据各校区校史文化的特点和市场发展的要求不断地创新新文化，以丰富和提升已有的文化内涵，推动校史文化向前发展。“守正”与“创新”是辩证统一的。坚持“守正”，“创新”才能有明确的立场和指向；不断“创新”，“守正”才能获得活力源泉和动力根基。正如北京联合大学几十年来在应用型大学建设道路上矢志不渝，不断深化应用型人才培养模式改革，推进应用型科技创新，开启新时代。北京要承担新的城市功能，学校坚持走内涵式发展道路，紧紧围绕北京“四个中心”新定位，明确提出了“建设高水平、有特色、首都人民满意的城市型、应用型大学”的发展目标。城市型、应用型大学是在新的历史时期，为适应城市经济社会发展需求，对自身办学定位的调整与聚焦，是在已有基础上的继承与发展、守正与创新，更加体现时代性。

参考文献：

［1］教育部课题组著．深入学习习近平关于教育的重要论述［N］．人民出版社，2019：92.

［2］罗晨旻，吴业春．多校区大学文化整合面临的挑战与应对策略［J］．国家教育行政学院学报，2006（06）：63–66.

［3］卓泽林．粤港澳大湾区高等教育整合：动力、原则及目标［J］．高教探索，2021（02）：14–20.

［4］许嘉璐．中华文化的前途和使命［M］．中华书局，2017：6.

高校决策档案预警系统建设初探*

赵宪珍

摘　要： 档案是各项决策事项的真实记录，通过建立“无死角、全覆盖、可追溯”的决策档案管理体系，不仅能够完整保存决策过程中业务流、信息流、资金流关键节点的文件材料；同时能够连同业务主管部门、相关监督检查审计等部门进行事前、事中、事后多维度管理，实现对决策事项和权力执行过程重点节点预警，规范权力和制度的运行，形成良性循环，进一步促进高校内部管理的规范化，提高决策质量和效率，明确决策责任，规范决策行为。

关键词： 决策档案；预警；高等学校

一、引言

随着党风廉政建设的不断深入，高校不断深化学校管理体制改革，完善权力运行制约机制，进一步构建决策科学、执行坚决、监督有力的权力运行体系。权力运行过程中形成的高校决策档案详细记录了职权行使过程中的大量原始信息，特别是各项职权及其依据、行使主体、运行流程、对应的责任等都有详细的记录。建立高校决策档案预警系统有助于打破部门限制，对决策事项进行全流程、全方位、全维度管理，有助于形成边界清晰、分工合理、权责一致、运转高效、依法依规的职权体系，促进科学有效的权力监督制约机制的建立和完善。本文将从高校决策档案入手，联合相关部门建立事前、事中、事后决策档案预警系统，加强决策过程的监督，制约规范决策行为，进一步提高决策质量和效率，全面推进依法治校。

---

*　本文为北京市高等教育学会档案研究分会 2020—2021 年度课题“高校档案预警系统的研究与实现”阶段性研究成果。

赵宪珍（1977—　），女，河北定州人，副研究馆员，硕士研究生，主要从事档案基础理论研究和高校档案编研工作，E-mail：zhaoxianzhen@bjut.edu.cn。

二、系统建设构想

近年来，随着外部和内部监督检查机制不断深入，高校决策档案利用率逐年上升；但在利用过程中不断出现问题，特别是归档不全、归档质量不高、归档文件不符合要求等问题层出不穷。这些问题的出现部分是因为归档不及时，造成大量应归档文件散落在具体业务部门；部分是因为决策过程中未及时形成或留存相关文件材料，业务主管部门和档案管理部门未能及时监督检查造成的，这使得多部门联合建立高校决策档案预警系统迫在眉睫。

（一）事前：给出详细标准

从国家、行业、各省市都先后出台了关于决策程序、决策档案管理的相关规定，但聚焦高校层面还没有出台相关管理规定，这些给高校决策档案管理带来了挑战和机遇。建立高校决策档案预警系统将联合决策事项主管部门，以决策事项具体归档范围和保管期限表为抓手，完整保存决策中“公众参与、专家论证、风险评估、合法性审查、集体讨论决定”等必经程序中形成的档案资料。同时，将有针对性地在决策事项前联合业务主管部门给予事前的业务指导，针对每类决策事项给出详细的、有针对性的归档范围和保管期限表，进一步规范决策过程中形成的文件材料，提高决策相关部门的可操作性。特别需要注意的是归档范围和保管期限表的具体化，对于有疑虑的重要节点进行详细说明，对重要文件形式、内容等具体要求进行详细说明，尽最大努力解决相关部门的疑虑，对有争议或者模糊的问题由业务主管部门进行详细说明，形成规范性文件和示例说明等，争取将相关疑虑解决在前。决策事项具体归档范围和保管期限表就是详细的标准，其制定的科学性、规范性、可操作性非常重要，这是建立高校决策档案预警系统的基础。这就要求档案管理部门联合业务主管部门，在出台相关决策事项管理办法的同时，根据业务管理规范和档案管理规范详细制定决策事项归档范围和保管期限表，为决策执行和审计审查、监督检查等提供详细依据。相关部门执行过程中以决策事项管理办法中的详细规定为依据，行使权力、承担责任、履行义务，充分发挥决策档案预警系统事前预警的功能。

（二）事中：进行监督检查

依据2019年国务院颁布的《重大行政决策程序暂行条例》，上级单位和高校内部都进一步加强了决策事项监督检查。近年来，随着“四不两直”“双随机”等监督检查形式的增加，高校决策档案管理的重要性越来越凸显。决策事项特别是重大决策事项从论证、立项、执行到完成涉及多个部门，但是最终有保存价值的材料都必须归档保存，这就使得高校档案管理部门保存了决策事项全流程的原始记录。在决策事项进行当中，高校档案管理部门辅助学校党委、业务主管部门、纪检审计部门、组织部门等进行相关监督检查十分必要。特别是随着业务系统与档案管理系统的不断融合，使得以决策事项具体归档范围和保管期限表为抓手，辅助相关部门开展实时决策事项监督检查变得更为便捷。同时，在决策事项进行当中对其决策主体、决策程序、决策执行等进行监督检查有利于促进其合法合规、科学完备，有利于防微杜渐。

（三）事后：进行查漏补缺

根据档案法律法规和全面依法治校建设的有关规定，高校不断加强了决策档案的管理工作；决策档案的完整收集、科学管理、有效利用又能进一步推进决策科学化、民主化、法治化，促进高校依法治校水平的不断提高。借助档案信息化管理技术，高校决策档案预警系统将对每项决策事项归档情况进行深入分析，对照决策事项归档范围和保管期限表给出具体的归档情况分析表，反馈给归档部门进行查漏补缺，避免因工作疏忽带来不必要麻烦。最终，由归档部门和档案管理部门形成决策事项档案形成情况详表，提交纪检监察、审计、组织等主管部门，为相关部门决策责任追究提供原始记录，保证决策可追溯性原则的执行。

高校决策档案预警系统的建设，适应了各个高校进一步规范决策行为，保证决策的科学化、民主化和规范化的需要，同时又能有效防范决策风险，推动学校事业科学发展。

三、系统建设难点

高校决策档案预警系统能够实现对决策事项的决策主体、决策程序、决策执行等方面的不规范情况进行预警，但因其牵涉面宽、跨度比较大等复杂因素，使其在建设过程中会遇到一些不可避免的困难，主要体现为以下几点。

一是预警系统的建设涉及部门比较多，沟通协调有一定的困难。预警系统的建设根据其功能主要涉及决策事项的业务主管部门、协调统筹部门、监督检查部门等，“三重一大”决策事项还要涉及学校党委。预警系统的功能决定档案管理部门难以单独完成此项任务，这就需要多部门进行合作才能最终实现事前、事中、事后全流程的预警功能。

二是预警系统建设的抓手是有针对性的、可操作性强的归档范围和保管期限表，它不同于笼统的归档范围和保管期限表。详细的、有针对性的、可操作性强的归档范围和保管期限表是预警系统实现的基础，只有这样，具体业务执行部门才能够依据预警进行有针对性的整改，保证决策过程中有保存价值的文件材料做到“应归尽归”，为今后的决策责任追究提供原始的记录。

三是预警系统提出反馈和整改意见的落实情况，需要各部门的通力合作，保证决策事项科学、规范、合法。如果只是由档案管理部门给出整改意见，补充的周期性会非常长，效果也不是很理想。这将进一步影响决策程序和执行过程的民主化、制度化、科学化水平的提高，影响各级领导班子的凝聚力和战斗力，影响高校依法治校的进程。最终不仅不能保护决策主体的发展，还会给学校造成重大经济损失和严重后果，影响学校事业的科学发展和办学水平的提高。

四、系统建设对策

高校决策档案预警系统建设顺应了国家、行业、档案关于加强高校决策事项管理、决策档案管理的新要求，国家、教育部（教委）、档案局不断提出决策事项、决策程序、决策执行、决策结果、决策档案管理的新要求，作为高校也不断做出更为严格、更为科学的管理规定。高校相关部门在大环境的形势下，必将严格履行相关职能和权力，加大高校决策事项和决策档案管理；作为决策的具体实施部门也会越来越重视决策过程中的文件材料管理，尽最大可能地保存决策过程中的原始记录，这就需要专业的指导和可操作性的规范，高校决策档案预警系统的建设正是适应了这一潮流。针对建设过程中的难点，笔者也提出相应的对策以供参考。

一是高校档案管理部门加强与相关部门的沟通协调，学会借势借力从而进一步实现档案预警系统的强大功能。高校决策档案管理不仅仅是被动的归档保存，还需要进行前端控制、全流程管理。档案管理部门如果只是单打独斗地进行相关事项的业务指导，对业务部门来说缺乏针对性和可操作性，同时业务部门缺乏执行的力度和执行的积极性。但是，以建立决策档案预警系统建设为契机，在党风廉政建设的大背景下，联合纪检监察、审计审查、组织、业务主管等部门进行有针对性的业务指导，会起到事半功倍的效果。

二是细化具体决策事项归档范围和保管期限表，提高决策事项归档范围和保管期限表的可操作性和依据性，这样对业务部门的指导性也会大大提高。同时，详细具体的归档范围和保管期限表也会减轻业务部门的负担，提高业务部门归档的积极性和归档的针对性、便捷性。以往决策事项归档范围和保管期限表太过笼统，作为业务部门还需要进行有针对性的分解，结合业务主管部门、纪检监察部门、审计审查部门、组织部门等制定的决策事项归档范围和保管期限表更为详细、具体，可操作性非常强，具体业务部门归档过程中就不再绞尽脑汁、不断揣摩、费尽心思了。

三是高校决策档案预警系统给出的详细具体的整改意见，业务部门后期进行查漏补缺更为容易。以往，归档不完整、归档质量不高，档案管理部门给出的整改报告较为笼统，具体业务部门整改的积极性不高，不知道怎样进行整改。高校决策档案预警系统建成后，给出的整改报告更为详细具体，可操作性极强；同时整改报告将联合学校业务主管部门、纪检监察部门、审计审查部门、组织部门等，“三重一大”决策事项还将以学校党委的名义给出整改报告，进一步加大整改的力度和整改效果。

总之，高校决策档案预警系统的建设不仅顺应了党和国家各级各类决策事项科学化、民主化和规范化的发展趋势；同时，也为高校规范决策行为、有效防范决策风险、推动学校事业科学发展提供了有力的保障。而且决策事项原始资料的有效保存，也为领导干部任期经济责任审计、离任审计、各类专项巡视巡查提供了保障，不同程度上也保证了领导干部的自身安全。高校决策档案预警系统建设，是提高决策档案管理工作的需要，档案管理部门应进一步增强工作责任感、使命感，认真分析并及时解决工作中存在的各种困难和问题，顺应时代潮流为依法治校贡献自身力量。

参考文献：

[1]卞咸杰.档案危机管理预警系统的构建[J].档案学研究，2008(03)：29-32.

[2]赵宪珍.从党风廉政角度看高校决策档案的管理[J].兰台内外，2018（10）：19-20.

高校电子档案“单轨制”管理研究

徐彦红　刘江霞　耿　硕　黄少卿

摘　要：在高等教育信息化迅速发展的今天，如何处理大量产生的电子档案，成为高校档案馆（室）直面的课题。本文通过分析高校电子档案管理的进程，电子档案“单轨制”管理存在的问题，提出实现高校电子档案“单轨制”管理的路径与对策。

关键词：高校电子档案；单轨制；全流程管理

一、引言

当前，中国高等教育普遍进入信息化建设的高速发展期，高校信息化管理已经从简单的信息基础设施建设阶段进入到高校行政管理、科研管理、财务管理与教学管理等应用系统的管理整合阶段，学校各方面工作在业务系统中产生了大量的电子文件。在此背景下，我们有必要探讨高校电子文件、电子档案“单轨制”运行和“单套制”保管的可行性及问题所在。

二、文献综述

近年来，围绕着“电子文件”“电子档案”“单轨制”“双轨制”等问题进行研究的成果较多，在CNKI搜索发现有144篇相关博硕士学位论文及期刊论文，时间跨度为1999—2021年，而以2019年（发文24篇，占总量17%）与2020年（发文36篇，占总量25%）研究成果较多，体现了“单双轨制”的改革已是业界需要直面并解决的紧迫问题。

2014年前，论文以探讨“双轨制”管理的必要性与实施中存在的问题为主，2014年，杨茜茜在《我国文件档案“双轨制”管理模式转型——澳

徐彦红（1981—　），女，北京人，首都经济贸易大学档案馆、校史馆，馆长、副研究员；刘江霞（1987—　）女，江苏靖江人，首都经济贸易大学档案馆、校史馆、人事档案科，科长，副研究馆员；耿硕（1989—　），女，河北保定人，首都经济贸易大学档案馆、校史馆，馆员；黄少卿（1991—　），男，吉林梨树县人，首都经济贸易大学档案馆、校史馆，馆员。

大利亚政府数字转型政策的启示》一文中揭示档案管理的模式正逐步转向以电子文件管理为主的“单轨制”，这以后各领域观点进入中和涵容、多元并存时期：档案馆（室）从实际工作出发，认为电子档案的归档和保存，仍应有纸质版本作备份，不能完全摒弃传统载体的档案。而部分专家、学者以及电子文件单轨制管理试点单位认为：随着信息技术的进步，电子档案的数量和种类会越来越多，双套制并不能解决所有问题，部分电子文件转化成纸质文件后要素缺失，四性无法保证，成本不断攀升、效率越来越低，而电子档案的管理和保存技术、方法等趋于成熟，所以电子档案“单轨制”是发展的必然趋势。冯惠玲在《走向单轨制电子文件管理》一文中指出，推行单轨制是实现电子文件管理目标、助力信息化效能和降低成本的保障。本文通过研究发现，目前各行各业档案馆（室）（包括高校）在电子档案管理方面迫切需要解决的问题是从纸质管理平台转移到数字平台全流程管理中需要的法规政策、技术和管理问题。

三、高校电子档案管理的进程分析

自20世纪中期计算机技术发明以来至20世纪末，中国鉴于当时全社会整体信息化水平非常之低，高校采用的是传统的档案管理方式。高校管理全过程产生的各类文件材料均以纸质为主，归档方式即传统的纸质载体归档形式。

2002年，《电子文件归档与管理规范》发布，2003年，《电子公文归档管理暂行办法》发布，2009年，中共中央办公厅、国务院办公厅印发了《电子文件管理暂行办法》，这些文件规定了电子文件应与纸质文件或者缩微胶卷等双套制管理。同时，高校档案管理系统的推行和图片扫描技术、OCR技术等技术的成熟使传统档案管理向数字化、信息化管理方式转变。为了更好地管理电子文件和电子档案，部分高校相继出台了电子文件、电子档案管理办法（如表1所示），为电子档案管理提供了制度遵循。

表1　部分高校电子文件、电子档案管理办法一览表

学校名称	制度名称	出台时间/发文字号
南京工业大学	南京工业大学电子文件归档与管理办法	2019/11/14

续表

学校名称	制度名称	出台时间/发文字号
东南大学	电子化办公系统公文归档与管理暂行办法	校通知〔2005〕097号
云南大学	电子文件归档管理暂行办法	2005/8/2
华南理工大学	电子文件归档与管理暂行办法	2009/11/4
江苏科技大学	电子档案管理暂行办法	江科大校〔2010〕116号
哈尔滨工程大学	电子文件归档与管理办法（试行）	校字〔2010〕50号
江苏大学	电子文件归档与管理暂行办法	江大校〔2011〕185号
华东师范大学	电子文件归档与管理办法	2013/7/11
四川大学	归档电子文件管理实施细则（试行）	川大馆〔2013〕13号
河北经贸大学	电子文件归档管理办法（试行）	2014/4
华南师范大学	电子文件归档管理办法	2014/10/14
南京理工大学	电子档案管理办法	2015/4/16
四川外国语大学	电子文件归档与管理暂行办法	2016/4/18

2006年6月，北京市教委办公室对学校校园网OA系统、电子档案管理系统建设及管理情况进行调研，结果显示，北京高校100%已完成校园网建设，40%的调研单位已自建OA系统，但在数据共享和信息交换方面，各业务系统功能对接尚未实现。

2016年前后，高校档案系统的功能不断升级和完善，在档案的接收与整理、档案的保护与保存、档案的检索与利用、档案的鉴定与销毁、档案统计、系统管理等方面兼容了电子文件的收集与管理，数字档案馆（室）的建设与相关研究也在我国档案界迅速展开。以笔者所在的首都经济贸易大学为例，首经贸2016年正式运行新档案管理系统，目前使用的档案管理系统为上海新影捷信息技术有限公司的电子档案管理系统平台，2018年电子档案管理系统开展试点试验，与OA系统相连接，完成收发文和合同管理的文档一体化管理，学校各类活动中产生的或数字化后的录音录像档案、毕业合影等电子档案也以单轨制管理方式管理，不再输出或转化成纸质档案保存。通过调研，北京邮电大学、对外经济贸易大学、首都师范大学、中国地质大学、西安工业大学、扬州大学、北京交通大学、中国矿业大学、河南理工大学等多所高校均表示现有档案管理系统已实现在学校发文、收文、资料数据库管理、后台管理等方面与业务系统对接，系统功能对接后可实现电子文档在线归档、原文查阅，大大节约了人力，提高了工作效率。

四、高校电子档案“单轨制”管理存在的问题

在数字校园、智慧校园建设背景下，档案部门正在积极探索电子档案“单轨制”管理的可行性，也取得了一定的成效。但不可否认，电子档案“单轨制”管理目前还存在以下一些问题。

（一）单轨制政策贯彻执行力度不够

新形势下，国家和一些地区、行业推出了新的电子档案“单轨制”管理的政策。2016年《全国档案事业发展“十三五”规划纲要》发布，其中要求在有条件的部门开展电子档案单套制、单轨制管理试点。2016年《电子文件归档与电子档案管理规范》修订，取消了双套制归档的要求。2018年《机关档案管理规定》发布，规定满足要求的电子文件可以仅以电子形式进行归档，而这些政策的修订和改变，目前在高校档案管理制度、办法中还未得到完全贯彻和执行，从高校制定的电子文件、电子档案管理办法的情况即可看出，早期制定电子文件、电子档案管理办法的高校其实是凤毛麟角、屈指可数的，而对制度、办法及时修订的高校更是星星点点。

（二）电子档案管理系统与业务系统之间不兼容

因为高校职能分工不同，各个部门在日常管理中信息化进程不一，所使用的信息化管理系统生产厂家、系统结构、使用技术均不一样，导致了电子档案管理系统和各业务系统之间不兼容。且因技术发展日新月异，系统预留接口和文件格式版本都可能很快被淘汰、过时，这样会导致各个部门在文件归档、版本兼容、数据交互时具有一定困难。在这个过程中，如果业务系统的有保存价值的电子文件不能及时、无损地传送到电子档案管理系统中，就会导致归档不及时，档案的真实性和完整性受到影响。

（三）试点横不到边、纵不到底

高校电子档案“单轨制”管理设立的试点，如高校的OA收发文归档系统等试点范围太窄，一般高校组织机构中业务部门都在四五十个及以上，教学、科研、外事等业务部门采用的OA管理系统千差万别，试点仅仅是整个归档系统中的某一个点或某些点状实验，横不到边（非全部档案），纵不

到底（没有完全涵盖电子文件产生的前端和后端），无法确保全流程电子文件管理的合规与连续贯通。

（四）高校电子档案“四性”缺乏有效检测和保障

《文书类电子档案检测一般要求》提出的“四性”检测项目包含4大类共45项，“四性”指真实性、完整性、可用性和安全性。在归档时需检测并确保电子档案来源真实；元数据、内容、归档信息包真实、完整、可用、安全；元数据与内容关联真实；电子文件数据总量完整；软硬件环境合规；归档载体安全；归档过程安全……现实中大部分高校业务系统与档案系统未充分集成，不能对高校电子档案“四性”进行有效检测和保障。

（五）数字签名、加密技术、电子印章等技术推广利用成本高

《电子签名法》等法律的颁布保障了电子档案的法律地位；第三方权威机构颁发的数字证书、可靠的电子签名、电子印章、时间戳等新兴技术保障了电子文件、电子档案的真实性，而这技术保障首先需要在现有档案管理系统中搭建一个宏观的技术保障体系，再将现有技术应用到这个体系当中才能发挥最佳效果，而这个推广利用成本造价不菲，这也是制约高校电子档案“单轨制”运行最重要的因素之一。

五、高校电子档案“单轨制”管理的路径与对策

（一）制定或修订高校电子文件、电子档案管理办法

高校档案部门要紧跟国家电子档案单轨制管理政策，即使目前实现还存在很多困难，也应坚定信念，从长远发展的角度和学校工作全局的高度确定电子档案管理的方向、目标和方针，跟上全国信息化进程。高校档案部门和各业务部门要对直接产生以及纸质档案数字化后的电子档案统筹规划，实施前端控制，这就要求根据学校实际情况制定或修订电子文件、电子档案管理办法，在办法中明确详细的操作指南和技术要求，使形成的电子档案符合归档要求，使电子档案管理规范、科学、合理。

（二）处理好电子文件管理系统数据库间的数据对接问题

因学校各个业务归口使用不同的电子文件系统，如果能升级或者国家能研制并采用统一的电子文件管理系统，电子档案归档和管理就不存在版本不兼容、数据信息损失等问题，就能避免系统与系统、系统与文件之间数据不兼容的问题，然而研发并使用统一的电子文件管理系统，资金、技

术和时间都是问题，不容易实现，且前期的各业务系统也已经投入了大量资金，不能肆意浪费。现阶段我们应处理好多个电子文件系统数据库间的数据对接问题，在各系统升级换代时能长远考虑，以格式化文件的形式统一封装电子文件的内容、背景和结构，保障不同数据库中同一份电子档案的真实性、完整性和一致性。

（三）增加试点的数量和种类

高校在单轨制管理进程中可以不断增加试点的宽度和广度，选择有代表性的行政部门、院系、教辅部门加入到电子档案单轨制管理试点工作中，并不断拓宽试点的种类，如外事档案、人事档案、会计档案、基建档案等，保证每个类别都能有成功的试点案例。对于业务关系紧密、工作量大、信息化设施完备的机构，积极开展宣传，促进单轨制运行，由点到面，从紧急到普遍，逐步推进全校范围的电子档案“单轨制”运行。

（四）形成电子档案单轨制全流程管理的技术体系

单轨制运行模式下的高校电子档案在其整个生命周期一直以电子形式存在，包括电子档案产生阶段、归档阶段、保管与利用三个阶段（图1），从前端的业务系统产生电子文件到终端的电子档案的保管与利用，应形成一个完善的全流程管理的技术体系，以保障电子文件的真实性、完整性、可用性和安全性。对于某些技术应用成本过高的问题，信息技术发展过程显示，基础设施的性能每隔18个月提高一倍而价格下降一半，这为技术体系的建立提供了可能。

在形成阶段，可对电子文件使用加密、数字签名、时间戳、电子印章、电子水印等技术确保其形成合法、来源可靠，未被非法修改，进入下一阶段真实性不会发生变化。

在归档阶段，档案部门接收到电子文件归档申请后，应确定电子档案归档范围、密级、归档数据交换标准、存储结构、交换方式、格式质量等，并再次与业务部门明确，指导业务部门归档。待归档电子文件进入电子文件数据库后通过技术运用实现自动抓取、手动输入或自动采集元数据，审核元数据是否齐全，将文件格式固化、加密、封装后归入电子档案管理系统，确保电子文件在归档过程中不被非法篡改，进入档案管理系统后能正常读取和使用。

电子档案在管理与利用过程中，要设置电子档案使用的权限，对用户进行身份认证，对电子档案及其元数据、软硬件运行环境和背景信息集成固化，建立关联。定期对电子档案进行检查，监测电子档案是否安全、可读、完整和有效，并对电子档案进行安全备份和迁移。

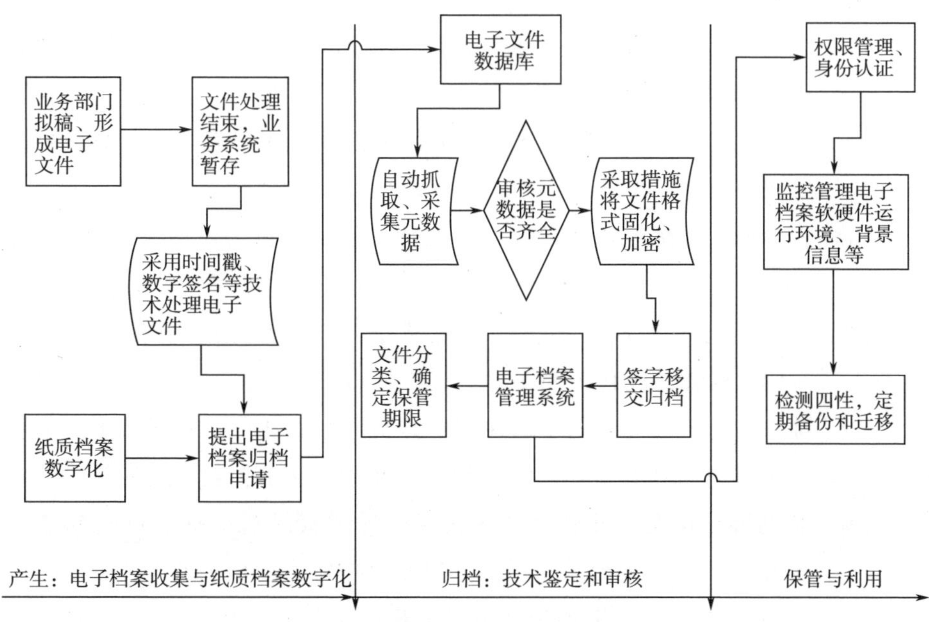

图 1　电子档案全流程管理各阶段

六、结语

目前，高校档案管理工作仍采用双轨制运行、以纸质载体保管为主的模式，要实现全流程的电子档案“单轨制”运行还需要很长一段时间。然而，电子档案管理单轨制是发展趋势，是由经济、社会和科学技术发展的大环境所决定的。我们应该抓住潮流和契机，向电子档案“单轨制”管理方向迈进。

参考文献：

［1］冯惠玲．走向单轨制电子文件管理［J］．档案学研究，2019（01）：90–96.

［2］毕建新，李东，刘卫，等．电子文件单轨制管理探索——以国家自然科学基金项目电子文件为例［J］．档案学通讯，2019（05）：

58-64.

[3] 吴雁平，刘东斌．电子文件“单套制”归档宜称“单轨制”归档辨析——对电子文件“单套制”归档管理趋势的探讨[J]．档案，2019（08）：4-9.

[4] 苏焕宁．原则与例外：电子文件归档的单套制与双套制选择[J]．山西档案，2019（06）：5-12.

[5] 倪运先．数字校园背景下电子文件单轨制管理研究[J]．兰台内外，2019（26）：3-4.

[6] 向泽红．智慧校园建设中电子文件单轨制管理实现路径[J]．兰台世界，2020（02）：88-91.

[7] 苏瑞．电子文件“单套制”趋势下应有的档案“多套制”思维[J]．档案，2019（03）：55-57.

[8] 陈海平．高校实施电子文件“单套制”归档与电子档案“单套制”管理可行性研究[J]．浙江档案，2017（10）：21-23.

[9] 杨茜茜．我国文件档案“双轨制”管理模式转型——澳大利亚政府数字转型政策的启示[J]．档案学研究，2014（03）：9-13.

[10] 王薇．高校电子文件管理与OA系统的有效融合[J]．北京档案，2007（01）：25-27.

北京高校档案管理人员发展现状与职业发展设计研究*

安贺意　邓丽娜　桑海风　张璟抒

摘　要：档案管理人员的发展直接关系到档案事业发展的程度，高校档案虽然不是主流部门，但是其发挥的作用不应被忽视。本文着力从档案馆发展趋势需要管理人员储备能力的角度出发，通过对北京高校档案馆发展现状进行了调研，通过数据分析，剖析了导致影响职业认同不高的各因素，设计了档案管理人员的职业发展路径，以助力管理人员的职业发展。

关键词：北京高校；档案管理人员；职业发展

一、引言

档案工作是一项非常重要的工作，主要是因为档案工作是一项基础性工作，经验得以总结，规律得以认识，历史得以延续，各项事业的发展都离不开档案（摘自省委书记、省人大常委会主任习近平同志在考察省档案馆时的讲话）。档案工作是国家政府部门及各单位开展工作所不可或缺的一个重要研究依据，它不仅记载着历史，而且有着对现在工作的借鉴和指导作用，尤其是在高校，档案馆是发挥育人功能和文化功能的主体力量，而档案馆的发展程度、提供的服务质量在很大程度上取决于档案管理人员的素质，那么加强高校档案管理人员的培养和培训，更好履行档案管理的主体责任，打通档案管理人员的职业发展路径，提升档案管理人员职业素养

* 本文是北京市高等教育学会档案研究分会 2020-2021 年度课题：北京高校档案管理人员发展现状与职业发展设计研究阶段性研究成果。

安贺意（1973—　），女，北京人，北京联合大学档案（校史）馆馆员，硕士，研究方向为人力资源管理、项目管理，E-mail: anhy@mail.buct.edu.cn；邓丽娜（1979—　），女，吉林松原，北京联合大学档案（校史）馆助理研究员，硕士，研究方向为马克思主义基本原理，E-mail: dengln@mail.buct.edu.cn；桑海风（1972—　），女，河北邯郸人，硕士，研究方向为历史文献，E-mail: sanghf@mail.buct.edu.cn；张璟抒（1990—　），女，北京人，北京联合大学硕士，研究方向为美术，E-mail: zhangjs@mail.buct.edu.cn。

和提高提供多元化服务的能力，是研究课题的根本出发点。

二、档案管理人员的发展现状

在高校，档案管理工作作为为学校基础工作服务的部门，不十分地受重视，因此学校并不会把有限的招聘指标倾斜给档案管理人才，从事档案管理工作的人员所学专业五花八门。目前各个高校真正学习过档案科学的人员并不多，大多数是几经周转后开始从事档案管理工作，导致实际管理工作与自己的职业规划路径发生偏离。大多数档案馆隶属于学校的一些行政部门。这在一定程度上使得档案馆的领导和档案管理人员，自觉不自觉地把档案工作作为单位业务工作的附属，没有树立以协同发展、主动服务意识为核心的创新理念。档案工作人员组成的复杂性和专业理论知识的不足，同时由于多年形成的对档案管理工作的认识不足，许多高校并不是十分重视这支队伍的建设工作，有的高校在人员配备上都存在困难，更不要说在职业发展路径上会给予一定的关注和帮助。

随着人工智能、区块链、云技术、大数据等各类先进信息技术的信息环境构建，档案管理工作在近几年也发生了较大变化，更多的科学技术应用在档案工作中，这需要为管理人员提供安全的管理环境；营造可以接收电子档案进馆的环境；创建系统可信的生态环境；实现拓宽查阅渠道与搜索路径，对数字档案进行任意组合、关联、重生、过滤检索结果，生成新的知识；做好口述档案、名人档案和专题档案等档案的收集、归档、开发、保管、借阅等各项工作；面对人们对档案的多样化的需求，档案管理人员要做到创新档案管理，科学提高档案管理的工作效率，以创新的工作精神探索档案的知识管理，加大档案的开发应用力度等，人们对档案的多样化需求也对从事档案管理人员储备的能力提出了更高的要求。在加强档案管理人员的工作能力和业务素质的培养过程中，档案馆如何助力档案管理人员的职业规划，使其职业规划和档案馆发展目标统一起来，那么设计职业发展的路径显得尤为重要。

三、北京高校档案馆管理人员发展现状的调研分析

笔者认为研究档案馆管理人员的职业认同，管理人员的满意度不仅和自身的素质有关，与外在的因素也有很大的联系，所以设计了大范围的关

于馆藏、面积、经费、配套设施和管理人员的基本信息、专业、职业认同的满意度等因素的调研问卷，对北京各高校档案馆进行了调研。共有19所北京高校档案馆填写了调研问卷。

（1）从北京高校调查表中可知，19所高校可以按满意度评分，总分为10分，将职业满意度划分为三个层次，10分的5所（下文称为A组），约占26.3%，7~9分的8所（下文称为B组），占42.1%，7分以下的6所，占31.6%（下文称为C组）。

（2）从职称上看，A组中高级职称人数24人，占总人数39人的61.5%；B组中高级职称36人，占总人数66的54.5%；C组中高级职称35人，占总人数43的81.4%。

（3）从学历上看，A组本科以上学历人数34人，约占总人数39人的87.2%；B组54人，约占总人数66人的81.8%；C组40人，约占总人数43人的93.0%。

（4）从专业角度看，A组中档案、计算机、新闻、美术等相关专业人员15人，约占总人数39人的38.5%，其他24人，约占61.5%；B组21人，约占总人数66人的31.82%，其他66人，占50%；C组12人，约占总人数43人的27.9%，其他31人，约占72.1%。

列表如表1所示：

表1　调研结果数据分析

北京高校档案馆	A组	B组	C组
总人数	39	66	43
满意度	满意	基本满意	一般
满意度占比（19所）	26.3%	42.1%	31.6%
中高级职称人数	24	36	35
中高级职称占比	61.5%	54.5%	81.4%
本科以上学历人数	34	54	40
本科以上学历人数占比	87.2%	81.8%	93.0%
档案、计算机、新闻、美术等专业人数占比	38.5%	38.9%	27.9%
其他专业占比	61.5%	61.1%	72.1%

（5）导致职业认同不高的影响因素分析。

从表中可以看出，学历、职称和满意度没有必然的正比关系，即学历和职称不是满意与否的条件，而所学专业是影响满意度的最大因素。表中C组档案馆中，档案及相关专业和其他专业人数比例几乎为1：3，满意度评价为一般，应该可以理解为占大多数的其他专业人员，即便是中高级职称人数占比较大，对档案馆的工作依然不甚满意，在职业发展上，可能还有其他的、更多的追求。

从外部客观因素方面看，馆藏规模大、工作环境较好、人员配置与经费相匹配的，满意度较高；相反，则一般。同时，工作人员少、任务重、工龄较短、男女比例失调也对满意度有很大的影响。

四、档案管理人才职业规划路径

国际档案理事会自20世纪50年代起对档案教育和培训问题关注付诸实践，并于1979年正式成立了“专业培训与教育委员会”，中国政府是从20世纪80年代初开始加以重视和加大投入。那么在新时代，档案管理人员怎样提升自身素质，设计适合个体职业发展的路径成为研究的课题。

（一）高校档案馆管理人才的文献量计量分析

近些年档案学界对档案管理工作者的关注度明显上升，无论是档案工作者还是学校等科研机构，都希望能够加大对档案管理人员的教育培训和成长成才方面的推进。通过网络查找，CNKI中共收录有关档案管理人才队伍和培养方面的文章323篇，其中涉及档案管理人才队伍建设的111篇，档案管理人才培养的212篇，在这300多篇论文中，涉及高校档案管理人才的共45篇，近5年涉及高校档案管理人才的共22篇，由于国内档案工作开始时间与国外相比较短，对档案管理工作者的研究就更加滞后一些。但是近些年档案学界对档案管理工作者的关注度明显上升。国外档案管理开始时间比我们要提前许多，因此一些先进的档案管理理念是非常值得我们借鉴和学习的。英国詹金逊所著著作《档案管理手册》对档案进行了比较详细的论述，他指出档案工作者的一切工作都是为了保证档案的原始证据价值完整保存下来这一目标的实现，为此他提出要促进档案工作者的职业化，对档案工作者进行专业化、个性化的培训。

（二）档案管理人才职业规划路径

面对档案服务朝着专业化和智能化方向发展，档案信息化建设不可少的环节和重要推动手段是加强管理人员的档案意识，了解现代化档案管理理念，引导树立时代性和创新性的服务理念，履行对信息的监督、传递、控制职责，确保档案信息的完整、准确和可靠，日益重视人才培养和队伍建设，真正实现档案“服务社会”的理念。那么打通档案管理人员职业规划路径，提升个性化服务水平需要从以下两个方面开展工作。一方面通过实施以外力促活力，为档案管理人员提供和谐的环境；另一方面档案管理人员要提升自身的素质教育。

（1）数字档案资源的开发形式多样化，十分依赖现代化信息技术，对开发者的素质要求较高，因此决定对人、才、物的投入需求较大；所有的科研产出一定都是和投入成正比的，如果学校没有对档案管理工作重视起来，那么档案管理人才队伍一定也是很难走出一条高速发展之路的。第十二届全国政协委员、中央档案馆原馆长、国家档案局原局长、中国档案学会第九届理事会理事长杨冬权分享道，“档案工作是可以起头的，是可以领跑起步的，是可以引领其他工作的”。档案管理人员要提高档案意识，改变以往传统的、机械的、被动的服务方式，变为主动优化、整合馆藏，主动提供个性化服务模式，档案工作主动“发光”，为学校领导的决策提供可靠的保障，进而提升学校对档案馆的关注度和支持度，争取得到学校最大力度的人力、物力、财力支持。只有这样，档案馆才有条件引入和培养多层次、多样化的人才，保障开展档案资源开发活动以及加强信息基础设施建设活动等，管理人员才能制订适合自己发展的职业生涯规划，提高职业认同，增进工作满足感。

（2）为适应经济社会发展，依据《中华人民共和国档案法（2020修订）》中规定，建立科学的职称制度的评价标准、评价机制以及落实用人主体自主权，调动广大专业管理人员积极性，促进职称评价与人才培养制度的有效衔接。充分发挥档案系列职称评价的导向作用，加快培育档案专业人才。建立评估体系、严格绩效考核、合理的激励制度，制定监督体制，促进管理人员积极主动地进行工作，帮助其提高自我约束能力，在持续的工作中掌握更多的方法和技术；对于新入职的管理人员，充分发挥“传帮带”，手把手、面对面帮助其尽快进入、适应档案管理角色，从专业能力、基本技能和道德素养等方面做起，加强档案馆处理用户问题方面的能力，进而提高个性化服务水平。档案馆需要组织岗位知识以及专业技术方面的学习活动，树立员工的服务理念，组织和管理人员参与学习提高能力，实现知识结构合理、年龄梯队搭配科学，通过选拔招聘的途径引入新型的全面的人才，激发管理者的潜能和活力，制定人文关怀的政策，以外力促活力，营造和谐环境，凝聚队伍向心力，使管理人员有归属感和荣誉感，实施在思想上关心、政治上关注、生活上关爱，达到技术和理念的全面提高。为管理人员做好职业规划创造条件，拥有一支团结奋进、业务精湛、综合素质高，年龄结构合理的人才队伍，进而提高档案馆提供个性化服务的水平，朝着健康、可持续发展的方向前进。

（3）加强档案管理人才教育培训。在信息网络普及之下，档案馆导入了大量的信息技术，管理人员开展的工作方式和工作环境有了较大的不同，为了能够跟上档案馆的进步，管理人员必须增强个体的能力，提高知识水平，更好地为用户提供信息服务。档案馆助力档案管理人员制定职业规划，除了提供肥沃的“土壤”作为实现条件，还要档案管理人员实事求是，客观地评估自己，明确人生目标，正确认识自身的特质，进而结合学校和档案馆的发展和工作开展，树立职业生涯发展目标。

一是端正政治态度和政治立场，定期学习，提升政治理论，增强档案的法制意识，严格执行档案保密制度。二是包容历史，调整心态。对于历史原因造成档案管理上的问题，要有的放矢，不能纠缠不清，及时整理思路，调整心态，能够辩证地看待历史问题；调查问卷的参与者多数为高校档案馆负责人，他们对档案馆的发展历史以及被学校认可程度与心理预期差距较大，职业认同度不高，究其原因是档案馆负责人是组织任命，对档案馆的管理偏离个人的职业规划，这就要求在今后的管理过程中档案馆负责人要端正态度，应该看到既是考验也是机遇，积极拥抱具有挑战的环境。三是管理人员一定要认真审视自己，对个人的专业技能结构、能力特征、发展潜力等方面做到知己，结合实际工作的需要，扬长避短，扬长补短，制定适合自己的，能够切实可行、行之有效的职业发展规划，增强个人实力，提高自身竞争力。为提升专业技能，提高自身专业素质，不断更新知识结构，实践职业规划一般采取引进来、走出去的方式。四是针对管理工作中易出现的问题以及工作中碰到的困难，提升业务水平的捷径是与专家、优秀的同行档案工作者进行交流沟通或者到先进档案馆进行参观交流活动，借鉴好的管理经验，用时短，进步快。五是采取积极参加各种同专业短期培训如专题研讨、专题培训，继续教育公需科目培训以及邀请知名专家讲座等方式。采取如上措施使得管理人员拓宽视野，更新知识，拓宽发展空间，提升专业素质和职业行为能力，增强创新意识，做到“人尽其才，物尽其用”，最终实现职业规划目标，促进学校的发展。

参考文献：

[1] 刘慧. 浅谈新时期高校档案人员的素质培养[C]. 新时期高校档案工作改革与创新—甘肃省高校档案工作学术研讨会论文汇编，2007：89-93.

[2] 潘秀明. 浅析国外档案事业管理体制及启示[J]. 办公室业务，2018（10）：173-174.

[3] 梅雪娟. 也谈档案人才队伍建设[J]. 山东青年，2017（12）：57.

[4] 杨碧倩. 新形势背景下高校档案管理的改革与发展[J]. 兰台世界，2016（15）：42-43.

[5] 李军. 对医院档案管理人员职业认同现状调查与思考[J]. 价值工程，2016（33）：15-16.

基于版式文件推送的档案证明自助打印系统应用研究 *

岳　鹏

摘　要： 近年来，档案证明作为重要法律依据，利用需求量急剧增加。档案证明自助打印系统目前已经广泛地应用于各高校的档案部门的档案证明当中，但由于涉及教师、在籍学生和毕业生的各种需求，档案证明自助打印系统往往不能包含全部。本文提出一种基于版式文件推送的档案证明自助打印方案，对于一些“只能手工办理”的档案证明，可以通过人工的方式先形成版式文件，再通过“版式文件推送”系统，推送到自助打印机，从而实现利用现有自助打印系统自助打印，进而实现档案证明的“全线上”办理。

关键词： 档案证明；版式文件推送；自助打印；微信服务

一、引言

当前，随着互联网和大数据的发展，“数字化校园”“智慧校园”建设日臻完善，各高校网络中心的主数据完全可以让全校师生的数据顺利流通起来，通过智能手段实现教师和学生相关业务的自助打印已具备了充分条件。以北京理工大学为例，目前已经实现了教师证明、学生成绩单（中文）、奖学金证明等的自助打印。

近些年来档案证明作为重要法律依据，利用需求量也急剧增加。目前，档案证明自助打印系统目前也已经广泛地应用于各高校档案部门的档案证明当中，但由于涉及教师、在籍学生和毕业生的各种需求，档案证明自助打印系统往往不能包含全部，比如涉及教职工档案管理的高校档案馆要给教师开具子女、父母、房产、职称、职务等方面的证明；涉及较早毕业生

*　本研究受北京市高等教育学会档案研究分会资助。

岳鹏（1979—　），男，黑龙江海林人，北京联合大学档案（校史）馆馆员，博士研究生，研究方向为档案信息化建设、档案编研等，E-mail：yuepeng@bit.edu.cn。

的学籍证明、毕业证（学位证）证明、成绩单、毕业证明、派遣证明等，还必须通过人工通道办理。这种情况就要求办理者必须在规定时间到档案部门，增加了时间耗费。并且在以往档案证明自助打印系统建设中，高校常常采取和成熟自助打印系统公司合作的方式。这种借助于外部力量方式的优点是时间短、建设快、技术方面有保障等。这种模式下，公司往往采用流程节点的方式推动整个自助打印系统建设，也就是说，档案证明自助打印系统一定要有明确的流程节点和统一的表单模板。但由于档案证明的内容五花八门、形式各样，就需要增加一些极个别情况的流程，而多增加一个流程或是一个表单模板就要相应增加费用。而且这种"固化"流程的方式，往往也不能囊括档案证明的全部，并且如果档案证明方式改变，这种自助打印系统一般也很难升级，只能废弃，造成了极大的浪费。

2020年6月20日，第十三届全国人民代表大会常务委员会第十九次会议修订通过新档案法，并以中华人民共和国主席令（第四十七号）公布，自2021年1月1日起实施。新修订档案法新增"档案信息化建设"专章，明确提出了"档案数字资源的安全保存和有效利用"。北京理工大学档案馆多年来一直坚持"需求驱动"的综合改革方针，强化管理转服务的思想，通过"自助打印"服务带动整个档案信息化建设，为破解档案服务中"老、旧、杂、难、繁"等难题提供新思路，以让师生和校友少跑腿、好办事为准则，努力实现档案服务"掌上查、自助打"的目标。

本文提出一种基于版式文件推送的档案证明自助打印方案。这个方案更贴近高校目前的档案管理模式，也可以作为已有档案证明自助打印系统的一个有益补充。比如对于一些"非固化版式"的档案证明和一些毕业年久（只能手工办理）毕业生的证明，可以通过人工的方式先形成版式文件，再通过"版式文件推送"系统，推送到自助打印系统，从而实现利用现有自助打印系统自助打印。这种档案证明自助打印方式是直接对接校园网络数据中心进行身份核实，对于目前学校数据库中没有存储学籍信息的毕业生，通过现有档案服务微信平台系统交互功能实现毕业生学号、身份证号以及登录密码信息的推送，通过这种"线上微信端审批"与"线下自助端打印"的方式，实现档案证明的全覆盖、全部利用者的自助打印。这种工作模式，完全可以做到使用者、使用时间、内容精确可控，通过自助打印方式也可以破解原来人工办理方式的局限，自助打印终端机器也可以全天候地不间断服务，能够满足师生和校友不同层次、不同方面的需求。同时，该方案极大地简化了师生和校友的办理流程，展现学校良好形象，其可行性已经在实际应用中得到了初步验证。

二、基于版式文件推送的档案证明自助打印系统工作流程

（一）微信服务端

基于版式文件推送的自助打印系统是基于目前档案微信服务端进行统一设计的。目前，档案微信服务端通过学校微信公众平台企业号实施，面向所有学校官方微信用户。

（二）自助打印端

用户首先进入登录界面，自助打印系统为用户提供多种登录方式，如一卡通刷卡登录、统一身份认证账号密码登录等，用户根据自身需求选择不同的方式进行登录。登录成功后，用户进入自助打印系统主界面，在主界面上，用户可以浏览本人权限下可选择的自助打印项目，选择所需要的打印材料，并选择份数。该系统设计收费功能，系统会根据预设的收费标准计算用户所需要缴纳的费用，用户可以选择不同的支付方式，如一卡通支付、微信扫码支付等。支付成功后用户取件，即可完成整个流程。

三、基于版式文件推送的档案证明自助打印系统技术功能的实现

（一）服务平台

基于版式文件推送的自助打印系统是基于校园网环境开发的，利用了学校现有的打印池。考虑到日后软硬件平台升级和更替，该系统首先构建了服务平台。该平台支持TCP/IP网络协议、支持标准的软硬件接口，允许各类服务注册，可以方便地扩展应用服务，并支持调用其他中间业务平台。服务平台主要功能是在校园网下完成数据交换和向打印池的推送。

（二）服务终端

服务终端的主要功能是解析打印池文件。本文中自助打印终端由江苏金智科技股份有限公司提供。需要指出的是，虽然本项目中自助打印终端商业产品，但是自助打印系统是通过标准设备接口与服务控制器进行通讯，可以实现系统设备无关性，可以方便地对接各类自助设备，并可以充分利用学校已有的设备资源。同时，通过标准的应用控制接口，可以方便添加

或删除应用服务，可以在不影响现有系统的情况下进行自助服务的升级与扩展。

（三）系统开发

遵循接口开放规范，输出自助服务系统各类开发能力，使得商业公司能够轻松调用设备能力，如打印、生物识别等能力；系统具有良好的应用集成开放能力，使得第三方应用服务能够轻松接入到系统中。

（四）智能管理

实现设备、服务、用户角色等统一授权，提供一系列报表、监控及预警功能，使得管理和维护更加方便。智能监控软硬件系统运行状态，及时发现异常，及时恢复、预警，提高工作效率。实现操作权限多级管理，便于管理及责任区分。超级管理员通过功能配置实现管理人员权限的划定，便于各级人员进行管理并易于区分各自的责任。

（五）反馈功能

自助打印系统实现智能反馈功能，自动获取终端设备的关键数据，包括用户使用的情况和打印终端状况。自助打印系统同样实现对终端设备的智能管理。系统能够查看各终端设备状态，当出现温度异常、卡纸、断电断网、缺纸缺墨等情况时，可及时告知管理人员进行处理。同时管理人员可通过“管理端”对终端设备进行远程操作和设置。关于打印文件的查看和修改，避免打印方式一旦提交打印就无法修改的问题，用户提供多次修改打印文档的机会，降低误打的概率。

（六）安全功能

自助打印系统提供完善的安全性设计，通过身份认证、权限划分管理等手段，保证系统中各类信息不会被非法窃取。对包括用户信息、报表权限、终端的管理权限，系统有分级权限和逐级授权管理功能。为适应管理人员的变化，可以方便地对系统用户权限进行调整，用于控制各类用户的权限。

（七）扩展服务

自助打印在初期只是针对“出国成绩单”进行前期应用的，这就造成如果打印项目在以后不根据学校政策的改变和用户需求而做出调整，设备使用率可能会降低。为增强用户不可替代性，应当在应用中不断聚焦用户额外需求，拓展打印服务门类，从用户的角度提升自助打印系统的可用性和实用性。自助打印系统同时也具备了较好的可扩展性，可根据校园布局，在不同的地点设置更多的终端设备，开发更多的查询、预约和打印功能。

（八）维护

自助打印系统完全可以提供7×24小时不间断服务，目前考虑到安全需要，自助机均设置自动开关机。这就要求自助打印系统需要有完善的运维方案应对可能出现的各种情况和故障。首先，系统须有故障自动监控功能，发生问题时，系统后台可以通知管理人员。其次，在终端设备上贴上操作指南并有联系电话，师生使用时遇到问题可直接联系，保证得到及时的解决、处理。最后，建立设备检查制度，定期维护和检查的终端机器，确保设备在提供服务时出现故障可以提早发现、提早处理。

四、基于版式文件推送的档案证明自助打印系统的特点

（一）便捷性

该系统的“线上微信审批+线下自助打印”模式有效解决了面对面服务的局限，师生只需要登录档案微信服务端就可以实现身份认证、信息填写和信息确认等工作，自助打印机的使用也实现了“24小时办公”，大大节省了师生们跑腿的时间。

（二）兼容性

由于该系统只规定了文件的格式（目前只允许PDF文件），对文件的内容和版式不做限制，可以兼容几乎所有证明格式，包括图文并茂的文件。

（三）准确性

通过校园网通信协议、数据传输加密等解决各模块间的通信和数据传输安全性问题。

（四）安全性

该系统对接了学校的统一身份认证，有效实现了身份识别与校验；自助打印接入校园内网，由校园网络中心统一管理和配置，有效规避了外部攻击及信息泄露。

（五）可扩展性

自助打印系统实现了身份认证、数据对接等功能，为后续进一步拓展教师证明等档案材料自助打印的实现提供了借鉴，后续可以拓展自助服务范围，使服务更加多样化。同时，该系统预留了接口，通过与其他系统集

成，实现信息和资源的共享，满足信息化校园的要求。例如可与教务管理系统、研究生管理系统以及学校办公OA系统等对接。

五、基于版式文件推送的档案证明自助打印系统存在的不足

（一）目前该系统不是完全自动化办理流程，后台工作还需人工介入。

（二）系统尚未与现有档案系统数据互通，进而完成实现档案系统中档案的自助打印服务。

随着学校信息化平台应用范围的延伸，学校各项业务已经逐渐实现线上办理，通过自助服务手段办理校园业务已经成为主流趋势。本文基于版式文件推送的档案证明自助打印系统体现了“让数据多跑，让师生少跑”的核心宗旨，为师生和校友提供了优质、高效的便捷服务。经过一年多的实际运行，取得了比较好的效果。日后计划将更多的证明业务转移到自助端执行。下一步，为了保障数据的准确性和权威性，还将加入电子章加盖方案以替代目前手工盖章。同时，因自助打印系统集成了师生和校友的个人信息等关键数据，其防火墙及加密策略也需不断完善，以实现用户对隐私要求的保护。

参考文献：

［1］李福，陈思，李承倖，等．大学生在读证明自助打印系统的设计与实现［J］．现代信息科技，2018（08）：132-136.

［2］叶少林，钟晓砺．基于高校的教务服务自助系统设计与实现［J］．科技传播，2016（10）：84-85.

［3］许子乾，余蜀宜，王丽鎏，等．基于一卡通及水晶报表的高校成绩自助打印系统研究［J］．中国教育信息化，2014（09）：84-87.

［4］姚立敏．浅析浙江大学成绩自助打印系统［J］．考试周刊，2017（42）：139-141.

［5］姜一波．浅析自助查询打印系统在高校学籍管理中的作用——以南京城市职业学院为例［J］．当代教育实践与教学研究，2016（07）：12.

［6］刘羽张，张祎格，翟欣彤，等．校园自助打印系统的设计与实施——以中国民航大学为例［J］．智库时代，2020（11）：136-137+208.

[7] 李福，束乾倩，徐国祥，等.一种高校学生成绩单自助打印系统的构建[J].信息与电脑（理论版），2018（09）：91–92.
[8] 田支斌."互联网+"与高校数字档案馆公共服务平台建设实践探索[J].黑龙江档案，2020（02）：76–77.
[9] 张春风，徐卫红.基于区块链技术的民生档案跨馆利用模式的探讨研究——以沈阳市民生档案跨馆利用平台建设为例[J].中国档案，2020（07）：39–41.
[10] 韩超.成绩单自助打印系统的设计与实现[D].华南理工大学硕士论文，2012.
[11] 殷菁遥.加强人事档案证明服务规范化探索[J].黑龙江科学，2020，11（13）：148–149.
[12] 战英.档案利用需求层次探究与服务体系建构[J].山东档案，2020（01）：15–18.

高校口述档案资源建设的现状与存在的问题

——以中国地质大学（北京）为例

朱　笛

摘　要：高校口述档案可以生动再现学校历史，丰富高校档案馆（室）藏结构，填补学校历史空白，是构建学校记忆的有力手段。本文通过梳理中国地质大学（北京）档案馆在开展口述档案工作中的实践经验，试图通过规范口述档案管理流程来提高口述档案的真实性，确保内容的可信度，提高整理口述档案的工作效率，最大化实现口述档案的价值。

关键词：高校口述档案；资源建设；馆藏

口述档案可以弥补真实历史文献记录的缺失，为历史研究提供资料参考，对丰富档案馆藏和重构历史记忆具有重要意义和宝贵价值。如今，我国各行各业积极实施口述访谈工作，形成了海量有价值的口述档案。

随着科学技术和新媒体的飞速发展，口述档案工作迎来了“百花齐放、百家争鸣”的新局面，各地区、各部门、各行业均开展了海量的口述实践工作，各高校也陆续开展口述档案征集工作，为构建学校记忆提供宝贵的支撑素材。高校口述档案可以生动再现学校历史，丰富高校档案馆（室）藏结构，填补学校历史空白，是构建学校记忆的有力手段。口述档案承载着人们对学校的共同情感，加强口述档案的资源建设对丰富馆藏、传承大学精神以及思想政治教育工作具有重要意义。

本文所论述的口述档案是口述史的结果，通过计划性的采访形成针对性的记录，并进行语言、文字、图片等的分类、整理、鉴定、加工而最终形成的口述成果。它主要是对以档案的形式保存的材料的总称，通常以录音磁带、录像和其解释说明的文字信息的形式呈现。

朱笛（1990—　），女，山东德州人，中国地质大学（北京）档案馆，馆员。

一、中国地质大学（北京）口述档案资源建设现状

（一）主要开展情况

自1952年诞生以来，中国地质大学已经走过了68年的筚路蓝缕，光阴似箭，斗转星移，北京地质学院的命运一直与国家和民族的发展历程紧密相连。但随着时间的推移，学校发展史中许多重大事件的亲历者越来越少，关于学校的许多记忆将不为人知，因此，中国地质大学（北京）档案馆抢救性地开展了口述档案的采集工作。依托“中国地质大学青藏高原登山科考与登山人物”项目，先后采访了与学校20世纪五六十年代登山科考活动相关的人物，包括白进效、王璞、艾顺奉、李硕、汪铁铭、郭兴、王毅、袁扬、郭铁鹰等；赴西藏调研，走访西藏登山协会、西藏登山队，采访桂桑、桑珠等十余位老登山家；赴河南、石家庄、兰州等地开展关于王富洲人物口述档案的采集工作等，收集了大量宝贵的一手材料；与工程技术学院共同开展院史建设和研究，召集相关会议，采访学院元老，采集建院及学院发展历史的相关资料。

另外，据了解，学校其他部门也根据自身工作需要开展了相应的口述历史的采集工作。

（二）具体实施环节

1.确定访谈对象

围绕高校自身发展、教育教学过程中的重大历史事件、重要任务及代表性活动，梳理出口述历史采集的主题，并确定采访对象。高校口述档案的访谈对象首选校史的亲历者，他们是“活着的历史”，如重大历史事件、活动的决策者和参与者，高校领导，离退休同志，杰出专家学者，知名校友，以及亲历者的亲属、师生、同事等。

2.访谈对象背景调研

提前了解访谈对象的背景资料，包括个人简历、生平事迹、学术成果、工作业绩等，选择不同的切入点，为制定访谈提纲提供针对性的参考。

3.制定访谈提纲

确定好访谈对象并进行背景材料挖掘后，针对我们想要了解的历史事件，制定详细的访谈提纲，并与被访谈者联系，针对其实际情况和现实需求进行反复协商，消除其思想顾虑，提前沟通访谈提纲及访谈内容，给被访谈者留出充分的准备时间，做好知识储备，让其尽量做到客观公正、畅

所欲言。

4.正式实施访谈

与被访谈者敲定好访谈时间、地点后便可实施正式访谈，访谈次数根据被访谈者的身体情况和现场的具体访谈情况而定。在实施访谈的过程中，要注重访谈技巧，因人而异，把握口述访谈的深度和宽度，综合运用诱导式、间接式、原因式等多种访谈方法。

注意收集好访谈现场录制的音频视频、拍摄的照片、访谈笔记、访谈实施情况记录，以及被访谈者提供的信件、照片、实物等。签订好关于口述内容和口述成果的所有权归属相关文件，包括被访谈者对口述内容文字说明的确认和签字、被访谈者对口述资料的处理意见和使用授权书、档案捐赠或委托寄存协议等。

5.整理编辑

口述档案的转录与整理是口述档案资源建设的主要任务，该环节作为质量甄别的关键环节，主要是对大量访谈笔录、图片、音频、视频等口述校史档案进行转录、校对与鉴定，然后整理。操作过程包含四个层面：首先，对口述档案资源进行筛选，即筛选有价值的内容转录为文字记录，将文字记录与访谈笔录及声像资料反复比对，保证转录完整性；其次，因口述者受主观因素或自身局限性的影响，回忆细节难免会与史实有出入，故而转录人员和校对人员需要对重要事件的关键时间、地点、人物等进行核查，既可以通过多人同述一个时间加以印证，又可以调阅馆藏卷宗对比认证，梳理、补充或修正内容情节，复原真实事件场景，确保口述校史档案真实可靠。

6.归档保存

整理完毕后的口述档案即可归档保存，以便后续利用。将各种载体的口述档案运用现代化信息技术转化为数字形态，利用档案软件系统进行管理，以网络化形式连接，形成具有有序结构的口述档案资源数据库，以实现口述档案资源数字化、管理智能化、服务便捷化。

二、中国地质大学（北京）口述档案资源建设存在的问题

（一）口述档案建档意识薄弱

“口述档案”这一概念目前还处于档案学和档案工作的边缘位置，口述

档案的发展还处在初步阶段，尚不成熟。各界学者对口述档案的定义、原始记录性和凭证性尚有很大的争议，至今都没有一个明确、清晰的定位。由于受传统观念的束缚，无论是档案工作人员本身还是非档案工作人员，对口述档案的了解以及口述档案重要性的认识尚浅，且非档案工作人员的社会档案意识直接影响了档案工作人员的专业意识，二者是相互作用、相互制约的。另外，高校档案馆自建馆以来，本着为本单位服务的理念，带有极强的政治性，而口述档案服务的主体则是学校建设和重大事件的参与者，反映的是大众的文化记忆，代表的是不同人物的不同经历、感受和观点。从这几方面的原因来看，都或多或少地降低了档案馆建立口述档案的积极性和自觉性。

（二）人员、资金、制度保障不健全

目前，口述档案尚未被纳入档案馆相应的归档范围，也没有进入征集档案的视野，口述档案的建档更是没有一系列的保障措施，虽然开展口述档案工作的高校和部门在不断地增多，但是开展口述档案收集整理工作的人财物资源匮乏的矛盾还是极为突出的，从事口述档案工作的专业人员无论是从质量还是数量上来说都是明显不足的，且学校对开展口述档案建档工作的积极性也是较低的，投拨大量的资金和设备并不是很现实的问题，因此，对于档案馆本就缺乏人财物资源的现状来说，想要为口述档案确立一套完备的建档措施更是难上加难。

档案馆的工作人员仅仅了解本职工作的职责和范围，极少会去了解现有的馆藏是否存在缺失的状况。而口述档案的收集和制作是一项高技术的工作，不仅需要理论和实践能力极其熟练的专业人员，而且口述档案工作的收集、调查、采访、拍摄等各个环节都需要一定的资金支持。同时，齐全的软件和硬件设备是整个口述档案工作顺利进行的首要条件，这使本就资金紧张的高校档案馆更是举步维艰。

（三）口述档案资源整合能力差

口述档案信息资源建设是口述档案实践工作迈向标准化、现代化的必经渠道。就目前的状态而言，高校口述档案信息资源缺乏统一的保管部门和必要的制度和规范，学校各部门分别将各自的口述成果保管在自己的部门，导致某些需求者在查阅相关档案时需要四处奔波，造成了时间、资金等多方面的损失。

随着档案信息化进程的加快，信息一体化的思想逐步深入人心，但是在现有的工作模式下，口述档案的采集工作分散在学校各个部门，并没有形成统一的管理模式。这种各自为政的格局将难以满足利用者的需求，也使得口述档案的收集工作变得越来越难展开。另外，就现有的利用情况来看，各高校档案部门并没有为现有的口述档案信息资源制定一套完整实用的利用方案，依然沿用着传统文字档案的利用模式，被动地等待需求者的上门访问。受传统观念的影响，各需求者依然是不到迫不得已不会主动去查阅和利用档案，哪怕是和他们息息相关的口述档案。可见，这种单一的口述档案信息资源利用模式，无法跟上日新月异的信息化步伐，也无法形成合理的信息共享系统，更不能为高校档案事业的进一步发展注入源源不断的新活力。

高校口述档案工作的开展不仅仅是填补学校历史空白和弥补历史断层的有效手段，也是一项与时间赛跑的抢救工作。经历各种历史事件的前辈们，由于年事已高，记忆力也会逐渐衰退，再回忆起当时的历史事件对他们来说都很吃力。然而，这些“活档案”记忆中的历史都是珍贵的数据，因此抢救这样一种记忆是口述档案工作者刻不容缓的工作。口述档案信息资源建设是一项比较复杂的系统工程，我们在今后的工作中，要加强口述档案管理流程的规范性，提高口述档案的真实性，确保内容的可信度，提高整理口述档案的效率，加强口述档案资源整合，最大化实现口述档案的价值。

参考文献：

［1］吕明军．口述档案及其兴起［J］．档案，1986（06）：6-9.

［2］赵瑞红．高校口述档案资源建设思考——以中国海洋大学为例［J］．兰台内外，2019（24）：12-14.

［3］刘莉莉，王静．高校口述档案存在的问题及对策［J］．云南档案，2020（04）：54-56.

［4］朱彤，杨桂明．口述校史在高校档案文化建设中的作用和价值研究［J］．浙江档案，2020（01）：62-63.

［5］李秋丽．高校口述历史档案资源建设与策略研究［J］．中国档案，2018（07）：60-61.

加强校史研究，实现学生思想政治教育的持久性

佟　杰　张　露　赵一娜

摘　要： 高校校史文化作为高校特有的文化资源，反映了高校特有的建校、发展过程，同样，高校作为学生思想政治教育的阵地，承担着大学生们步入社会前重要的教育任务，当然，这项任务不仅仅包含知识的传播，也同样包含着思想政治教育的传承。加强高校的校史研究，对学生思想政治教育有着至关重要的作用，同时，也是实现学生思想政治教育持久性的有效途径。

关键词： 校史文化；思想政治教育；持久性

一、引言

高校校史文化作为高校校园文化的重要组成部分，不仅反映了大学的发展理念，同时也体现着这所高校的文化氛围和核心价值观。作为伴随着高校成长的一种不可或缺的文化，高校校史文化在传承校园文化精神、弘扬校园优良传统方面发挥着重要的作用。这种作用是宏观的，也潜移默化地影响着高校的每个师生。高校学生进入大学后，学到的第一个文化就是校史文化。开学第一课，高校向学生讲述建校史、发展史的过程，也是传递校园文化的过程。这个过程不仅是对学生进行思想政治教育和人文教育的过程，也是对学生进行世界观、人生观、价值观再塑造的过程。因此，加强高校的校史文化教育，将校史文化教育更好地融入到学生日常教育中，是非常必要的，也是有积极作用的。这也是实现学生思想政治教育持久性

佟杰（1986—　），女，河北唐山人，北京航空航天大学档案与文博馆校史文化室主任，助理研究员，研究方向为校史文化，E-mail：tongjie@buaa.edu.cn；张露（1980–），女，陕西西安人，北京航空航天大学档案与文博馆副馆长，助理研究员，研究方向为校史研究；赵一娜（1991—　），女，北京人，北京航空航天大学档案与文博馆管理岗科员，助理研究员，研究方向为展陈设计与布展。

的有效途径。

二、校史研究的功能定位和研究途径

（一）校史的定义

高校的校史不仅是高校的一种资源，也是高校的一种文化。这种文化是这所高校特有的，与任何其他高校都不同，这种文化有它独特的资源和特质。一所高校的校史以这所高校校史物质文化和制度文化为基石，融合了高校的办学传统和办学理念等因素，因此可以说，一所高校的校史是这所学校在经验、教训、智慧等方面的积累，是这所学校在长期办学过程中创造的物质财富和精神财富的总和。

（二）校史研究的功能定位

高校校史文化是学校历史的表现，也是学校历史传承的链条，是反映高校校园文化的历史渊源与现实文化相融合的传承结果和表现形态。高校校园文化是校史文化的表现形式，而高校校园精神则是校史文化的核心内容，是每一所高校特有的文化现象。

在习近平新时期中国特色社会主义思想的指导下，积极搭建高校校史文化信息与整合的展示平台，将大学校史文化融入校园文化，同时将校史文化研究与学生思想政治教育相结合，从而促进校园文化建设，为高校培养新型人才打下坚实基础。

（三）校史研究的方式和途径

近年来，随着社会的发展和科学的进步，越来越多的高校将目光投向了校史研究，于是，越来越多的校史研究方式和校史研究途径也逐渐被大家探索和挖掘，目前探索出的较为引人注意的研究方式主要有口述校史、实物校史展示、校史文化创意产品、校史课堂等。

口述校史：口述史起源于远古时代的民间传说，无论是在中国还是西方，都是历史学的最早形式。口述校史主要是通过采访的方式，从不同角度了解不同阶层、不同工作、不同身份、不同视角下，不同的人对校园文化底蕴以及校园发展进程的理解。口述校史在高校文化建设中的运用研究有两方面的意义：从理论方面看，口述校史可以构建和完善高等教育口述史的基本理论，丰富和深化高等教育史及高等教育的理论研究；从实践方面看，口述校史有利于解决口述史在高校文化建设中的工作规范问题，有利于完善高校文化建设中口述史的工作机制，从而促进大学精神的传承和文化育人功能的提升。

实物校史展示：通过校史馆展品展示，将不同时期的代表物品对师生们进行展示，从而更加直观地向大家讲述校园历史和文化。一所高校的校史馆作为传承这所学校历史、展示校园特色文化的窗口和载体，被赋予了越来越多的职责与义务。那么高校的校史馆如何在高校建设和发展的进程中，传播好校史文化，从而更好地起到校史史料传播的作用，显得尤为重要。

校史文化创意产品：校史文化创意产品就是以校史文化为基础，发挥创造力做出的展示校史文化的创意产品。校史文化源远流长，如何将这源远流长的文化转化为文化资源和创意产品，被更多的人开发利用，是很多高校校史研究的一个新的途径。以北京航空航天大学为例，每年的校庆日，为更好地将北航文化传递到每个校友的心中，北航制作了一批印有北航校史文化图片的手提袋、钢笔、明信片等，赠送给校友。通过这种形式，将北航的校史文化转化成了创意产品，以另一种形式更好地被广大校友利用。

校史课堂：校史文化作为校园文化的重要组成部分，在大学生进入大学伊始，就被当成校园文化的一部分，向大学生们进行讲述。随着校史文化被越来越多的高校重视，很多高校现在已将校史文化课堂作为高校大学生进入校园的开学第一课，通过对高校建校史、发展史的了解，从而可以帮助这些刚刚步入大学的学生们更好地了解他们所步入的这所高校。

三、实现学生思想政治教育的持久性的意义

全国高校思想政治工作会议上，习近平总书记强调：“高校思想政治工作关系到高校培养什么样的人、如何培养人以及为谁培养人这个根本问题。要坚持把立德树人作为中心环节，把思想政治工作贯穿教育全过程，实现全程育人、全方位育人，努力开创我国高等教育事业发展新局面。”这就为高校思想政治工作协同机制的理论与实践创新指明了方向。做好高校思想政治教育，解决了高校培养什么样的人、如何培养人以及为谁培养人这个根本问题，而如何持续为社会培养有用人才，也就是如何实现学生思想政治教育的持久性，也是高校需要关注的问题。

四年的大学生活结束，并不意味着高校培养学生的任务就结束了，相

反，如何在这四年里培养学生正确的世界观、人生观、价值观，使之在步入社会以后，依然牢记学校的培养，在自己的岗位上，持续为社会做出应有的贡献，是目前高校越来越关注的话题。在学校的时间是有限的，但是学校的影响是无限的，在这无限的影响下，学生在社会中所起的积极作用就是实现高校思想政治教育持久性的意义所在。

四、加强校史研究，实现学生思想政治教育的持久性

校史资源是思想政治教育的重要内容，是开展校园文化建设的组成部分，同时是进行社会实践教育的特色资源，更是高等学府实现内涵发展的长足动力。高校校史不仅见证每一位大学生的大学历程，而且孕育着大学未来的精神力量。高校可以利用校史文化对大学生进行思想政治教育，使大学生成长为有底蕴、有内涵、有文化、有思想的现代化大学生。

以北京航空航天大学为例，北航校史馆于2012年10月21日正式对外开放，北航校史馆以时为经，以史为纬，以文字、实物、图片和多媒体等多种方式，全方位、多角度、深层次地真实展示了北航69年来办学的风雨历程，客观记述了学校重要历史时期在人才培养、科学研究、社会服务、文化传承创新等方面的突出成就和发展足迹。北航校史馆以传承文化为契机，出版了口述北航系列丛书，并对广大校友进行发放，《口述北航》一书第一批受访者主要是1962年以前进入北航工作和学习，对北航的建立和发展做出过重要贡献的部分老同志，他们当中的绝大多数，都是把自己的一生奉献给了北航，在采访的过程中，这些老人克服了年老体弱等困难，耐心细致、热情认真地回顾了他们在北航学习和工作的经历。在《口述北航》一书中，北航校史馆尝试通过多人视角来呈现和还原北航历史中重要事件和重要历史时期的风貌，多人视角构筑口述历史文本，有助于体现口述历史的广度，更好地体现口述历史注重故事和细节的特点。

北航为中国的航空航天事业培养了大批的人才，还有很多校友在毕业以后在不同领域也为国家、为社会做出了很多突出的贡献，这些校友纷纷表示，北航的思想政治教育使他们受益终身，北航的这些思想政治教育工作可以说是持续的发挥着教育引导作用，不断引导着广大校友在自己的工作岗位上发光发热。北航校史馆将《口述北航》的撰写、出版、发放校友作为一项持续的工作，希望可以通过这样一种方式，加强北航的校史文化

研究，并将这些研究成果作为学生思想政治教育的一个途径，对学生进行引导和教育，同时作为校友与学校连接的桥梁，实现校史文化在学生思想政治教育方面持续地发挥积极作用。

五、结论

高校校史文化研究越来越受到各个高校的关注。作为一所高校的名片和特色，高校的校史文化有它独特的作用和地位。如何将高校校史文化制度化和常态化，同时深入挖掘校史文化，将其应用到日常学生思想政治教育中，是我们未来努力的目标和方向。加强校史研究不是纸上谈兵，而是应该投入大量的人力、物力、财力，培养一支专业的校史研究队伍，加强理论研究力量，同时融合信息化手段，依托学校信息化发展的大的平台，将校史研究与信息化结合在一起，从而提升校史研究的现代化和信息化水平，为校史研究的成果推广、校史研究的宣传提供一个好的途径，通过研究、宣传、推广，将成果推送到广大师生以及校友的面前，使其思想政治教育的持续性得以保障，从而可以发挥出校史研究的积极作用。

校史研究道阻且长，这也对我们校史工作者提出了新的要求和新的挑战。新的挑战预示着新的机遇，在这样一个转折点，如何将思路转化成行动，将行动转化成积极作用，这就需要我们不断思考、不断学习、不断尝试，不断创新。同时，作为一名校史工作者，如何将校史馆传播媒介的作用发挥得淋漓尽致，从而更好地传播校园文化，讲好校园故事，也是未来我们努力的方向和动力。校史文化教育作为学生思想政治教育的途径和方式之一，受到越来越多的关注，也被众多高校所重视。未来我们会加强高校校史研究，深入挖掘校史文化资源，探究更多的校史传播方式和方法，丰富校史文化教育的内容和形式，从而实现学生思想政治教育的持久性和可持续性，为培养未来高技术人才打下坚实的基础。

参考文献：

[1] 孙树彪 . 高等教育内涵式发展的“立德树人”研究 [D] . 吉林大学博士论文，2019.

[2] 孙永超 . 大学文化视域下的高校校史文化建设研究 [D] . 吉林大学硕士论文，2014.

[3] 谢朝霞.口述史在高校文化建设中的运用研究［D］.中南财经政法大学硕士论文，2017.
[4] 滕菲.大学校史文化育人功能及其实现路径研究［D］.广西师范大学硕士论文，2015.

高校扶贫文件材料归档工作初探*

朱 彤 王淑阁

摘　要： 高校作为在教育、人才、科技等方面具有独特优势的帮扶组织，在“精准扶贫”基本方略的指引下，在8年的定点扶贫工作中，形成了高校特有的帮扶机制。值此巩固拓展脱贫攻坚成果同乡村振兴有效衔接之际，如何将高校的扶贫轨迹，记载着高校参与脱贫攻坚的文件材料，科学、规范地归档、利用，成为当前高校扶贫档案工作的重中之重。

关键词： 高校；扶贫档案；归档

一、引言

2021年2月25日，习近平总书记在全国脱贫攻坚总结表彰大会上庄严宣告，经过全党全国各族人民共同努力，在迎来中国共产党成立一百周年的重要时刻，我国脱贫攻坚战取得了全面胜利，现行标准下9899万农村贫困人口全部脱贫，832个贫困县全部摘帽，12.8万个贫困村全部出列，区域性整体贫困得到解决，完成了消除绝对贫困的艰巨任务，创造了又一个彪炳史册的人间奇迹！ 它标志着我国脱贫攻坚战取得了全面胜利。2012年以来，我国在之前扶贫攻坚的基础上，全面打响脱贫攻坚战。高校作为一种帮扶组织，自2012年以来通过定点扶贫的形式参与到脱贫攻坚战中，高校拥有丰富的教育、人才、科技等资源，在脱贫攻坚的过程中既是担当时代重任的选择，又是高校社会服务职能的有效彰显。扶贫档案作为打赢脱贫攻坚战辉煌历程的真实记录和历史写照，留存扶贫记忆的最好方式就是收集、整理、鉴定、保管、开发、利用好这些扶贫档案。正如习近平总书记曾经指出的：“档案工作是一项非常重要的工作，经验得以总结，规律得以

---

* 本文为北京市高等教育学会档案研究分会2020—2021年度科研课题一般项目“高校扶贫档案开发路径研究”阶段性研究成果。

朱彤（1979—　），女，吉林长春人，中国矿业大学（北京）档案馆副馆长，副研究员；王淑阁（1979—　），女，辽宁大连人，中国矿业大学（北京），科长，中级职称。

认识，历史得以延续，各项事业得以发展，都离不开档案。”笔者所在高校根据国家档案局和国务院扶贫办发布的《精准扶贫档案管理办法》和教育部《高等学校档案管理办法》，结合学校工作实际，将扶贫档案作为专项档案进行管理，对高校扶贫档案归档工作实践进行探索。

二、高校扶贫文件材料归档工作的意义

精准扶贫档案是指在精准扶贫工作中形成的，对国家、社会有保存价值的文字、图表、音像、电子数据等各种形式和载体的历史记录。高校自参与定点扶贫工作以来，形成了扶贫文件材料，这些扶贫文件材料在高校扶贫工作中是对脱贫攻坚伟大事业的记录、见证、推动，做好扶贫文件材料归档工作的专业化、规范化处理，是进一步挖掘扶贫档案价值和做好扶贫档案资源开发利用工作的前提，更是通过扶贫档案为乡村振兴战略提供政策依据和数据支撑，其意义在于以下三点。

（一）实现档案的第一价值和第二价值

1956年，美国著名档案学家谢伦伯格在其出版的代表作《现代档案——原则与技术》中系统提出了“文件双重价值论”这一观点，影响深远。作为历史真实记录的档案具有“存史、资政、育人”的功能，也是档案第一价值凭证价值和第二价值社会价值的具体体现。在扶贫工作的全过程中形成的扶贫档案，首先是高校扶贫工作的施策推动者。通过归档形成扶贫文件材料数据，为学校党委科学决策提供支持和参考，更为巩固拓展脱贫攻坚成果及与乡村振兴有效衔接提供数据保障。其次，扶贫档案是高校扶贫工作的过程记录者。档案的本质属性是原始记录性。记录好扶贫工作，精准且及时掌握扶贫县的信息，采取针对性的帮扶政策，留存高校在扶贫开发中形成的经验特色档案，有力发挥档案在脱贫攻坚工作中的作用。最后扶贫档案是高校扶贫工作的成果见证者。通过挖掘、开发高校扶贫档案资源，展示学校党委带领全校师生决战脱贫攻坚的生动实践，讲述扶贫故事，记录扶贫事迹，宣传扶贫典型，营造舆论氛围，再现扶贫工作历程。

（二）实现扶贫文件材料归档工作的多主体协同合作

在高校扶贫工作中，各高校成立扶贫工作办公室，牵头开展扶贫工作，学校党委组织部门、学生工作部门、团委、教务部门、科研部门、总务后

勤部门、工会及相关学院等多家校内处室部门和学院参与到扶贫的具体工作中，如在党建扶贫、教育扶贫、科技扶贫、产业扶贫、消费扶贫等扶贫模式中各相关部门各司其职，扶贫办公室统筹做好扶贫工作。而档案馆作为“为党管档、为校守史、服务师生”的学校部门，在整个扶贫工作中主动融入和服务学校中心工作，尤其围绕打好脱贫攻坚战方面发挥档案部门的作用，书写好扶贫档案这篇文章。在扶贫文件材料归档的过程中形成既为扶贫工作中经验特色留存档案记忆，又通过挖掘档案背后的价值，以档案见证小康路上的点滴与平凡，实现档案馆参与的多方位多主体协同合作扶贫的工作格局。

（三）为建立扶贫档案数据库奠定基础

大数据时代，数据成为一种核心力量。档案的属性——原始记录性，其在生成档案数据时就已具备，档案数据形成的根本目的是为了长期保存以备查考，扶贫档案数据为永久保存珍贵的扶贫档案资源和利用开发扶贫档案提供方便快捷的依据。高校档案馆按照归档范围对扶贫工作中形成的文书、实物和声像等门类文件材料进行了筛选、归类、整理，以便按价值归档，使高校在扶贫开发事业中形成的高校扶贫经验得以留存，同时为建立扶贫档案数据库奠定基础。

三、高校扶贫文件材料归档工作具体流程

在扶贫文件材料归档的过程中采用多种类、多载体丰富档案内容。不仅要收集齐全、整理规范、排列整齐，同时要充分运用现代化技术，设计便于管理、便于利用的高效管理模式，建立扶贫档案专项库，便于为下一步乡村振兴工作查考利用。

（一）细化流程，把好扶贫档案质量关口

从实际出发，删繁就简，在保障文件材料资料的真实完整的前提下，甄别并剔除不符合标准的文件材料，优化并丰富高校扶贫工作清单，便于后续查考利用。以纸质文件材料和实物文件材料为基础，以声像文件材料为补充，在做好扶贫文件材料归档的同时，深入到学校各参与扶贫的有关部门和学院，收集实物文件材料和声像文件材料，实现高校扶贫文件材料纸质、声像、实物同归档，并确定各种载体扶贫文件材料的归档范围。以笔者所在高校为例，从以下四个方面对扶贫文件材料进行归档。

1.高校扶贫文件材料归档范围方面

表1　高校扶贫文件材料归档范围表

一级类目	二级类目	三级类目
文书档案	综合类	上级关于扶贫开发决策部署的文件材料及法律法规
		学校决策部署扶贫工作的制度、总结、报告、方案细则等相关工作文件材料
	精准识别类	贫困村识别材料
		贫困户识别材料
	精准施策类	党建扶贫、教育扶贫、文化扶贫、科技扶贫、消费扶贫、健康扶贫、产业扶贫等扶贫模式形成的重要材料
	精准脱贫类	贫困县摘帽相关材料
		贫困村摘帽相关材料
实物档案	书信、教案等	校级层面在扶贫工作中产生的书信往来等
		挂职干部、研支团、教职工等在当地工作时的书信等
	奖品	校级层面各类奖杯、奖牌、证书、锦旗等
		挂职干部、研支团、教职工等在扶贫一线荣获的奖状、证书、锦旗等
	纪念品	校级层面与贫困县间互往纪念品
		挂职干部、研支团、教职工等与当地百姓交往中有保存价值的物品
声像档案	照片	校级层面校地调研、互访照片
		挂职干部、研支团、教职工等在扶贫一线的照片
	音频	校级层面形成的扶贫工作音频材料
		挂职干部、研支团、教职工等在扶贫工作中的音频材料
	视频	校级层面扶贫工作宣传片、宣讲会、微视频、新闻报道等视频材料
		挂职干部、研支团、教职工等扶贫工作各类视频材料

2.归档方式方面

归档方式分为纸质文件材料归档、实物文件材料归档、声像文件材料归档三种。纸质文件材料主要是指与扶贫工作相关的文件类介质。实物文件材料主要是指扶贫工作中往来书信、锦旗、奖状、证书及有保存价值的物品。声像文件材料主要是指与扶贫工作相关的照片、音频、视频。通过三类归档方式对扶贫文件材料进行收集、整理、加工、利用，从而实现扶贫文件材料的真实完整保存、快捷方便利用。

3.归档鉴定方面

扶贫文件材料的鉴定主要是指扶贫文件材料保存价值的鉴定。根据国家档案局、国务院扶贫开发领导小组办公室制定的《精准扶贫档案管理办法》中文件类对应类目，进行了保管期限界定。根据《高等学校档案管理办法》里规定对实物文件材料和声像文件材料的保管期限界定。

4.归档流程方面

在高校开展扶贫工作一般由学校扶贫办统筹全校的扶贫工作，校内各部门各有分工。笔者所在高校对纸质文件材料归档主要由扶贫办提供。实物文件材料和声像文件材料由扶贫办、各相关的职能处室和学院及扶贫挂职干部、研究生支教团、参与扶贫的教职工提供。

（二）厘清关系，找准扶贫档案工作定位

学校档案部门积极作为，切实增强工作主动性，推动扶贫档案的收集整理、利用。高校在参与扶贫开发事业中，主要通过党建扶贫、教育扶贫、文化扶贫、科技扶贫、消费扶贫、健康扶贫、产业扶贫等扶贫模式开展工作。每一种扶贫模式从最初的设计、执行到落地实施都有着一整套的材料支撑，而这些材料最终形成档案。学校档案部门重心下移、聚焦扶贫实际工作，保障高校扶贫工作人员正确处理抓档案和促脱贫的关系，抓档案必须服务于促脱贫。笔者所在高校在2020年国际档案日期间开展了以“档案见证小康路、聚焦扶贫决胜期”为主题的云端扶贫档案故事展。面向扶贫干部和历届研究生支教团成员收集扶贫档案，并挖掘档案背后的故事，先后在学校校园网、学校官方微信公众号、档案馆网站、档案馆微信公众号进行为期1个多月的系列报道。通过线上办扶贫档案故事展方式，全面立体地宣传本校8年扶贫工作的生动场面，达到档案故事育人的功能。在扶贫工作中形成的文件材料是对扶贫工作的真实记录，为今后查考、借鉴、利用提供依据，更是多年扶贫工作的重要成果。通过扶贫档案“存史”见证小康路，留存高校扶贫记忆；“资政”为高校做好扶贫工作提供经验依据；“育人”为大学文化建设提供鲜活的扶贫故事和育人案例，为立德树人的根本任务注入档案智慧。

四、高校扶贫文件材料归档工作管理的策略

（一）完善高校扶贫档案组织体系

首先是完善高校扶贫档案工作领导体制。实施高校扶贫档案规范化管理，首先明确由党委统一领导，分管校领导负总责，具体负责部门为学校档案馆。其次是注重扶贫文件材料归档人员队伍建设。加强校内专兼职档案管理人员业务水平和培训；提升扶贫挂职干部和研究生支教团等在扶贫一线工作师生的档案意识，在日常工作中做好扶贫文件材料的积累，形成校内校外合力做好扶贫文件材料的归档工作。

（二）完善高校扶贫档案制度体系

完善健全档案管理制度，废弃过时制度，整合修订制度，结合国家档案局最新出台的《重大活动和突发事件档案管理办法》，明确扶贫档案作为专项档案的业务流程，强调扶贫档案管理核心内容。

（三）完善高校扶贫档案资源体系

建立扶贫档案专项库，按照“完整、系统、实用”原则打造扶贫档案专项库，多从扶贫档案价值着手，充分体现扶贫档案特色，为优化高校档案馆馆藏档案提供素材。扶贫档案记录了扶贫成果，为制定扶贫政策及措施提供了依据，也对扶贫工作的发展起到指导监督作用，更为下一步乡村振兴提供数据支撑依据。针对高校扶贫典型事例，如在精准施策中的各种扶贫模式的典型经验做法，可以作为扶贫档案单独一类，便于扶贫档案的开发利用。

8年来，高校在参与这项全世界都瞩目的脱贫攻坚战中，发挥了不可替代的作用。高校在坚守初心、践行大学责任的同时，形成了高校特色的扶贫档案，其现实意义不容忽视。在扶贫开发的伟大历程中，高校扶贫档案形成过程也同样见证着高校档案人的历史责任和时代使命。

参考文献:

[1] 习近平．在全国脱贫攻坚总结表彰大会上的讲话 [N]．光明日报，2021-2-26 (2)．

[2] 国家档案局．国务院扶贫开发领导小组办公室关于印发《精准扶贫档案管理办法》的通知 [EB/OL]．[2020-12-3] .http：//www.saac.gov.cn/news/2016-10/27/con - tent_161940.htm.

[3] 谢伦伯格．黄坤坊，等，译．现代档案——原则与技术 [M]．档案出版社，1983：150.

可信学生电子成绩档案建设方案研究与实践

——以华北科技学院为例

付小伟

摘　要：本文以华北科技学院为例，分析了目前纸质成绩管理存在的问题，详细阐述了生成可信成绩档案方案各个优化环节，同时探讨了进一步做好学生电子成绩档案的措施。

关键词：大数据时代；电子成绩档案；可信

一、引言

成绩档案凭证作用的认可，近年来学生成绩档案需求逐年提高，为出国、考研、提干而补充档案、办理学位认证等逐年增加。但是，目前多数高校档案馆还是停留在纸质成绩档案利用阶段。以华北科技学院为例，随着招生规模增大、毕业人数的增加，学生成绩纸质档案存量越来越大，导致档案库房紧张；纸质档案的利用费时费力，在档案专职工作人员较少的情况下，增加了工作人员负担。近两年，教务处为学生提供成绩自助打印机，通过购买大量防伪纸进行防伪，但国际知名院校不易辨认真伪、认可度低。同时往往只在毕业季集中办理，已离校的毕业生办理成绩档案仍需要往返两地，以纸质为载体的成绩档案增加了学校、学生就业和用人单位选拔人才的管理成本。大数据时代数字化、智能化高度发展，新型冠状病毒的爆发，电子成绩单代替纸质成绩单成为必然趋势。

2020年6月20日新档案法修订，新修订档案法第三十七条规定：电子档案应当来源可靠、程序规范、要素合规。电子档案与传统载体档案具有同等效力，可以以电子形式作为凭证使用。新档案法的修订，为电子成绩档案的凭证作用提供了法律保障；学校信息化的建设又为电子成绩档案的管理提供了技术保障。因此我校积极探索学生成绩档案的“单套制”管理，

付小伟（1983—　），女，天津人，华北科技学院，科长，讲师。

可信电子成绩档案和网络化查询利用提上了工作日程。

二、我校成绩档案现状

（1）1987—1997届毕业生成绩档案以教学单位专业加所在班级为单位按卷保存，为成绩总表即院系教务员按照学期汇总的各个班级成绩，且文字内容为教师手动录入，文字清晰，但部分课程名称为简写，部分学生选修成绩不全，数据不完整。

（2）1998—2005届毕业生成绩档案延续传统按卷保存方式，成绩为打印机打印，文字内容清晰，同时部分学生选修成绩不全，数据不完整。

（3）2006—2017届毕业生成绩档案按件管理，是学生在校期间全部成绩的成绩报表，为单页文件。文字内容均为打印机打印，文字质量相对较好，且档案内容完整。

（4）2018年至今毕业生纸质成绩档案按件管理，是学生在校期间全部成绩的成绩报表，为单页文件。相应电子成绩单存于教务系统中。

三、我校可信电子成绩档案实施优化方案

根据我校成绩档案现状，为了做好可信电子成绩档案建设工作，我校在参照了国家相关标准规范，借鉴了相关单位、研究机构的理论实践经验，首先制订了《华北科技学院成绩档案数字化方案》，包含加工场所配置、档案整理及鉴定、目录建库、纸质成绩档案数字化、图像处理、图像存储、数据质量检查、电子成绩数据对接、数据挂接、数据验收、电子成绩单可信化处理、数据备份等。

（一）加工场所配置

经过认真调研，部分高校在纸质成绩档案数字化过程中，数字化公司与学校双方根据工作进度，领取当天的工作量，双方检查后填写出库单，无论当天领取的档案是否都加工完成，工作结束当天均要将档案送回库房，双方检查后填写入库单。在档案专职人员较少的情况下，无疑增加了工作人员负担。于是我校在严格落实国家相关标准的同时，提高了加工场所的设备配置。为加工场所配置符合档案库房“八防”标准设施，同时安装声光报警器，报警联动图片抓拍，短信报警告知用户，360度无死角摄像头，高清监控摄像机前端，支持智能分析服务，可根据需要24小时录像。同时

安装了智能门锁，支持指纹加密码的开锁方式，能够记录开锁人员信息。水浸报警能够随时监控加工场所是否漏水渗水，所有设备通过物联网系统和监控系统关联在一起，通过监控电脑随时查看加工场所环境变化，基本杜绝了档案泄密、丢失、篡改、损毁等现象。可以将未完成加工的档案留在加工场所，只入库已加工完成的案卷，提高了加工效率。

（二）档案整理及鉴定

根据我校纸质成绩档案特点，针对1987—1997届的学生成绩档案，档案室首先要进行完整性补充，为保证数据来源可靠，首先根据已移交的教学计划等档案材料查找补全课程名称，向各个院系征集1987—2005年选修课成绩单。2006—2017届学生成绩档案要进行成绩档案的鉴定，剔除不需要的成绩档案，如重复件或复制件等。同时记录各年成绩的档号、盒号、存放地点档案等重要信息，这些信息都要采集到文件目录数据库中，以备后面数据挂接和查询利用使用。

（三）目录建库

建立统一的文件及目录数据库，字段为：学号、姓名、盒号、档号、电子文件名、班号、院系、专业、学生类别、学制、入学年月、毕业年月等，每人一条目录，每人一条目录并对应一个不同的电子成绩文件，按“学号+姓名”命名。

（四）纸质成绩档案数字化

1987—2005届毕业生成绩档案因是按卷管理，部分为人工录入，现有的图像识别技术无法完全处理，只能通过人工手动录入，但因为学生人数较大，为了提高工作效率，确定图像识别加人工处理方式，以班级为单位对按卷保存的成绩总表进行扫描，总表扫描为可编辑的Word格式备用，数字化公司工作人员以教务系统现有成绩单为模板，结合纸质档案盒扫描识别的Word文档，将总表中成绩录入为个人成绩单，方便数据挂接和查找利用。2006—2017届毕业生成绩档案因文字均为打印，质量较高，可直接扫描。

数字化公司人员尽量不去除装订物，如若影响扫描质量，可将装订物拆除，拆除装订物时应避免档案受到损害。扫描工作完成后，已拆卷的档案按档案归档要求重新装订。同时保持档案的排列顺序不变，做到安全、准确、无遗漏。采用先进技术对破损严重、无法直接进行扫描的档案进行修复，再进行数字化加工。

扫描工作应分步骤进行，逐步对扫描图像质量进行检查。检查要点包括：图像偏斜度、清晰度、失真度是否符合要求；图像文件是否完整；扫描文件是否与纸质文件一一对应。如发现以上三点任何一点不符合要求，应在纸质文件装订前及时重扫或补扫。成绩档案一律采用彩色模式进行扫描，扫描分辨率为 600dpi，图像存储为 PDF 格式，命名规则为“学号+姓名”。成绩扫描电子文件存储分三级文件夹存储，分别是档号、专业、班级。

（五）数据质量检查

数据质量检查是重中之重，此项工作直接关系到数据来源是否可靠，是否符合新档案管理办法要求，达到电子档案标准，尤其是人工录取生成的成绩单，先由数字化公司负责录入，录入过程中在问题清单上记录所有数据问题，录入人员进行1次数据审核和校对，并将修改内容一并记录到问题清单中并签写姓名。档案室工作人员参考问题清单进行至少1次数据审核校对，将数据问题记录至问题清单，反馈给公司录入人员，录入人员再次复核并保存最终数据。同时对电子文件名称及目录数据库校核，核查每一份图像文件的名称是否与纸质档案相符。

（六）电子成绩数据对接

拟定系统对接方案，第三方档案软件公司负责档案系统与数据中心对接工作，通过开发教务系统集成接口及生产PDF，直接与学校数据中心对接。通过系统对接，可批量接收可信电子成绩单；并在档案管理系统中集成可信电子成绩单服务系统的验证子系统，实现批量验证可信电子成绩单功能；验证通过后的可信电子成绩单，可进行归档。

（七）数据挂接

由我校现使用的第三方档案软件公司负责。通过每一份图像文件的文件名与目录数据库中该份文件的档号的一致性和唯一性，建立起数据对应的关联关系，可实现目录数据对相关联的数字图像的自动搜索、加入对应的电子文件地址信息等，实现数据挂接，同时实现档案目录数据库与图像文件的批量挂接。

（八）电子成绩单可信化处理

按照《电子签名法》中相关规定，高校开具的可信电子成绩单应能够有效标示所承载的内容，包括学生信息、学分信息、成绩数据，同时具备以下特征：通过电子签名技术保证高校签发的可信电子成绩单自形成时起，内容完整，未被更改；可信电子成绩单中采用的电子签名应符合《电子签名法》的要求。

调研其他高校时发现，大部分高校采用了第三方认证的数字签章，确保电子成绩单可信，我校采用专用密码设备，包括PDF签章服务器和时间戳服务器，底层依托密钥管理与密码计算能力，以接口方式向可信电子成绩单服务系统提供版本化文件、PDF签章、时间戳等服务，内置国家权威授时中心权威授时模块，档案管理系统提供的时间戳其时间信息是取自国家标准时间，不可更改、不可伪造，而非可人工设定的系统时间。确保时间认证真实、有效。在数据挂接的同时，为所有电子数据包括扫描件加盖电子签章、时间戳等可信特征，完成可信化处理，生成可信电子成绩单。

（九）数据备份

为了保障数据安全，使用移动硬盘、光盘两种不同载体介质进行数据备份，同时通过与赛尔网络有限公司合作，开展常态化、周期性网站安全检测工作。针对重点信息系统，进行7×24小时安全检测。每月形成安全检测报告，汇总发现的风险与隐患，使确保及时发现、处理各种安全隐患，提高网络信息安全防护能力。及时更新系统和软件等，做到防病毒软件和防火墙始终处于最新状态。每年进行网络安全大检查，发现问题及时整改。通过WAF进行定期扫描、漏洞检测，利用基线网管系统对异常流量进行技术手段检测，发现异常及时预警，进一步保证数据安全。

四、进一步提高可信电子成绩档案的管理措施

从2020年11月16日起至 2021年3月 ，我校整理了建校以来的的成绩档案共532卷。成绩档案共计扫描了42000页电子文件，成绩录入核对19741人。

可信电子成绩单的应用，减轻了档案室工作人员的压力，减缓了纸质成绩单造假现象，降低了我校购买防伪纸、水印纸等防伪成本，提高了办事效率及服务水平。第三方电子认证机构签发的数字证书及数字签名技术的应用，解决了普通电子成绩单流转过程中可复制、易篡改等方面的问题，降低了成绩认证所需的人力成本，缩短了成绩认证时间，提高了成绩认证

服务的便捷性及服务水平。

为提高电子成绩档案管理水平，需要进一步加强档案人员培养和管理，建立协调机制，借助信息化部门健全信息安全技术应用体系，完善风险管理体系。同时积极利用成绩分析，服务学校教学，进一步提高领导的重视程度，更好地争取资金投入，以期更好地保证电子成绩档案安全，进而充分发挥其价值为师生服务。

五、总结

总而言之，在大数据信息化发展的今天，纸质档案管理的思维和方法已不适应当代社会发展需求，构建一个可信的系统和服务是时代发展必要。当前已完成一个可信系统的构建，可以完成绩查询等功能。下一步就是将加密及授权访问进一步完善，形成一个可信的、可用的电子成绩档案系统，进而提供高效率、低成本、快速有效的成绩认证服务，更好地服务校友、服务高校、服务社会。

参考文献：

［1］中华人民共和国档案行业标准 纸质档案数字化技术规范［J］. 中国档案，2006（03）：17-19.

［2］中华人民共和国档案法，2020 年 6 月 20 日第十三届全国人民代表大会常务委员会第十九次会议修订。

［3］张魁，王庆，黄进，等. 高校成绩档案数字化优化方案研究与实践［J］. 兰台世界，2012（08）：18-19.

特色档案在高校博物馆展陈中的应用研究

王　雁

摘　要： 特色档案是高校教育、教学、实践与校园文化建设中突出反映某一特定事件或主题的历史记录，是反映学校办学特色的重要印记。通过展览展陈的方式对特色档案进行编研、开发与利用，充分发挥档案的文化育人作用，让档案“活”起来和“火”起来，让档案工作不断适应高等教育发展的需要。

关键词： 特色档案；展陈；博物馆

一、引言

首都体育学院成立于1956年，原名“北京体育学校”，1960年升级为“北京体育师范学院”，2000年更名“首都体育学院”，是北京市唯一市属体育院校。65年的办学沿革与发展，学校已经从最初的专门为北京市培养体育师资的专科体育学校发展成如今为首都乃至全国、全社会培养专门体育人才的综合性体育院校。随着国家体育事业的发展，北京也将作为全世界首个“双奥之城”即将于2022年举办第24届冬季奥运会。值此之际，首都体育学院档案室将建校以来形成的党政、教学、科研等珍贵文书、照片、声像、实物档案及专题档案与史料进行了精心整理，分别于2017—2018年完成了校史馆和奥林匹克教育博物馆的建设，如今两馆已然成为学校宣传教育的重要文化阵地，奥林匹克教育博物馆更是在北京市中小学、北京市冬奥组委乃至国际奥委会崭露头角并萌芽、成长，在奥林匹克教育工作中发挥着不可替代的作用。这些成绩的取得，一方面离不开档案与档案编研，特别是对“特色档案”的提炼，让档案更好地服务于奥林匹克教育；另一方面，通过展览展陈与观众、老师和同学们产生共鸣，培养了全校师生的档案意识、激发了全校师生积极参与档案建设的热情。

王雁（1974—　），女，吉林省吉林市人，首都体育学院实验师，硕士，研究方向为信息资源管理与利用，E-mail：wangyan@cupes.edu.cn。

二、新时代档案工作新发展

（一）档案工作需要与时俱进

习近平总书记始终重视、关心档案事业发展，早在浙江工作时就指出，档案工作是一项非常重要的工作，经验得以总结，规律得以认识，历史得以延续，各项事业得以发展，都离不开档案，并明确指出了档案工作走向依法治理、走向开放、走向现代化的目标。党的十九大闭幕后，总书记带领新一届中央政治局常委瞻仰中共一大会址和嘉兴南湖红船时指出，我们是为了不忘初心、坚持真理而来，我们的初心、真理就蕴含在这些档案之中。加强档案宣传教育，增强全社会的档案意识，档案工作要坚持与时俱进已经成为必然选择和历史责任。

（二）高校博物馆的蓬勃发展为档案开发利用提供展示空间

2017年4月习近平到广西考察调研，参观了海上丝绸之路文物精品展览，指出博物馆建设不要追求形式上的大而全，展出的内容要突出“特色”，“千馆一面”难显历史波澜壮阔，“突出特色”方知历史精魂所在。目前，北京地区普通高校93所，其中北京市高校博物馆联盟单位22家，都各具特色，首都体育学院奥林匹克教育博物馆就是其中之一。高校博物馆是对社会博物馆的有益补充。

博物馆是历史的保存者和记录者，也是保护和传承人类文明的重要殿堂，已经成为我国文化市场的重要组成部分。习近平“打卡”博物馆，凸显了博物馆的重要性。而博物馆的核心在“物”，通过展览“让文物说话”，见证历史、以史鉴今、启迪后人。

（三）日益增长的文化需求为档案开发利用指明了方向

习近平2013年12月30日主持中央政治局集体学习时说：“要系统梳理传统文化资源，让收藏在禁宫里的文物、陈列在广阔大地上的遗产、书写在古籍里的文字都活起来。”这同样是对档案工作提出的新要求，对档案及档案开发利用工作提出的新要求。那么这些文化资源是什么呢？这不正是我们收录和管理的各种类型的档案吗？有条件“活”起来和“火”起来的是什么？这恰恰就是经过我们整理和编研出来的“特色档案”。

三、探索档案开发利用新空间

（一）特色档案与高校博物馆

（1）档案是国家机构、社会组织或个人在社会活动中直接形成的有价值的各种形式的历史记录。档案具有原始性、真实性、完整性。档案除了具有参考凭证作用以外，还兼具宣传教育的意义。这使得档案与其他展品、陈列品、宣传品具有本质上的区别。

高校特色档案指因所处地域、发展沿革、文化品位、代表人物、学科专业特色、特定历史事件等区别于其他同类学校的、具有自身特征和保存利用价值的档案总称，是高校人才培养、科学研究、社会服务、文化传承等各项实践活动所形成的宝贵结晶。对于首都体育学院这所伴随着新中国体育事业和各类体育赛事发展起来的学校来说，各类大型运动会的赛会遗产就是特色档案之一。首都体育学院校史馆和奥林匹克教育博物馆就是依托这些特色档案创建和展示的，换句话说，高校博物馆中绝大部分展品都来源于特色档案。

（2）高校博物馆是我国博物馆的重要分支，是沟通学校档案部门与师生校友、社会各界的一扇窗户和一座桥梁，是知识的殿堂和精神的乐园，对进行实践实习、科普教育和拓展社会服务能力都具有重要意义。通过校史馆和奥林匹克教育博物馆的展览展示，让参观者看到档案世界的丰富内容、深刻思想、深远意义、美好画面，在展览里看见了你、我和他，学校全员乃至社会参观者的档案意识也就在这深入浅出、潜移默化中逐步培养和建立起来了。

（二）特色档案与高校博物馆相辅相成、相得益彰

档案部门是“工厂”，博物馆是“店面”；档案是工厂“原料”，展陈是“产品”。特色档案是校史、博物馆文化传播的重要素材，各个高校均收藏有富含自身特点的各类特色档案。特色档案的有效收集、利用将极大程度地提高校史、博物馆文化的传播水平，对弘扬大学精神、增强发展信心、凝聚师生力量有着重要的意义。高校档案部门应加强特色档案的建设和管理，充分收集、利用校内特色档案资源，加以编研、提炼，形成特色档案产品，提高特色档案的管理水平。

首都体育学院校史馆、奥林匹克教育博物馆建设的过程是在对各种类

型档案进行整理、分类、总结、提炼的基础上完成的。各种类型的档案通过人物、时间、事件、主题等逻辑关系组合成为“内容”，经过视听上的包装成为不同的展陈“形式”。科学合理的展览展陈是为了更好地唤起观众的理解、记忆和共鸣。

建设之初，由于特色档案资源的不足，也遇到了展品满足不了展陈需要的问题，致使有的展示单元开了“天窗”。虽然不足，但还是坚持开门服务。在不间断的开放服务过程中，不断完善校史馆、奥林匹克教育博物馆建设，我们收集了更多特色档案，逐项填补空缺。

通过组织参观和展览活动，档案部门也不仅限于“收集保管”档案，而是向“编研档案”和“档案产品”拓展，形成了主题鲜明的文字、图片、实物等，形成了各具时代特色和办学特色的档案。

四、让特色档案在展陈中不断焕发生机活力

（一）展陈

展览包含展陈与观览。展陈是显示与呈现。观览是看和阅，包含阅览、会意、观赏、查考的意思，二者是“呼应”的过程，展陈是“呼”、观览是“应”。因此，作为一个展览，展陈呈现至关重要。

（二）特色档案在展陈中的价值体现

中国国家博物馆馆长王春法在2020年《博物馆管理》中提出了好展览的4个维度、10个标准。特色档案在这10个指标里，从内容到价值均有功能发挥；通过展览，展陈也推进高校档案工作者不断适应高等教育快速发展的需要。

1.内容维度

高度：体现在政治站位、文化站位和历史站位上，核心是价值理念、思维模式和行为方式导向。政治站位与主流价值观和主流意识吻合，主题鲜明导向正确；历史站位既要契合时代实际，又要客观真实；文化站位具有全球视野，中外文明交流互鉴。这里既包含对展览主题主线的选择，更有对展陈档案的选择，无论是展览主题还是展陈档案的选择，都脱离不了对主题所涉及的特色档案主体和背景资料的学习与编研，从档案材料中探究历史、摸清规律、找准站位，把握展览主题线索。

广度：是指展览的宽广视野与深厚背景，是透过一个展览能够看到的

宽度和深度，其本质是通过各种实物、图文、声像档案资料等呈现一个历史事件或一位历史人物或一段历史发展趋势。将作为展览的“大历史”与作为观众的“小历史”有机结合，以物说史、以物鉴史、以物证史。例如2019年改革开放40周年的大型展览，将宏大的历史事件与点滴的民生变化相结合，叙事与文物档案相结合，或者一个手电筒、或者一台缝纫机，让各个层面的观众都能从中找到自己的影子，这就是有广度的展览。

亮度：是展览的独创性或创新性，就是展陈设计中让人眼前一亮的东西。这个展览的“亮点”就来自对展陈实物、图文、声像等的信息挖掘与价值鉴定。也许一个排球、一副滑雪板都能动人心魄。

力度：是展览的视觉冲击力，主要体现在展示实物、照片的分量和真实性上。展览的真实性是由展品的真实、内容的真实和形式的真实共同构成的综合体，这种真实性和原真性本就是档案的本质属性。因此，特色档案的利用会让展陈给人一种崇高、庄严、神圣、穿越历史让昨日重现的感觉，而这种冲击不仅是视觉上的，更是灵魂深处的。

深度：是展览所具有的独特的学术性。以展览的主题人物或事件或物品为引子，延伸展示内容，挖掘更深刻的历史文化内涵。引人思考，由确定性知识向不确定性知识延伸，赋予参观者更多的思考空间。

厚度：展览的厚度是观众与实物或情景的空间距离和心理距离。这种距离取决于展品、事件和景致共同构成的系统，例如我们去湖南长沙博物馆，博物馆的镇馆之宝就是那具女尸。为了拉近观众与展品的距离，博物馆陈列了很多器物、服饰、史料等，就是为了拉近时空距离和心理距离而进行的展陈铺垫。这些起辅助烘托作用的展陈品以及相关的背景资料考证都离不开对以这些形形色色的器物、服饰为代表的特色档案的编研。

2.形式维度

谐度：是展览的节奏和韵律，展陈所呈现的故事内容起承转合行云流水。这需要对档案从逻辑上和形式上进行排列，更需要完整的档案收集整理才能得以呈现。

温度：是给观众的切身感受。引起观众对展陈实物、照片和内容产生情感共鸣。

3.空间维度

弧度：是展览的空间构成，是通过展陈给观众带来的空间感和沉浸感，是通过对实物、照片与内容进行还原而给人的带入感，即身临其境感。这同样离不开对档案史料的研究。

4.延伸维度

拓展度：是展览的持久影像，是对展览在时间维度和虚拟空间维度的延伸。任何展览都不可能是永久呈现的，为了很好地保留和拓展，我们有时制作展览图录，或者将其数字化进行线上展览，或者开发相关的文创产品等，目的是将展览无限延伸。因此，我们同样需要为展览本身进行存档，将展览的大纲、展示形式、展示效果、观展情况、社会影响、展览衍生品等加以整理和归档。

参考文献：

［1］蒋红健．高校特色档案管理推进文博建设实践与策略研究——以华南理工大学为例［J］．兰台世界，2020（11）：92-96.

网络化对高校数字档案资源收集利用的影响及策略研究

梁全英

摘　要：高校档案工作要立足于服务学校的各项工作，网络化时代，学校档案工作要具有前瞻性。随着数字档案信息资源大量产生，收集利用工作成为高校档案管理工作面临的首要问题。文章阐述了当前时代背景下，对高校档案工作产生的影响，分析数字档案资源收集利用工作中存在的问题，提出了有关档案资源建设的有效路径和措施。

关键词：网络化；数字档案；收集利用

一、引言

现代信息技术的飞速发展使得人们的工作生活进入网络化时代，随着高校无纸化办公广泛应用，产生了大量的数字档案资源，大数据时代给高校档案工作带来新的挑战。高校档案的收集利用工作必须适应时代发展的需要，适应学校快速发展的要求，结合档案事业发展实际情况，做好高校数字档案资源的收集和利用工作，这成为网络环境下档案工作发展的基础与关键。

二、网络化对高校档案工作的影响

2020年6月20日，修订后的《中华人民共和国档案法》由第十三届全国人民代表大会常务委员会第十九次会议通过。新修订的档案法，增加了档案信息化建设和监督检查两大章节，关于档案利用方面的条款，更是让人格外关注，成为一大亮点。高校档案工作早已进入了网络化时代。在网络环境下，高校普及了OA办公系统，通过网络开展各项业务工作，网络主

梁全英（1971—　），女，北京人，北京农学院档案中心主任（科级），馆员，从事档案管理工作20多年。

页、App小程序、微信、微信公众号、微博、抖音、互联网+等方式得以广泛应用和普及，在此过程中产生了指数级增长的数字档案资源，给高校档案工作带来了深远影响。

高校档案信息的来源颇为广泛，据2021年2月发布的数据显示：截至2020年12月，我国网民规模达9.89亿，手机网民规模达9.86亿，互联网普及率达70.4%。其中，40岁以下网民超过50%，学生网民最多，占比为21.0%。网络化的重大意义就是，人们已经离不开电脑、手机，通过手机可以方便快捷地获取、传递各种各样想获得的信息，包括视频、音频、文字、图表等，人们已经习惯不受距离限制就可以获取信息，越来越注重时效性。人们更倾向于足不出户就可以满足日常生活和工作上的需求。网络化时代，要认清高校档案工作发展趋势，要及时采取统筹规划，积极主动开展各项工作，把迅猛增长的档案信息资源做到应收尽收，以便更好地服务于广大用户。这给档案利用工作带来了极大的挑战，在这一过程中进行深度挖掘与精细化管理具有重大意义。

三、高校档案工作现状剖析

我国目前拥有2000所高校，可划分为普通全日制、独立院校、民办高校等类型，绝大部分高校都设立了档案馆（校史馆），高校档案类型多样丰富、体量巨大，体现学校在招生、教学、科研、社会服务、党政工作、基建、财务等方方面面的工作，因此涉及领域广泛，形成的档案资源形式多样，包括有保存价值的各种文字、图表、音频、视频等不同形式、各种载体的记录。20世纪末，随着网络化时代的发展，高校档案管理与利用方式从档案实体为主逐渐切换为以数字档案资源为主的模式。尤其是数字档案资源的产生是指数级增长的，如何做好档案信息资源的收集与利用工作，是高校档案工作发展过程中急需解决的问题。

（一）高校档案收集利用工作面临的行政藩篱

档案工作的重要性体现在它具有不可替代的参考凭证价值，记录着学校发展的历史，具有文化价值。目前高校档案馆对学校大数据环境下档案信息资源的控制力逐渐减弱。究其原因，档案馆行政管理职能弱化，学校各个部门的协同合作单靠档案馆是难以完成的，需要上一级行政管理部进行顶层设计才能实现。2008年《高校档案管理办法》（中华人民共和国教育部、国家档案局令第27号）有明确规定，但是在实际工作中档案馆的行政职能被弱化，和高校其他行政管理部门相比，参与度和话语权处于边缘化，往往引不起足够的重视。高校档案馆的收集工作，自然无法做到真正的系统、齐全、完整和准确。长久以来形成的惯性，必然使得数字档案资源的收集利用工作滞后于学校的发展现状，给积极开展档案工作产生了一定的困扰。

（二）高校档案收集利用工作的现实问题

高校“大档案”理念的提出以及产生的影响由来已久，目前，数字档案资源按其产生的来源可以大致划分为三种模式：原生数字档案、数字化档案、档案数字资源平台高校档案馆普遍存在人员少、任务多的现状。很少有学校档案部门有实力和能力，靠自身的力量找到有效的技术手段和解决途径，实现对各部门形成的数字档案进行有效“介入”和“插手”，难以做到应收尽收。

（三）高校档案干部队伍素质、业务水平整体不足

在网络化时代，对高校档案管理人才提出了更高的要求，面对新情况、新趋势，档案工作干部队伍中的问题也暴露出来。各高校的档案干部队伍是由专职人员和兼职人员两部分组成。目前突出的问题是岗位流动性加大，造成队伍不稳定，高校各部门兼职档案人员往往身兼数职，对档案业务流程不熟悉，工作忙起来就容易忽略对档案的收集、整理工作，临时抱佛脚的情况居多，导致归档水平不一。另外专职档案人员，年龄大的偏多，依然抱有“重藏轻用”的思维方式，主动性、积极性不够，难以适应档案发展的需要。

四、数字档案资源收集利用工作的对策

（一）高校档案工作需要重新定位

网络化时代高校档案工作要顺应社会发展的需要，紧跟时代潮流，才能与国家与社会、经济接轨，一步一个脚印，扎扎实实地实现档案工作的“网络化”——最终实现档案数字资源的平台化、专业化、规范化管理。其主要的核心思想就是树立科学有效的工作思路与理念，把档案数字资源建设作为一项系统性、综合性工程，从更科学的视角，站在与学校各项工作共振的角度，结合实践工作，从档案的基础性工作——档案收集工作为起

点，上升到档案信息化建设，随着时间的积累，当数字档案资源极大丰富之后自然会升级到文化建设的层面。

（二）建立健全完整、规范化的档案工作管理体系

新修订的档案法坚持“服务社会和人民群众的价值取向，进一步为档案开放和利用提供便利条件，增加人民群众的获得感”，以此为导向，做好收集工作是基础，服务人民是根本，高校档案部门要充分利用时机，以国家、社会为依托，加强学校的档案管理法制体系建设，做好档案工作的顶层设计，理顺工作关系，打造规范化、协同化的档案管理体系。以“工作痕迹管理”为源头和抓手，加强问责的手段，促进数字档案资源建设，引入生态理念，构建数字资源收集利用工作的多元性、共生性、共存性，在现实基础上建立跨系统、专业的协同架构，使得档案数字资源打破原有的碎片化问题，最终实现各类信息在线归档移交。高校档案事业必然会突破瓶颈，实现真正意义上的转型升级。此外，各个高校档案馆可通过加强宣传工作，将档案法宣传工作纳入日常，通过宣讲、橱窗展览等传统方式，也可利用手机“问卷星”开展档案知识竞赛等手段，扩大档案法宣传范围，增强影响力，强化大家的档案意识，努力营造知法、懂法、守法、执法的氛围。依法治档，学校档案部门要制定切实可行的规章制度，内容细化、责任明确、分工合理、可操作性强，完善高校档案管理体系建设，从政策制度加以保障，逐步实现档案部门与其他部门之间档案数据的互通。

（三）创新融合寻求技术支撑

网络技术不断创新，互联网、数据库等科技技术快速更新，智慧城市、人工智能让人们的生活、工作发生着翻天覆地的变化，不断挑战人们固有的认知。如何完美地完成数字档案资源的收集工作，最大限度地保存档案资源，随时随地满足人们对档案信息资源的利用，开发软件与硬件设施设备的建设是唯一可行的路径。关于如何实现，首先高校档案人员提出符合网络时代发展的高标准、高质量的要求，利用专业人士掌握的现代技术，共同完成，走联合创新之路。云存储可以保存数量巨大、种类多样的数据信息，同时实现信息的即时传输，最终实现档案数字资源中的电子档案的在线归档、在线移交与接收、实现在线利用，这将是高校档案管理工作的日常状态。

档案工作的根本目的是为了利用，这是档案工作立足和发展的根本。

数字档案资源利用过程中，一定要以用户为根本，提高利用效率和效果，最大限度地挖掘档案的价值。高校档案蕴藏着丰富的文化内涵，利用现代化手段，深度开发，分析研究，提供深层次、高质量的档案信息。网络化时代利用工作的即时性成为突出的特点。人们习惯快速、便捷地获取需要的信息，在网络环境下针对用户需求，通过数据库技术与检索方式的整合，满足用户的使用需要过程中，要注意提供档案利用服务细节和利用方式的便利以及反馈的及时性等。

（四）档案人才培养的策略

网络化时代对综合性管理人才的需求越来越迫切，档案专业人员不仅要懂历史、懂专业，还要学习新技术、新思想、新策略。随着人们对档案利用服务需要的增长，首先要解决人才的问题。档案人才的培养应该不拘一格，要与时代同步，重要的是要培养综合素质，注重能力，一方面使档案在职人员不断丰富专业知识，另一方面要加强专业以外的能力提高，通过学习实践不断促使他们树立崇高的职业道德。因为他们是历史的守护者，是需要具有责任感的一代人。同时还要有敏锐的洞察力，能领悟时代的需要，具备档案管理能力、技术处理能力。要用全局性的眼光，培养不同年龄段、有不同特长的人才。要有长远打算，培养具有探索精神、专注精神的人才，致力于档案数字化建设的实践之中，只有这样才能迅速推进高校档案建设。

（五）构建数字档案资源收集利用平台

基于大数据技术的广泛应用，可以将不同类型的数字档案资源有效整合，通过资源整合平台，实现数据共通、共享、共用。档案部门要以全新的姿态，介入资源平台的构建，依托专业技术部门的支持，在安全性、可靠性的技术条件下，建立数字档案信息收集利用平台，全面推进和提升档案部门的各项功能。这样既满足档案收集的齐全、完整需求，也能满足用户利用服务的高效、便捷的利用需求。

当今时代是变革与创新的时代，核心力量是具有颠覆性和实践性的。高校档案工作对时代发展的贡献，就是率先以人才优势，走创新融合发展之路，增强人们的档案意识，守护历史，传承历史，高度重视档案信息资源建设。要加大档案信息资源建设力度，开展特色服务，提升服务质量，注重全方位、高视野布局，以提升高校档案工作的实力和社会影响力。

参考文献：

［1］张莹，姚蔚迅．我国数字档案资源融合服务实现路径探析［J］．兰台世界，2017（09）：23–27.

［2］王志宇，熊华兰．语义网环境下数字档案资源关联与共享模式研究［J］．档案学研究，2019（05）：114–119.

［3］王改娇．从档案利用视角考量新修订《档案法》［J］．中国档案，2020（09）：22–24.

［4］李萍．数字时代高校档案社会化服务平台建设策略研究［J］．兰台世界，2016（17）：38 — 40.

［5］梁静娴．数字档案资源整合与服务机制的发展策略思考［J］．兰台世界，2017（S1）：28.

校史文化：一个文化育人的新视角*

姜素兰

摘　要：党的十八大以来，党和国家将文化建设提升到了一个全新的历史高度，指出“文化是民族的血脉，是人民的精神家园”。以文化人、以文育人被提到一个更加重要的地位，校史文化作为校园文化的特殊表现形式，具有凝聚激励、情感陶冶功能，深入校史文化研究，清晰校史文化分层，有利于优化环境、推进校史文化育人的路径探索。

关键词：文化；校史文化；文化育人

一、引言

习近平总书记在全国高校思想政治工作会议上指出，做好高校思想政治工作，要更加注重以文化人、以文育人，广泛开展文明校园创建，开展形式多样、健康向上、格调高雅的校园文化活动，广泛开展各类社会实践。2017年12月6日，教育部发布《高校思想政治工作质量提升工程实施纲要》，提出构建“十大”育人体系，其中包含文化育人质量提升体系的构建，要充分发挥文化育人功能，挖掘育人要素，完善育人机制，优化校风学风，繁荣校园文化，培育大学精神，建设优美环境，滋养师生心灵、涵育师生品行、引领社会风尚。而作为一种特殊的文化载体、文化资源，校史文化是推进高校思想政治教育工作的有效载体之一。客观理性地研究大学校史文化，既是发展和创新大学文化的必然结果，也是大学人为之努力与期待的目标。

二、校史文化

关于文化，古今中外均进行过深入研究以及鞭辟入里的分析。马克思

* 本文系中国高教学会档案工作分会 2020 年档案科研课题“大学分校的整合发展对校史文化传承的影响研究”、北京高教学会档案研究分会课题“基于改革开放初期北京地区大学分校的档案和史志资料研究”和北京联合大学校级科研课题“校史故事的育人功能和作用研究”的阶段性成果。

曾指出：文化是人类在“一定社会形态下的自由的精神生产”。泰勒、马林诺夫斯基对于文化的研究有某种程度上近似的观点，他们将一个群体的或社会的文化描述为人们作为该群体或社会成员所具有的一批信仰、习俗、思想和价值观，以及物质制品、物品和工具。格尔兹在《文化的解释》中提出：所谓文化就是这样一些由人自己编织的意义之网，因此，对文化的分析不是一种寻求规律的实验科学，而是一种探求意义的解释科学。汤普森吸取了泰勒对文化的描述性概念，以及格尔茨对文化的象征性概念，以一种结构性概念对文化进行再思考，既强调文化现象的象征性，又强调这种现象总是包罗在结构性社会背景中。梁漱溟先生认为“文化非别的，乃是人类生活的样法”，并将“人类生活的样法”分为精神生活、物质生活和社会生活三大内容。胡适先生1926年发表的《我们对于西洋近代文明的态度》中所提出的“文化是文明社会形成的生活方式”的观点以及蔡元培先生1920年在湖南演讲《何谓文化》中所提出的“文化是人生发展的状况”的观点均有相通之处。校史之所以能成为文化的一种形态，是因为校史是由学校全体师生共同创造的，同时校史中蕴含着大学传统和大学精神，而这些又无时无刻不在影响着全体师生。

恩格斯指出：“历史从哪里开始，思想进程也应当从哪里开始。而思想进程的进一步发展不过是历史过程在抽象的、理论上前后一贯的形式上的反映。”任何一所大学，从它诞生之日起便有了自身的校史，属于此大学独特的文化也有了源头，随着岁月的流逝、时代的变迁、人物的更迭，学校文化的内涵和外延在不断地加深和拓宽，逐渐凝聚成一股强大的精神力量，再反过来推动学校的发展与进步。因此，认知一所学校的历史，以及校史中折射出的文化，才能真正认识这所学校的全部内涵。1988年成立的“高等学校校史研究会”第十五届研讨会主题是“新时代大学校史文化育人的新方向、新途径”，说明校史研究已经逐渐受到国内高校的重视，校史文化的作用与功能也逐渐被挖掘和显现。“校史文化”初次被提及是在2005年苏玉海发表的一篇期刊论文中。他在借鉴广义的文化概念的前提下，对其进行了界定，认为校史文化是一所学校在其办学历程中所创造的物质财富和精神财富的总和。列平认为大学校史文化是在特定的历史环境和条件下，“大学人”经年累月所形成的一种独特的思维定式和行为方式，并具有很强的传承性、传播性、辐射性和教化性的大学文化。金雁指出校史文化是校史的文化表征，是校史传承的文化链条，具体包括学校在办学历史实践中创造的一切物质和非物质产品。

不难看出，学校的历史是学校生存和发展的前提，学校通过对自己历史的继承和反思将获得进一步发展与创新的本质力量。大学校史文化是大学人所创造的精神领域的一切成果，是在记录一所大学发展历程的基础上，形成的以校史资源为载体的具有宣传教化功能的一种文化形态。

三、校史文化的三个层次

大学校史文化作为大学文化的一种特殊形式，按照内容可分为三层。

表层文化是蕴含在师生物质生活（衣食住行）中的文化，包括建筑、花园、雕塑、教室、宿舍、食堂等，它是可感知的，与师生日常生活、学校的物质条件密不可分，是师生运用物质以满足各种需要的形态，例如，艺术类院校学生以着装打扮个性为时尚，北方院校食堂饮食偏咸而南方偏甜，这样围绕着衣食住行的好恶去选择，是一种物化的精神。表层文化的一个特点是容易改变、不稳定，例如宿舍生活空间可能会被当年扩大的招生人数所挤占，花园景观可能会随不同管理人理念的变化而变化。表层文化的另一个特点是直接作用于人的感官，因此可以通过改变校园绿化、增加人文雕塑、设计张贴文化符号内容等改善环境的方式发挥润物无声的育人效果。

中层文化是借助物质所体现的文化，包括习惯、礼仪、活动、制度、规则等，它的变化速度仅次于表层文化。随着时代的变迁、社会需求的变化，随着学校与兄弟院校、国际院校的交流、沟通、竞争，文化交融加深，文化选择加快，礼仪、制度、规则、活动等也会相应演变。表层文化和中层文化的每一次演变和更迭，也是与时俱进、向前进化的过程。

底层文化是观念、精神、理念等，底层文化之所以为底层，是因为它为全体师生所共有，且相对稳定，不会朝令夕改，不像中层和表层，可能因为不同校区或不同系部而有自己的特点，因为环境变化而迅速反应。底层文化是校史文化的灵魂、核心，它是经过多年积淀，以及表层文化和中层文化的反作用而不断调整、加强，一代代传承且深深印在师生脑海中的部分。它的精神总是投射到中层和表层，反过来，表层文化和中层文化总是蕴含、体现着底层文化。校史文化的表层、中层、底层形成了一个稳定而严密的体系，这是学校生命力和影响力的内在原因。

高校的初始文化主要是受生活环境和物质生产条件的刺激而发生的；而文化一旦发生了，最初形成的文化底层将对尔后的文化发展产生永远拒绝不了的影响、打上磨灭不掉的痕迹，这些初始文化的核心内容就称为文化基因。正如36所大学分校响应时代发展和社会需求，伴随着改革开放纷纷成立，经过短短6年多的办学实践，北京地区大学分校克服种种困难，解决了首都经济建设急需大批人才的问题，同时满足众多知识青年迫切希望上大学的愿望，到1985年经过调整合并成为北京联合大学。北京联合大学自成立之日起就怀揣着服务北京的初心，大胆探索，加快改革，以求适应北京建设发展的需要，“城市型、应用型大学”的办学定位日渐清晰。不负使命，勇于担当；自强不息，艰苦奋斗；改革创新，与时俱进，三组词汇生动诠释了北京联合大学的奋进历程、家国情怀、时代精神，这是北京联合大学的文化基因和独特品质。

四、校史文化育人的路径探索

当前，我国正处在大发展、大变革、大调整时期，意识形态领域空前复杂，各种思想文化相互激荡，潜移默化地影响青年的世界观、人生观、价值观。大学校史文化展示着独特的魅力，高校德育工作者研究好、利用好、发挥好这一宝贵资源，充分挖掘德育价值，推进德育环境的建构，做好理想信念引领，是全员、全过程、全方位育人的体现，对促进高校德育工作至关重要。校史文化育人路径探索要从表层文化入手，着眼于中层文化，沉淀到底层文化，将是把握校史文化育人路径的关键要领。

（一）构建校史文化展示平台

校园建筑、风景、风貌、宿舍、食堂、人文标识，能吸引校友们“燕子归来寻故垒”，海棠广场、林荫道、静谧图书馆，处处是熟悉的感觉，这也正体现了和谐家文化。校史馆通过图片、文字、物品展示着学校各个历史阶段师生的教学、科研、生活状态，直给的方式传递着强烈的感染力和吸引力，透过校徽的变化，师生能看到学校一步步发展整合的历程；通过校址的变化，师生能够感受到自强不息、艰苦奋斗的豪情；通过各类文书照片，师生身临其境地感受到学校师生敬业向上的力量。数字校园也应随着互联网技术的发展快速发展，利用三维立体技术全方位展示校园，增加校史文化宣传的趣味性和直观性，构建“网上网下同心圆”。如此直接作用于感官的物件展示所形成的表层文化也能力透纸背，让师生更加直接地感受到校史文化的精神内核。

（二）完善校史文化育人工作机制

校史文化需要更加深入开展研究，促进底层文化凝练，使中层文化得以更好体现底层文化，研究如何通过中层文化折射到表层文化。因此一定需要专业研究团队，加大研究投入，制定研究机制，有利于形成更好的研究成果，以指导实践。习近平总书记指出，要用好课堂教学这个主渠道，思想政治理论课要坚持在改进中加强，提升思想政治教育亲和力和针对性，满足学生成长发展需求和期待。校史教育应该开设校史文化校本课程，研究制定教材、进行教学研究、组建教学团队，使校史文化教育成为新生入学教育第一课、美好大学开始的起点。学校历史、精神品质、优秀校友有利于学生了解并融入新环境，树立远大目标，甚至产生终身难忘的影响。苏霍姆林斯基指出，把教育意图隐藏起来，是教育艺术十分重要的因素之一。第二课堂教育形式更加多样，内容更加丰富，更受新时代大学生的喜爱，符合其心理发展规律。校史教育可充分发挥第二课堂优势，隐藏教育目的，通过社团组织、讲解团招募、“校史故事”等品牌活动吸引更多大学生参与。

（三）凝聚精神品质，推动文化育人，形成文化自觉

文化自觉，指的是认识到文化发展演变的规律，思考校史文化表层和中层怎样建设和发展，底层文化是否在表层文化和中层文化作用下发生变化，可以有哪些改进。文化自觉更多的是教育者体悟学校精神品质，深思文化问题，形成共识，并把这种自觉向学生传递，向社会扩散。同时，文化自觉还有一层含义：高校师生本来就是新知识的创造者、新文化的传播者，因而应该本着自己对文化的理解，为学校、为社会贡献更多、更好的文化产品。校史文化认知系统中存在两个重要变量，即校史资源投入量和学生学习校史文化主动性。不断凝练的底层文化经过校史资源的投入投射到中层文化和表层文化中，促使学生形成亲近—认同—效仿的品德养成模式，提升校史文化学习主动性，进而形成文化自觉，达到校史文化育人效果。立德树人路径越来越彰显高水平应用型大学的育人自觉。

参考文献：

［1］习近平．把思想政治工作贯穿教育教学全过程开创我国高等教育事业发展新局面［N］．人民日报，2016-12-09（01）．

［2］马克思，恩格斯．马克思恩格斯选集（第26卷第1分册）［M］．人民出版社，1972：296.

［3］［英］汤普森．高铦译．意识形态与现代文化［M］．北京：译林出版社，2005：150.

［4］梁漱溟．东西文化及其哲学［M］．上海：商务印书馆，1922：24.

［5］胡适．胡适传论［M］．北京：人民文学出版社，1997：662.

［6］马克思，恩格斯．马克思恩格斯选集（第2卷）［M］．北京：人民出版社，1972：122.

［7］苏玉海．谈校史在校园文化建设中的作用［J］．延边教育学院学报，2005，19（06）：58-61.

［8］列平．透视：大学校史文化［M］．武汉：湖北人民出版社，2014：2.

［9］金雁．以高校校史文化推进校园文化建设的路径研究［D］．西南交通大学硕士论文，2009.

［10］许嘉璐．中华文化的前途和使命［M］．北京：中华书局，2017：6.

［11］姜素兰．北京联合大学应用型大学建设的探索历程［J］．北京联合大学学报，2019，33（02）：1-5.

［12］姜素兰，陈静．北京联合大学精神品质的演进逻辑［J］．北京联合大学学报，2020，34（02）：44-49.

［13］苏霍姆林斯基．苏霍姆林斯基选集（第2卷）［M］．北京：教育科学出版社，2001：843.

后　记

北京联合大学前身是创办于1978年的北京地区大学分校，其复杂的历史渊源形成了较为特殊的管理体制，档案工作体制也具有一定独特性。学校除设立档案馆外，在副局级学院还设有档案室，同时还是唯一设有档案系的市属高校。学校的档案工作者和档案系师生屡屡在一起交流和研讨，合作开展研究，携手参与各种档案行业与学术性组织的活动和交流。不断的合作与互助促成了彼此的快速成长，促生了一些探索和实践。

2020年上半年，新冠肺炎疫情在全球范围内开始蔓延，我们的生活和工作受到了很大影响，每个人奋斗的脚步不得不慢了下来。在慢下来的时光里，北京联合大学的档案工作者们结合档案工作新变化和自己的工作实践进行总结和提升，撰写论文、申报项目；北京联合大学档案系的硕士生导师们通过网络指导学生开展研究；北京市高等教育学会档案研究分会科研组线上征集档案课题，通过专家云评定方式确定立项13项科研课题。由此，形成了一批科研成果。经过组织专家评审，最终收录40篇集结成书。它不仅是作者研究的成果，更是大家以各种方式进行思想交流的结果呈现，相信通过不断交流、借鉴和融合，会碰撞出新的、更加绚烂的火花。

由于编者水平有限，难免有疏漏之处，在此恳请读者不吝批评指正。

编者

2021年4月